変わりゆく日本の家族

〈ザ・プロフェッショナル・ハウスワイフ〉から見た五〇年

スーザン・ヴォーゲル［著］
西島実里［訳］
土居健郎［解説］

ミネルヴァ書房

Suzanne H.Vogel
Japan's Professional Housewives：Postwar Ideal and Present Strains
本書は、未刊行の英文原稿を翻訳出版したものである。

はしがき

一九五八年という戦前の価値観がまだわずかに尾を引いていた時代に、私は初めて日本を訪れた。最初の二年間は日本の家族に関する研究調査が目的の長期滞在で、アメリカの生活とのあまりの違いに悩みつつも、私は日本の専業主婦たちと週一回の個別面接を始めた。きっかけは調査ではあるが、私と主婦たちの間にはかけがえのない絆が生まれた。彼女たちばかりでなくそのご家族たちとの交流も絶えることはなく、現在に至るまで、ボストンに住む私が日本を訪れる大きな目的となっている。そしてある時期から、彼女たちの記憶をきちんととどめておきたいという想いが膨らみ、本書を執筆することに決めた。あの時代の感覚をまざまざと思い出させてくれるリアルな生活を描き、残しておきたかったのだ。

クリニカル・ソーシャルワーカーとして心理社会的視点を培ってきた私であったが、七〇年代にフェミニズムに強い関心を寄せるようになってから、専業主婦の役割についてより広い視点で捉えられるようになったと自負している。その後、国立精神・神経センター精神保健研究所を介して、精神症状を呈している家族とその治療に接点ができたことに加え、私がフルブライト奨学生であった一九八八年から毎年、東京の聖路加国際病院、続いて東京都内の大規模な私立精神科病院である長谷川病院で、六週間程度のインテンシブなクリニカル・スーパービジョン（臨床指導）をするようになった。この中で日本の新しい社会問題や精神症状に出会い、従来の問題は解決しても、時代が移れば新しい問題が現れるということを再認識したのである。この気づきは、ハーバード大学の日本人研究者の妻たちと二〇年間個人・グループセッションをしてきた私に、社会・文化・歴史的見解を与えてくれたばかりでなく、アメリカ人クライアントの問題と比較する上でも、非常に意義深いものであった。

二〇〇〇年前後、バブル崩壊の影響による著しい社会の変化を目の当たりにした時は、非常に大きなショックを受けた。伝統的な家族・雇用システムが、変わったというより消滅、もしくは全く新しいものに入れ替わったようだった。ただこれは第二次世界大戦後の変動の波の一部に過ぎない。この国の人も制度も、まるでキックオフの合図を聞いたかのように、溢れる「国際化」という言葉とともに世界を広げてきた。しかし、共通の倫理・家族構造・社会的集団を重んじてきた島国気質の自称「単一民族」社会が多様な規範・家族の在り方・就労形式の認められる国際社会へと変貌を遂げたのは、ごく最近のことなのである。戦後から今日に至るまで、実存した女性たちの生涯を三世代にわたり追跡した本書のこの長期的な視点が、時代を超えた心理社会的・文化的視点からの考察に、少しでも役に立てば光栄である。なお、第二章〜第五章ではプライバシー保護の観点から、論旨に影響のない範囲で人名・地名・職名等に変更を加えていることをご了承いただきたい。

最後になるが、故土居健郎氏と氏を介して出会った方々から、本当に多くのことを学ばせていただいた。まさに私の半生は、土居氏の深い知と情に「甘え」させてもらったと言える。ここに、深く感謝の意を表したい。

二〇一二年一月

スーザン・H・ヴォーゲル

変わりゆく日本の家族——〈ザ・プロフェッショナル・ハウスワイフ〉から見た五〇年

第一章　日本と私の五〇年

1　〈日本〉との出会い

良妻賢母のパラドックス

「ではご自分も、日本の専業主婦になりたいと思うのですか?」

一九七八年――それは今から三〇年以上前――、東京で開催された国際女性学会で、私はこの言葉を投げかけられた。「専業主婦――The Professional Housewives」について発表した時のことだ。一九五八年から多くの主婦たちと交流を深めていた私は、彼女たちの強さに大いに感銘を受けており、アメリカ人のもつ日本人女性に対する固定観念に疑問を投げかけたいと、人類学の立場から記述的ではあるが総じて肯定的な評価を示した。しかし、シンポジウム会場にいる女性たちは、全く違うミッションをもって集まっていたのである。日本でも活躍の場を広げていたフェミニスト・グループにとって、伝統的な日本の主婦の役割は、「家庭において不当に制限、支配され、労働社会では差別された不幸な存在」というものであった。鬼のような姑とのエンドレスな葛藤から逃れられない嫁。こうした圧迫と搾取を打倒すべく、「良妻賢母」の専業主婦の理想を拒絶していた。他ならぬ日本人女性に、それをつきつけられたその時、私ははっとしたのである。この両価的な専業主婦像――家族全体を見事に導く養育者として、主婦の役割の重要性に確固たる自信をもつ、強く知的な女性。あるいは、生涯を家族の男性たちに捧げ、姑に従い、家の中に閉じ込められている、か弱く哀れな女性。――どちらがより、真実に近いのだろうか。

明治時代以来、「良妻賢母」が理想化されてきた日本では、「専業主婦」は比較的ポジティブな意味合いを含んで定義されてきた。この背景には、帝国主義時代、国力を高めよというプレッシャーは男性ばかりでなく女性にも向けられ、ヨーロッパの貴族階級の女性と競い合えるよう、家庭を営む技術を磨くことが推奨されたことがある。これが地域的・社会的プレッシャーによりさらに強化され、「女性は、結婚し母親になり、健康かつ立派な子どもを育て、家長の権威の下で子どもや上の世代、家族全体と夫の全面的ケアに全身全霊を捧げるべき」とされるようになった。一九五八年、私が知るミドルクラスの日本女性は皆、この役割を理想として受け入れていた。

私はメンタルヘルス分野の専門職かつ社会学・人類学の視点ももつアメリカ人女性として、全ての事象を捉えてきた。だからこそ自然に、社会が異なればメンタルヘルスに関連する諸問題のパターンも異なるのではないかということに関心をもつようになっていた。ただ、誰も問題を抱えていない社会なんてものはないだろうが、日本人女性が抱える問題が、アメリカ人女性の問題と共通するのか、それとも全く異なるものなのか、最初は皆目見当がつかなかったのである。だが少なくとも、メンタルヘルス諸問題のパターンは、社会・文化・歴史的な文脈に大きく影響を受けるものであり、したがって、「健全な女性の在り方」も良かれ悪しかれ、その社会的役割に左右されるのだということだけはわかっていた。それを教えてくれたのが、他ならぬ最初に出会った主婦たちだったのである。

初来日――一九五八年

私が初めて日本人家族と関わりをもったのは、一九五八年のことである。「郊外に住むミドルクラスの家族」に研究の焦点を絞っていた私たちは、社会学者である元夫エズラ・ヴォーゲルと一歳半の長男デイヴィッドの三人、東京エリアに長期滞在することとなった。継続的な調査に合意していただけるご家族をという私たちの要望を受け、いわゆる企業のサラリーマンか会社経営者等のため、自営業や農家のように家族に家業の手伝いを期待していない夫と、終日家事に従事している妻、そして子どもたちという構成の六家族を、地元の校長先生が選出してくださった。私たちは、精神科治療が必要な子どもをもつご家族グループと区別するため、彼らを「健康な家族」と呼ぶことにしたが、実際彼らには健康な子どもがおり、概して良好な家族関係を保持し、特に深刻な精神的な問題もないいわゆる「普通」の家族と言えた。彼らの生活については、エズラ・ヴォーゲル著『日本の新中間階級――サラリーマンとその家族』（*The Japan's New Middle Class*）で詳細に述べられている。

この研究に協力してくれた主婦のその隣人や友人というつながりから、私の日本人女性たちとの親交の輪は広がっていった。みな専業主婦であり、そのライフスタイルから、良妻賢母の理想を掲げ生きていることが伝わってきた。ただこの理想は明治時代のエリートたちが、欧米人に日本人女性の威厳を見せつける一方、彼女たちを家にとどめ男性と競合させないようにするために、封建社会の武士階級の性役割をミドルクラスに意図的に広めたものであることを、当時の私は知らなかった。

戦後の生活の実際——とまどいながら

この街で私は、日本のリアルな日常の家庭生活を味わった。伝統的な様式の比較的新しい小さな家には、畳部屋が二つあり、昼間障子を開けて外の空気をいれ、夜は雨戸を閉めた。玄関までの綺麗に掃かれた小道は約六フィート（約一八三センチ）以上ある高さの木の塀で囲まれていて、隣人同士がプライバシーと安全を重視し、共用部分に対しては共同責任を担っていることを物語っていた。昼間なら、ゲストは「ごめんください」と来宅したことを知らせ、玄関を通って家の中に入り、靴を脱ぎ家にあがり、スリッパに履き替えた。庭で遊ぶ子どもたちは、外で靴を脱ぎ、障子を開ければどの部屋にも入ることができた。一方の畳部屋は、床の間もある味わい深い優美な応接間、もう一方は中央にこたつのあるいわば家族の団らん部屋で、非常に温かい空間となっていた。欧米スタイルの部屋（畳部屋より小さかったが）には、椅子やテレビ、小さなテーブルやガス暖房（こたつ以外で暖房器具はこれだけだった）があり、毎晩私たちは畳の上に正座、またはこたつで温まりながら日本語の勉強をした。

ベッドというものは存在しなかった。畳の部屋に布団を敷き、川の字になって寝た。とにかくベビーベッドが欲しかったが、当時の日本にはなく、日本流の寝かせつける方法をとらざるを得なかった。息子が眠るまで添い寝をし、起きた後は足下がぐらぐらしたものだ。キッチンにオーブンはなく、二口コンロ、冷蔵庫、流し台という最低限のものであった。トイレは水洗ではなく、床によく掃除の行き届いた穴があいており、毎週汲み取り屋さんがやってきて、たるの中に中身を取り出していった。日本に来たばかりの私にとっては、床で眠れるようになることも、トイレでしゃがめるようになることも非常に難しいことだった。今では、ベッドが置いてある家がほとんどだし、トイレに至っては、アメリカよりもむしろハイテクである。

何よりも良かったのは、お手伝いさんがいたことだ。家には小さな女中部屋があった。このほんの数年後には、家族同然のお手伝いさんがいるミドルクラスのシステムは崩壊したが、当時は、住み込みのお手伝いさんを見つけるのは容易なことだった。ミツ子さんという我が家のお手伝いさんは、私たち家族にとっては命綱とも言えた。掃除や買い物をし（私も徐々に食料品店に並んでいる物の名前を学びつつあったが）、日本式の深い風呂を沸かし、翌日には風呂の残り湯を使って洗濯をしてくれた。また牛乳配達の少年に、通常一本のところ、外国人用に少なくともハーフパイントの牛乳を一〇本頼んでくれた。彼女が進んで息子を可愛がってくれたおかげで、私は車の通らない細い道を自転車に乗り、面接調査に出かけることができたし、彼女との会話のなかから多くを学び、日本語の日常会話に慣れていくことができたのである。

ご近所では、垣根でプライバシーを確保する人もまだ多く、さらに防犯のための番犬を庭に放してある家もあった。やさしく手を貸してくれるご家族もいた。ある五歳の男の子は一年間息子の遊び相手になってくれ、近所の幼稚園でめいっぱい楽しませてくれた。三歳になっていたデイヴィッドは、ボストンへ帰国する飛行機に乗る時も、幼稚園かばんを手放さずに提げていた程だった。

広さは様々でも構造は似ている家屋が多く、私は使い方をだんだん学んでいった。お手伝いさんがいてもいなくても、誰もが皆朝早くから夜遅くまで、家と家族を守るため、きびきびとよく働いていた。家も道も非常に綺麗で、実に効果的に物を折りたたみ、小さな戸棚や簞笥に最大限のものを収める能力には、感動すら覚えた。調度には閑寂枯淡の趣きがあり、小さな庭を丁寧に手入れし、いつもすばらしい手料理でもてなしてくれた。そして奥さんというものはみな、家の中と垣根の内側の全てに責任をもっていた。よその家を訪ねる前に電話をする必要はなかった。留守番がいない限り、彼女たちは決して外へ出なかったからである。

2　専業主婦の強さのもと＝役割分担

強い妻

私は日本の専業主婦たちの、秩序ある生活と家族への献身に感服した。でもだからと言って私自身がその役割を果たしたいとは思えなかった。以前ほどではないにせよ、戦後も家父長制度は内在していた。子は父親に、妻は夫に、高齢の女性は長男にといった具合に、女性は生涯男性に従うべきとされていた。男性の支配下で一生過ごすなんて、まっぴら。私なら心の中で「ひとりアメリカ独立革命」を起こすだろう。だがその当時の私には、日本の妻たちが、本当は私なんかよりよほど自立した女性なのだ、ということにはなかなか気づくことができないでいた。

それを教えてくれた、二つの出来事がある。まず彼女たちは、私が夫と共に外に出ることを「羨ましい」と表現することが多かったのだが、これが単なるお世辞だったことに気づいたのである。ある奥さんが夫の香港旅行に同伴すると言った時、それはむしろ同情の的となった。「夫婦で話すことなんか何もないでしょう。少し子どものことを話すのがせいぜい。海外旅行なんか楽しいわけがありませんよ」。

もうひとつは、研究プロジェクトに協力してくれたご家族を、我が家に招待した時のこと。私たちは各家族の三世代全員を招待した。すると奥さんたちは会合を開き、「夫たちは招待されなかったことにしよう」と決めてしまったのだ。後に彼女たちは、「もし主人が来てしまったら、私も子どもたちも全く楽しめないですから」と説明した。男同士で盛り上がり、残りの家族は口を閉ざすことになるだろう、と言うのだ。そして当日、祖父母、母親、子どもたちはみなやって来たのに、父親は本当にひとりも来なかったのである。私は心のなかで、「少なくともこの奥さんたちは、ちっとも弱くなんかない。私の家のパーティーに招待する人まで自分たちで決めちゃうなんて、ずうずうしいくらいだわ」とつぶやいた。

集団を重んじる社会

これにははじめ当惑したものの、どうしてこのようなことが起こるのか理解したいと、私は心をかき立てられた。そしてこのような専業主婦の感情的自立の背景には、強固な家父長制や日本社会の集団を重んじる傾向があることを学んだのである。社会人類学者である中根千枝氏は、日本は横のつながりより、上下関係を重要視する「縦社会」であるという明確な定義を示してくれた。集団尊重型社会として、家族の繁栄と構造の維持が、家族個々のニーズより優先されるのである。文化人類学者であるタキエ・スギヤマ・リブラ氏もまた、「日本は自己中心主義（egocentric）ではなく社会中心主義（sociocentric）社会である」と述べている。家族や会社組織などの集団に帰属してサポートすることは自己実現よりも重要とされ、「わがまま」は受容されないものとして排除の対照となるという。ただ個人的には、これは価値観のヒエラルキーの問題と捉えている。欧米も東洋も、集団も個も重視していることには変わりなく、優先順位の違いなのだろう。欧米社会では、「その人が成功すれば、集団にも利益があるだろう。集団のために個人の幸福を犠牲にすることは望まない」と考える。一方日本では、「集団が成功すれば、個人にも安全と地位が与えられる。ひとりのわがままで集団の利益を損なうことは許されない」となる。

そして、日本独特の制度と言って然るべき戸籍制度ほど、「個人は家族に従属するもの」という考え方をよく表しているものはない。新生児は、個々に出生証明書が発行されるのではなく、通常父系家族の戸籍に登記される。女性は嫁ぐと原家族の戸籍から名前が抜かれ、夫の家族の戸籍に加えられる。これももはや昔の話に違いないが、八〇年代後半女性は離婚すると、出生した家族の戸籍から名前は消えている上に離婚して夫の籍からも抜けるため、どの戸籍にも登録されず、結果として死亡時に入る墓がなくなる可能性があるという話まで聞いたことがある。のちに離婚した女性たちが集まり、自分たちで墓所を見つけたという。

このように強固な家父長制や集団を重んじる傾向を、当時の私は「制限」として感じたが、日本人はそれを、安全性・安定性・予測可能性の象徴として経験する場面が多かったのかもしれない。あらゆる責任の所在が明確なこの揺るぎない掟に、守られていたのである。

夫婦役割分担の実際

少なくとも六〇年代、男女の完全なる「労働の役割分担」は概して受け入れられていた。夫は家族に対し全面的な責任と権限があり、「日本の企業戦士」として週六日以上夜遅くまで、時間とエネルギーの全てを費やす。国の経済的発展を支える彼らに対する要求は、果てしないと言っても過言ではなかった。女性もまた昼夜問わず、全面的な献身が制限なく求められた。妻の仕事（拡大家族なら女性全員の仕事）は主に、子どもの養育、食事の準備、家の清掃、買い物、子どもの学校の用事、年長者の世話、夫のニーズへの対応等であり、朝は子どもや夫に素敵なお弁当を用意し、帰宅時にはスリッパ、必要なら着替え、風呂や食事の準備もして出迎えた。夫の帰宅が深夜遅く、皆が寝静まった後であっても、妻は他の家族の食事後、夫のため夕食を準備した。家の中のことに関しては全て責任があるので、庭の手入れや、必要なら家の修理までした。男性を「たてる」ことが求められているので、夫が仕事の後にのんびりしていても、もちろんそれを批判されることはなく、家の雑用をする必要もなかった。お茶の入れ方も卵のゆで方も知らず、台所に入ることもない夫が多いという話を、よく耳にしたものだ。また、一家の財政をとりしきっている妻も多く、給料を夫が持ち帰り、妻が生活雑費や子どもの養育費を割り振り、夫に日単位・週単位の必要経費を手渡し、貯金や家計簿の管理までもしていたのである。

このことから、専業主婦（少なくとも拡大家族の年長の主婦）というものは、家庭内で相当なパワーをもっていることがわかってきたのである。「亭主は丈夫で、留守がいい」という言葉もよく耳にしたが、夫の名ばかりの権威と裏腹に、家庭内を取り仕切りコントロールしているのは、実際は妻だった。少なくともアメリカ人女性よりは、家庭内を支配している印象を受けたのである。彼女たちは、男性が一生懸命働き、家族を養うためにお金を持って帰り、仕事に献身しているという事実を正当に受けとめ、自分は家族のケアに全てを捧げていた。表向きには男性に従っていたが、男性と女性、それぞれに自分のテリトリーがあり、責任も平等であった。そしてどちらもほぼ不変で安定し、離婚も解雇も転職も、一生経験しない人が多かった。結婚に関しては、サラリーマンの「終身雇用」同様、妻として雇用されるという意味で、「永久就職」と言われた程である。リブラ氏は、うまく構造化された家族は、女性の安全と満足の源であり、夫から妻への暴力が少なくなる傾向があると指摘している。ほとんど共通項のない明瞭な役割分担のおかげで、夫婦喧嘩の必要もなかった。シェアする事項が少なければ、争いも少なくてすむのだ。女性たちは家族の全面的ケアを請け負うことで、今なお存続する、社会における地位や身分を築きあげたのである。

多世代家族と婿養子

婿が妻の家族の養子に入るかたちは、家父長制度のロジックを証明する「例外」と言えよう。家制度は一九四八年の新民法により廃止されたものの、家長には女性ではなく、男性がなるという慣習は現在もなお残っている。女性しか生まれなかった家では、一般的に娘のうちひとりを、戸籍から名前を移すことに合意する男性と結婚させ、彼の名を新婦の家族の戸籍に入れ、跡取りにする。その男性を、婿養子もしくは婿という。家長には経済的サポート、ソトに関わる家族とその境界線における対応、家族内の規律の保持等に対する権威と責任がある。年長者に従う必要があるため、若い「父親」も実父を、婿養子であれば義父をたてる。近年は少子核家族化の影響を受け、よそに出せる男子の数が減少しているために婿養子も減少傾向にあるらしいが、一九五八年にはまだ婿養子は極めて当たり前のことであり、私たちの仲間にもそういったご家族は少なくなかった。

3　甘　え

土居家との出会い

この家父長制度社会をどう理解したらよいのかと私がまだ苦しんでいた頃、日本を代表する精神分析家である土居健郎氏との出会いがあった。代表作『甘えの構造』と『表と裏』では、子どもの発達と健康的な関係性の構築をめぐる、「甘え」の重要な機能という、日本人心理の礎を繙いている。

しかし、これらが出版される何年も前に、私たち家族はその「甘え」というものを既に体験していた。一九五八年に東京に降り立ってすぐ土居家の隣の家を紹介され、すぐに土居氏と妻の八千代さんの善意に甘えるようになったのである。日々のあらゆることについて頼りきり、それは買い物の仕方や店への行き方、住み込みのお手伝いさんの探し方、家の前への欧米風の芝生の植え方（日本風家屋でするのは、あまりよくない趣味だと後で悟ったのだが）にまでに至った。土居氏は、味わい深い日本語を教えるのが得意で、例えば私が毎日繰り返し「ありがとう」と言っていたところ、「お世話になります」が最も日本的なのだと、率直かつ簡潔な彼の流儀を示してくれたこともあった。

「甘え」の母子関係

土居氏は「甘え」を解説する際、ぴったりあてはまる英単語が存在しないために（当初はdependence と訳されたが）、時と場合により若干異なる英単語を使っていたが、「甘え」の本質は、乳児が母親からの栄養を求め、それを与えられる母子関係にあるのだと教えてくれた。人間にとって最も緊密な、この相互的関係性において満たされている乳児は健康に育つ可能性が高くなるだろうし、逆にその欠如が情緒的な発達を阻害する可能性もあるのだと。あらゆる健康的な関係を築く上で土台となるのが、こうした共感的関係性なのである。

日本の緊密な母子関係は、両者が常に身体接触し、安心感を得る「スキンシップ」と言われる状態に象徴される。母子が持続的な身体接触状態にあるので、言葉がなくとも何を感じているか意識し合うことができるのである。母親は赤ちゃんのニーズを察し、問題が起きる前にそれを充たす。したがって母親は、赤ちゃんの尿意や便意のタイミングを熟知しているばかりか、用をたしている間さえも抱っこをしていた。アメリカでは、トイレットトレーニングは子どもよりも母親の訓練だと言う医師が多かったが、日本ではそれもかなり早い時期にしていたように思う。授乳は一年以上し、日中農作業をする間も、買い物の最中も、家の周りにいる時でも、母親が乳児や幼児を背負うのは普通のことだった。男児は少し大きくなると父親と入浴する場合もあるが、思春期前までは母親と一緒に入浴する子どもも珍しくなかった。少し大きくなった子どもたちでさえも母親と一緒に眠るか、下に新しく乳児が生まれれば代わりに父親と寝た。少なくとも学齢期になり別の訓練の必要性が出てくるまでは、乳児や幼児のニーズは最大限満たされているものだった。一方アメリカでは、たいてい赤ちゃんは自分の部屋でひとりで寝なければならず、寝つかせるために泣かせたまま放っておかれることもあるため、それを二〇〇四年頃でも、「寂しいでしょうね、かわいそうに」と、気の毒に思う日本人の母親は多かった。少なくとも当時の日本では、母親は赤ちゃんが泣くと、それが「自分の不適切なケアのサイン」とまでは思わなくとも、「緊急のケアの必要性あり」のサインとは見なしていた。私が幼い息子に対し、厳しく「ダメ」と叱り泣かせたところ、それをなだめようと見知らぬ日本人の母親が飛んで来たことがある。明らかに彼女は、私の息子を可哀想だと思っていた。自分が非難されたような気がした私は、それに少しだけいらだったのを覚えている。

子どもが母親にケアを求め享受するという緊密な「甘え」の関係は、ソーシャル・トレーニングの基礎ともなっている。例えばお辞儀という社会的行動を教える際、母親は、言語を使用した説明は最低限に留め、自らの手で子どもの体を適切な位置になおしてやる。このような母性的親密性により、子どもが母親の願望を感じてそれに従うようになるので、権威的に要求する必要がない。こんな風に育てられた日本の子どもたちには、第一次反抗期で何でも嫌がり大暴れする「魔の二歳児」が比較的少ないように見えた。ある時、日本人の母親と二歳くらいの子どもが、スーパーへと歩いているのを見かけた。子どもは当然、ぐずぐずと寄り道したがる。アメリカ人の母親ならば、子どもの手を掴み「ちゃんとママのそばにいなさい」と叱るかもしれない。でもその母親は、子どものほんの少し前を小走りし始めたのである。その子はすぐさま、母親を見失わないように急いで歩き始めたのであった。

またある夕方、隣家の子が泣いていたことがあった。我が家のお手伝いさんが、その子は罰として家から締め出されており、家に入れてちょうだいと、泣きながらドアをばんばん叩いているのだと説明してくれた。アメリカ人の母親ならば、罰を与える時はむしろ子どもを家に閉じ込めるか、「自分の部屋に行きなさい」と言って、子どもの依存状態ではなく、自立した状態を奪おうとするに違いない。

無言の理解――「察する」「あてにする」文化

欧米社会では家族がより言語に頼るのに対し、そうした「甘え」が土台となる日本の家族間においては、「沈黙」という非言語コミュニケーションが、大きな役割を果たしてきた。他者の感情を言葉なくして関知することは「察する」と言われ、二者間の沈黙の中のコミュニケーションは「一心同体」とも表現される。「寡黙でこそ男の中の男」という伝統的な男性理想像が存在するばかりでなく、「言葉なくとも理解できることは、全て正確に伝え理解するよりも大切なこと」とも言われ、空気が読めるということは男女問わず評価される。これは特に、配偶者の間で重んじられる。実際妻というものは、明確な要求なしでもニーズを理解するものと思っている男性は多く、それが夫に仕える妻の務めとされてきたことから、妻を「あてにする」傾向がさらに強化されたのだろう。一方妻の方はというと、夫の無言の理解を心の中で望み、たまには実際それに応えてくれる場合もあるかもしれないが、それを「あてにする」ことはほとんどなかったのである。

日本人女性はか弱く依存的というアメリカ人のもつ固定観念は、真実ではなかった。芯が強く自立心旺盛で、夫をたて世話をしても、情緒的なサポートは求めない。では専業主婦たちは、彼女たち自身の情緒的安定のために、誰を「あてにする」のだろうか。つまり、誰に甘えることができるのだろうか。彼女たちは常に何か与え続け、もらうことはほとんどないように見えた。当時私はその答えを、次のように考えた。①子どもたちとの緊密な関係性から情緒的充足を得る。②彼女自身の母親や姉妹が近くに居るならば、彼女らに安らぎを求める。③自然の多い場所へおもむき、その静けさに浸る。④ひとりで家庭の責任を担っていることを誇り思う。やはり、専業主婦にとっては役割分担こそが、大きな鍵になっているのである。

「役割分担」と「無言の理解」の上に基づく夫婦関係において、衝突はほとんど存在しない。沈黙のなかの理解は、年を一緒に重ねれば重ねるほど、一層強くなっていく。事実、「たとえ互いの存在がほとんど感じられないとしても、空気のような関係性こそが両者にとって不可欠なのだ」と述べる中高年は何人もいた。一九六〇年頃には長期的に安定した関係性がより重要視されており、私に「恋愛とはあまりにうつろいやすく、結婚のような重要なものの基盤にはならない」と言う人もいたくらいである。

4　日本女性のフェミニズム

最優先される家族の構造維持

一九七五年、私はハーバードのラドクリフ研究所の勧めで、日本の「独身キャリアウーマン」と「キャリアと家庭を両立させている女性」を、「専業主婦」と比較する面接プロジェクトを立ち上げた。

そこで作家の青木やよひ氏・言語学者の井出祥子氏・社会学者の上野千鶴子氏といった、日本のフェミニストグループのリーダーたちと出会った。日本では、外で働く女性が飛躍的に増え始めた時期である。初回の国際女性学会は一九七八年に催され、その後毎年開催されるようになった。アメリカでトレーニングをつんだソーシャルワーカーである河野貴代美氏により、フェミニストセラピーのオフィスが東京、後に大阪に開業された。評論家の円より子氏により、〝ニコニコ離婚講座〟という離婚を望む女性のサポート・グループが結成された。そしてフェミニスト雑誌『アゴラ』が発刊された。ただ、一部で女性に開かれたキャリア分野もでてきたものの、たとえ成功をおさめても独身女性ならば「女性らしくない」という偏見に苛まれ、結婚しても「働きたいから」という理由で働いている女性は、自分勝手と見なされる時代であった。そのため母親になると退職のプレッシャーを感じてきた女性は、まだまだ少なくなかったのである。私が面接をした既婚のキャリアウーマンはほとんど、育児は実母か義母が手伝っていた。もし引き受けてくれる祖母がいない場合、夫の手助けなしで、全ての家事を自分だけでこなさなければならなかった。五〇年代、ミドルクラス家庭にはふつうにいた住み込みのお手伝いさんたちは、七〇年代からは急成長した新しい工場等で働くようになり、一般家庭からは姿を消した。逆説的ではあるが、「姑問題」から解放された核家族の妻たちは、家事と育児に苦労することが多くなったのである。

七〇年代のことであるが、大学の同級生である科学者と結婚した、ある女性研究者の話に感銘を受けた。彼女が選んだキャリアを全うする必要性を認識できる寛大な夫は、妻がキャリアをもち続けることに同意してくれた。――ただし、家事全てをきちんとこなすことができるならば、という条件のもとに。そのため彼女は、三人の子育てとフルタイムの仕事のため、毎朝五時半に起きて家の掃除、洗濯、朝食と昼食の準備をし、子ども二人を学校へ送り、一番下の子を仕事前に幼稚園に連れて行き、帰宅途中に子どもを迎えに行き、スーパーに寄り、それから夕食を作っていた。でも決して、家事の件で夫とけんかしたりはしなかった。彼は、時間はすべて研究に注ぎ込みたいと明言していたし、そんな日々の混乱は、夜夫が帰宅するまでには収まっていた。「私は何のために、わざわざこんな大変な生活をしているんだろう?」と考えることもあるけれど、何よりも、自分の仕事を続けられていることが嬉しいのだと、彼女は語っていた。

別の専門職の女性は、夫からの疎外感から怒りが爆発し、自宅からたった二ブロック先のマンションに出て行った。仕事もあり恋人もいる、完全に独立した生活を始めたのである。でも毎日の日課は、朝食と昼食を作り、掃除をし、夫や十代の子どもたちに夕食を用意するために家族の住む家に帰ること。離婚は求めておらず、夫もそうだと言う。夫は、妻が義務を果たしているので、パートナーとしてのコミュニケーションや愛情はゼロだけれども、離婚する理由はないと言ったそうだ。

私はこの女性たちが、主婦役割のために家に閉じ込められることを拒否したにもかかわらず、責任をしっかりと果たし続けているエネルギーと忍耐力に仰天した。これはもう、モラルや責務の域ではなく、まさに彼女たちの職務なのだ。同時に、彼女たちにとって最も意味のあることは、家族構造の維持であることにも衝撃を受けた。感情的なり性的なり、配偶者との間に明確な距離感を感じている妻は、少ないとは言えなかった。それを認識しているのにもかかわらず、離婚はしないのだ。同じ屋根の下に住み、家族というかたちはそっくりそのまま社会生活を継続し、それを「家庭内離婚」と呼んでいたのである。

伝統的主婦理念に立脚したフェミニズム

日本の女性運動は、私がその昔、伝統的な専業主婦役割の中に見た強さを彷彿とさせるものであった。アメリカでは、労働社会における男女の平等性について、政治や男性に対する怒りをあらわにして闘うものであった。それに対し日本では、専業主婦や女性の社会的・経済的価値についてより広い認知を推し進め、女性とその家族の人生をさらに安定したものにしたいという、柔軟な姿勢が特徴的であった。圧倒的にパワフルかつアグレッシブな日本人フェミニストが発したメッセージは、特に日本人らしいものであった。ただ「へその緒を切ること」――男性のニーズに対応するのをやめること――を提示したのである。最も効果的な抗議とは、日々のケアから撤退すること。夫が日常生活について妻に頼りきっていることを十二分にわかっている彼女たちは、直接的な衝突を回避するのと同時に、自分たちのその強みを、どう使ったらよいのかよくわかっていた。事実、日本の女性運動家は、「ケアする役割」を果たす女性の価値を、もっと高めたいという人が大部分だった。言い換えれば日本女性は、家庭内での役割転換は求めていないばかりか、むしろその貢献を、男性の社会貢献と同等に評価し、感謝を示してもらいたかったのである。社会変動における主婦の役割を考察する上で、この、あくまでも伝統的な専業主婦の理想に立脚した日本のフェミニズムは、私に貴重な視点を与えてくれた。

こうした役割を、苦痛なものと捉えるアメリカ人は今でも多いに違いない。シンポジウムで私に質問を投げかけた日本人フェミニストの方々の予想通り、「自分が日本の主婦になりたいか」と問われれば、正直言って私の答えは「ノー」であった。そこには、私が結婚生活に望んでいる関係性は存在しないように見えた。しかし同時に、それができる彼女たちを、心から尊敬するようになったのも確かである。さらに、この感情は私の文化的要因が反映されたものだと気づいた時、できる限り深く、客観的・現実的に、彼女たちの視点で、彼女たちの人生をのぞいてみたくなったのだ。

「人生の物語」をつむぐということ

次章から、田中華枝・鈴木美恵子・伊藤八重子の三人の専業主婦の生涯をとりあげていく。私はこの五〇余年、数多くの日本人女性に会ってきたが、彼女たちは、一九五八年当時のミドルクラスの専業主婦の典型と言ってもよい。結婚して母親になること以外に選択肢のない時代、三者三様の「専業主婦役割」に対する思いを抱えているのにもかかわらず、立派にその役割を果たしてきた女性たちである。田中華枝は、個性と専業主婦役割が合致しているケースとして、鈴木美恵子は、葛藤を抱えながらもそれを表に出すことなく役割を果たすケースとして、伊藤八重子は、主婦役割へ果敢に挑戦するケースとして選んだ。

伝統的な女性役割を全うした、実在する女性たちのリアリティを描くこと。これは決して、「あの時代はよかった」とノスタルジアにひたるためのものではない。第六章で詳しく述べていくが、従来の男女間の構造が崩れ、家族システムが揺れ動き、出生率は急落した日本の現代社会。近代的現象――ニート、ひきこもり、対人恐怖、家庭内暴力、離婚率の増加、少子化、セックスレス夫婦等――

の出現と、その背景にある政治・経済の行き詰まり。以前に比べ皆「自由」になったものの、空虚感・喪失感・孤独感を抱え、「何をすべきか」「どうやって関係を築けば良いのか」と困惑する人々の増加。このような中でスローライフなどの生活様式が注目され、さらには専業主婦になりたい若い世代も増加していると聞く。物質的に豊かになり始めた高度成長期に盛んに言われた自己実現は、具体的な成果で「幸せ」を測ることができた。しかし時代が流れた今、個々人の真のニーズと充足感を、再評価する過程にあることは間違いない。昭和の時代を母として妻として、ひとりの女性として生き抜いてきた専業主婦たち。彼女たちがつむぐ日本人の潜在意識の中に埋め込まれている記憶——脈々と受け継がれてきた日本の家族・女性の在り方、その在り方をめぐる普遍的な葛藤——に触れることで、生き方を模索する今を生きる人々が、それを具体的な意識として手に入れる機会としていただけたら、これほど嬉しいことはない。

第二章　天性の専業主婦
――田中華枝――

二〇〇八年、田中華枝は九四歳になった。私たちが知り合ってすでに五〇年以上の月日が流れたが、その明るさや、家族のことやフラワーアレンジメントにうちこむ姿勢は、若い時と全く変わらない。いつでも、幸せに満ちた温かいまなざしと笑顔で迎えてくれる彼女の口癖は、「私は恵まれていました」である。

華枝はいつもまわりの人たちの素晴らしさを話そうとし、欠点やがっかりさせられたこと、腹立たしく思ったようなことについて触れることはなかった。苦しみや悩みを抱えていたとしても、私に胸の内を打ち明けることなど、決してないのだろう。「いつも前を向いて、その方の良いところを見つけるようにしているんです。それが私の生き方なのかもしれないですね」と話してくれたことがあるが、心にそう決めているというよりは、同世代の女性が苦しみ、現代女性が非難するような、主婦の葛藤や軋轢とは無縁な人だったように思う。

男尊女卑の風潮が強い当時の日本社会にあって、多くの女性は「男だったら良かったのに」という

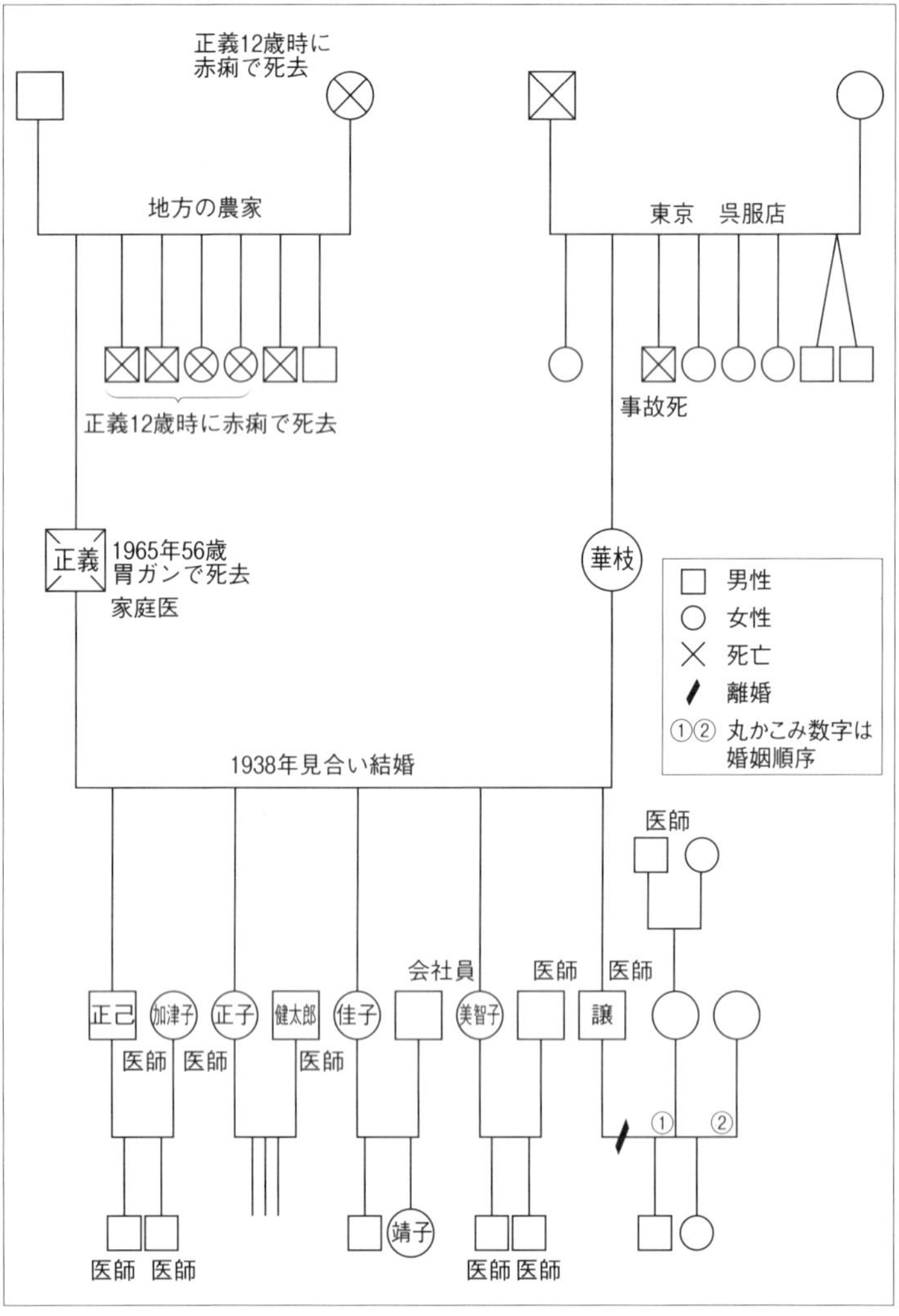
正義12歳時に
赤痢で死去
地方の農家
東京　呉服店
正義12歳時に赤痢で死去
事故死
正義
1965年56歳
胃ガンで死去
家庭医
華枝
男性
女性
死亡
離婚
①② 丸かこみ数字は
婚姻順序
1938年見合い結婚
医師
会社員
医師
医師
正己
加津子
正子
健太郎
佳子
美智子
讓
医師
医師
医師
①
②
靖子
医師
医師
医師
医師

田中家

思いを経験するのだが、華枝はそんな思いをほのめかすこともなければ、男性への嫉妬心や競争心も感じさせなかった。むしろ積極的に、夫やほかの男性のことを、「博識」とか「世の中をよく知っている」とかという言葉で、明らかに自分よりも優れていると表現した。常に男性を立て従うことで、劣等感と無気力感とに苛まれる女性も多いなか、彼女は大変慎ましく従順に話しつつも、確固たる自信をもち続けていた。日々のこまごましたことについては、自分で判断をくだし、夫に異議を唱えることもあった。

私との関係においても、なかなか思い通りにさせてはくれなかった。彼女の人生について私が書くことに同意はしてくれたが、本当のところ自分自身に焦点を当てられることを好んではいなかったようだ。私が訪ねると、いつも他の人を引き込んで楽しいおしゃべりタイムにしてしまう。今日こそ一対一で話したいと意気込んで訪問した時でさえ、たくさんの人を呼んでおもてなしの準備をし、私の計画を駄目にしてしまった。すなわち礼儀正しさの鏡のような人ではあったものの、決してか弱くも、受け身でもなかった。美しいものと楽しいおつきあいが大好きで、いつも積極的にまわりの人を自分の世界に引き入れてしまう。華枝の精神内界で、彼女自身をコントロールし影響を与えていたのは、こうした女性性だったのではないだろうか。

1 「恵まれた」田中家までの道のり

戦後の〝新中間層（New Middle Class）〟

田中華枝とは、元夫エズラが一九五八年から六〇年にかけて行った、日本の家族調査プロジェクトで出会った。調査の大半はエズラがつけた仮称「ママチ」という東京郊外の街に焦点が当てられていたが、並行して別の地域でもインタビューを行っていた。

当時五三歳であった夫の田中正義は、住宅に併設した医院を開業している家庭医として、地元では名の通った人だった。医師会でも信頼が厚く、地元の学校のＰＴＡとして熱心なサポーターでもあった。華枝は四五歳。上は一九歳から下は一二歳の五人の子どもがおり、ＰＴＡ役員や、町内会、婦人会活動などで活躍していた。当時の専業主婦の多くがそうであったように、彼女はいつも、料理や華道や茶道のお稽古で、熱心に腕を磨いていた。華道や茶道というのは、勉強や経験を積みたとえ師範になった後でも、レッスンは無限にくり返されるものだからである。

田中家は、エズラが後に〝新中間層（Japan's new middle class）〟と呼ぶ、そういった家族の代表であることは一目瞭然だった。戦後に現れた、「世の中の先端にいけるよう向上したい」「いい職業、いい結婚のため、子どもにいい教育を受けさせたい」「世界に日本の経済、社会、文化的業績を示したい」と熱望する、専門職やサラリーマン家庭を中心に発展した社会階層のことである。戦後、正義同様、農業や労働階級の人々が、専門職や大手企業の「サラリーマン」となり、こうした家庭が拡大を続けていたのである。

正義・華枝が夫婦になるまで

田中正義は一九〇六年、貧しい農家に生まれた。一二歳の時、母親と、七人兄弟の五人を赤痢で亡くしている。母親は、家事ばかりか畑仕事もし、自分の時間など全くなかった。家族との思い出は多くないものの、両親に厳しく、そしてやさしく愛情を持って育てられたこと、長男としても大切にされていたことは、はっきりと覚えていると言う。当時、両親や先生に何があっても従うことは当たり前のことで、体罰も「愛のムチ」と呼ばれ認められていた。家族みんな、寸暇を惜しみ、毎日無我夢中で働き、食事も満足に摂れなかった。

義務教育の最終学年を終えた時、正義は農家を出て、都会で何かを身につけようと決心した。長男が家を継がないということに動揺した父は、「もし家を出て行くのならば、二度と戻ってきてはならない」と言い渡す。それでも決心は変わらず、父と弟を田舎に残し家を出たのである。父親を含め家族はまだその土地で健在であったが、上京後の正義は時々実家に仕送りはするものの、ほとんど帰ることはなかった。一三歳で、叔父一家が住んでいた町に出、そこに住まわせてもらい学業を続けつつ、ちょっとした仕事を見つけては働いた。その後叔父の医院の仕事を手伝い、いろいろな使い走りの仕事をしながら、高校を終えた。厳しく、しかしとてもかわいがってくれた叔母のことは忘れられない。上京して働きながら医科大学を卒業した。二一歳の時、徴兵検査を受けたものの健康上の理由で入隊を断られたため、戦時中も戦後も臨床と研究を続け、一九五五年には博士号も取得した。

華枝は一九一四年、八人姉弟の次女として生まれた。実家は東京の下町で呉服商を営んでおり、贅沢はできないものの、それほど苦労もなく育った。典型的な商家の娘で、母親はもちろん、子どもたちも皆、できる限り店を手伝うようにしていた。母は店で帳簿つけなど夜遅くまで働き、二人の女中さんが、家事と子どもの世話をしていた。「母は遊びに出かけたり、趣味を楽しむ時間などはなかったのですが、毎週美容室で髪を整えてもらうくらいの時間はあったのですよ。いつも身だしなみには気を配っていました」。

華枝の母親は心温かく情が深く、店のお客さんや近所の人から、とても好かれる人柄だった。でも華枝は、そんな母についてよりむしろ、親友でもあり競争相手でもあった姉のことを話題にする傾向にあった。母は学業優秀なその姉のことを、店番や帳簿管理や買い物などに関しても何でも相談し、とても頼りにしていた。一方華枝は、学級委員もしたくらい、いわゆる良い生徒ではあったけれど、おとなしく、自分に代わって何でもやってくれる姉の後ろに、いつもついて歩いていた。反面、姉のことが羨ましく、自分が恥ずかしがりやであることがとても嫌だった。母が姉ばかりをかわいがる、と言って憤慨し、喧嘩することも珍しくなかった。華枝も店で簡単な手伝いはしたが、忙しい姉よりも自由に弟や妹たちの面倒も見ることができたし、店員さんたちとも親しくできたことは、今になってみればかえって良かったと思える。実際、姉のはっきりした態度が、ことを荒立てることもあったので、店員さんたちはおとなしい華枝をよくかばってくれた。こうした経験から、華枝は、引っ込み思案なところも日本人には案外好まれるものだということを、自然に学んでいったのかもしれない。親しみやすい性格であること、店員やお客さんから人気があることなどに、自信をもっていればいいのだと気づいたのである。柔らかさや優しさといった女性性をめぐるこの秘められた競争において、華枝は決して負けなかったのである。

華枝の進学した女学校は、映画に行くこと、小説や女性雑誌を読むこと、また男友達を持つことなどを固く禁じていた。「良からぬことをすると、針の山を登ることになる」とか「血の海を泳ぐことになる」と脅かす先生を本気で信じるような、真面目で勉強熱心な生徒であった。しかし女学校時代にまず父親が亡くなり、数年後には、父親の跡を継ぐはずだった長男であるすぐ下の弟が、士官学校での訓練中に、一八歳で悲劇的な死を遂げる。この弟と撮影した写真の入ったアルバムを、彼女は宝物として今なお大切に持っている。男手を失った母は呉服店を手放さざるを得なくなり、一家はこの後急転直下、辛い時期を過ごすことになった。そんな中でも、華枝や姉と同じように三人の妹たちも女学校を、双子の弟たちは東京の有名私立大学を、無事卒業させてもらった。

女学校を卒業した華枝は三年間、幼稚園の先生として勤務し、ここでさらに大きな自信を得る。友人たちは「別人みたいよ」「積極的で、活発になったわね」と口々に言うようになった。

即決の結婚

一九三八年、華枝は田中正義と結婚し、幼稚園を辞めた。正義三一歳、華枝二三歳の時のことである。正義のことを前途有望な青年だと確信した彼の恩師と、幼稚園児の保護者でもあったその恩師の友人が、華枝のことを子どもに人気のある良い先生だと、お見合いを勧めてくれたのだった。二人ともこの仲人さんを絶対的に信頼していたので、当時多くの人が結婚前にしていたような、お互いの身元調査をする必要すら感じなかったし、「互いの欠点を探して情熱を冷ますことがないように、新鮮なうちが良い」と言われていたので、二人はすぐに結婚を決めた。

新婚旅行に行くこともなく、正義は結婚式の翌日にはもう仕事に出た。ミドルクラスの人々が多く住む住宅地に家を構え、以来ずっとそこに住むこととなる。自宅と正義の仕事場である医院は同じ敷地内（日本では医師が自宅を診療所として開業することが当時も今でもよくある）だった。自宅は、最も典型的なスタイルの木造二階建て、ベランダと小さな庭に出られるような大きなガラス戸、畳の部屋、ピアノの置かれた洋間、ダイニングテーブルとオーブン（これは当時極めて珍しい、近代的なキッチン用品）があるキッチン、汲み取り式のトイレ、ぎりぎり二人入ることができる風呂といったものが備わっていた。

華枝は女学校卒業後に姉の友人に勧められ、内村鑑三が創設した無教会派のキリスト教の活動に深く関わり、他者を愛することの大切さを教えられ、それが彼女の生き方の一部になっていた。ただ正義が仏教徒というか宗教に全く関心がなかったことと、彼女自身第一子出産後は時間的なゆとりもなく、教会からは自然に足が遠のいてしまった。

戦渦に生まれた子どもたち

田中家の長男正己が生まれたのは、結婚一年後の一九三九年、日中戦争のさなかである。正子、佳子、美智子の三人姉妹は第二次大戦中、末子の護は戦後二年目に生まれた。華枝が「こんなにたくさんの子持ちで恥ずかしい」と言った時、私は意味が分からず混乱したのだが、その時はただの謙遜かと思っていた。六〇年代に入った頃から、若い夫婦は子どもの数を制限し始めていたので、それと比べての発言だろうか。いずれにしろ、双方の家族が共に長男を亡くしている田中夫妻は、絶対に男の子が二人欲しいと願っていた。次男護が生まれた時は、どんなに嬉しかったことか、想像に難くない。

戦争により、堪え難い辛苦を強いられた家族は多かったが、田中家も大変な苦労を免れなかった。華枝は何度も何度も繰り返し、いかにこの時期が辛かったか話すのだった。正義は幸い戦地に行くことはなかったものの、空襲の後の怪我人の治療をするように命じられ、他の地元の人のように田舎に疎開することを許されなかった。お手伝いさんがいたとはいえ、お産を終えたばかりの華枝も乳飲み子を抱えながら家族の朝食を用意し、食糧を探しに出かけ、赤ちゃんの衣類を手洗いするなど仕事は山のようで、いつも一番最初に起きた。空襲で停電になると、暗闇の中で着替えさせ、非常用のものをかき集めて防空壕にかけこんだ。終戦の前年、華枝は幼な子三人を連れて田舎に疎開した。東京の実家が空襲で焼け落ちて、彼女の母親がすでに身を寄せていた場所である。夫と六歳になっていた正己は、必要な時にはすぐに動けるよう自宅に残った。時折二人ははるばる汽車でやってきて、華枝が農家と食糧に交換できるよう、お金や都会の物品などを届けてくれた。華枝が夫や息子に会いに行くこともあったが、一歳の美智子を背負い手には食糧を抱えながら何度も乗り換え、時には貨物列車に乗って、人ごみをかき分けて進まなくてはならない汽車の旅は、筆舌に尽くしがたいものであった。空襲で東京に火災が発生したからと行く手を遮られた時、遠くの夜空を赤々と焦がすその火を見た。野菜がほんの少し入ったお粥しか、食べるものがなかったこともあった。そうは言っても自宅は焼けずに残り、なんとか口にするものもあって――これは、町の人に食べ物を分けてあげたくないと思っている農家の人と仲良くする術を知っていた華枝の母のお陰だったのだが――やっと生きのびることができたのである。あまりに大変で、あれこれ案ずる時間も気持ちのゆとりもなかったから、かえって悩む暇もなかったと華枝は言う。華枝も子どもたちも無我夢中で、「すべきこと」をただただこなす毎日だった。

ご近所も皆協力的で、大きな助けとなってくれた。特にお隣の奥さんとは台所の窓越しに毎日おしゃべりし、何でも分け合った。後になって夫妻は、「戦争が終わったら、なんだかお互い以前より協力することもなくなってきたかもしれません。ちょっとだけ張り合ってみたり、内緒ごとが多くなったり。近所づきあいも何となく疎遠になってきました」と口を揃えた。

2　ヴォーゲル家の先生として

田中家との出会い

初めて出会った時から、田中夫妻は心から歓迎の意を示してくれた。正義は日中、医院から抜け出してじっくりと、ミドルクラスの日本人が戦後送ることができるようになった文化的な生活について、誠心誠意温かく教えてくれた。最初の数週間は、彼が日本社会や教育問題、都会と田舎の生活パターンの違いなどについて詳しく話してくれた。そして華枝は、いつも控えめながら美しい着物を着、夫が話をするのを、いつも横でにこにこと温かい笑顔で黙って聞いていた。しかし馴れてくるに従って、彼女も積極的に、華道や茶道のお稽古の様子などについて話してくれるようになった。お茶と和菓子について、それがいかに季節感を大切にし、特別な思いをこめて丹精して作られているか、そして和食が味覚はもちろん、いかに目で楽しめるかが大切なのだと力説してもくれた。「子どもの頃、家では何の趣味も持てなかった」と、今ある趣味の時間や、経済的余裕をとても嬉しく思っていた彼女は、私たちをお茶会に招き、本当は修業を積まねばならない茶道の美と優雅さを、少しだけかいま見せてくれたこともある。一方音楽に関してはあまり素養がないことを悔やんでおり、かわりに三人の娘には音楽のレッスンを受けさせていた。正義も、趣味について語るのが好きだった。日曜日には早朝から夜遅くまで、仕事仲間と一緒によく釣りに出かけていた。田中夫妻は二人ともご主人は男性同士、奥さんは奥さん仲間で親しくおつきあいし、それを互いに尊重し合っている様子であった。お茶席で華枝は、夫がマス釣り大会で一等賞だったことを誇らしげに話していた。

ふみこめない戸惑い

ただ最初のうち、エズラと私がほんの少しだけフラストレーションを感じていたのも事実である。私たちは心理社会的側面、つまり子育て、夫婦関係、家族関係や葛藤状況、日常生活で感じる思いなどについて詳しく知りたかったのである。もちろん、忙しい中時間をつくってたくさんのことを教えてくれることにも、私たちの非常に限られた日本語能力にも辛抱してつきあってくれることにも、大きな恩義を感じていた。華枝の大変美しい丁寧な言葉遣いは時に私の混乱を招いたが、彼女は私が理解できるまで、何度も繰り返し話してくれた。しかし、田中家への訪問はいつもやや形式的な、実生活とは関係のない話題ばかりが飛び交う祝宴となってしまうのが常だった。だが次第に二人が、新しいミドルクラスの人々が戦後に獲得した生活や、専業主婦の家事やたしなみについての誇りという実は非常に重要なことを、懸命に伝えようとしてくれていることが分かってきたのである。実際、華枝の美しい言葉遣いを聞くことで、日本における礼儀や女性らしさというものを学ぶことができた。益子という有名な焼き物の町に行った際、四人でガソリン代を割り勘にしましょうと提案した私に、それはあまり好ましいことではないと、とても気を遣いながら説明してくれたのも華枝だった。車の所有者は善意で申し出ているのだから、感謝の気持ちを表したいならば、気持ちのこもった贈り物の方が良いのだと。これは「西洋人は合理的で、日本人は情緒的」なことを実際に肌で感じる良いレッスンだったと思う。

そんなわけで最初の数週間、かなり表面的な関わりになってしまったことを反省し、エズラは正義と、私は華枝と、もっと一対一の時間をもっていこうと決めたのである。私は華枝と同じ母親として、日々の暮らしや子どものこと、教育問題、親戚や友人のことなどを話すようになり、また彼女もアメリカの家庭生活や私のことなどを尋ねるようになった。私の家でとてもカジュアルなパーティーを開いた後は、彼女の緊張もほぐれてきたようで、私たちは知識や経験を共有し、それらを比較して楽しむようになった。私が和式トイレを最初に経験した時の話をしたところ、彼女は、「私も京都のホテルで、洋式のユニットバスだったのに、日本の風呂のつもりで、湯船の外で体を洗ってしまったんですよ」という経験を告白し、笑い合ったこともある。

しかし、今なおそうだが、華枝は自分自身のことを話すことに抵抗があるようだった。エズラが最初のインタビューでテープレコーダーを使った時、「この方たちは後でこのテープを聞いて、私のぎこちない発言を笑うのかもしれない」と、嫌な気持ちになったと認めている。しかしそうは言うものの、華枝が質問や話し合いを拒否することは決してない。その代わり、よく笑うことによっていやな話題を避けるのである。外からは見えない緊張があったに違いないが、その緊張感を見せたり、否定的になったり、よそよそしくなったりという素振りは一切見られない。それどころか彼女の微笑みやころころと笑う声が、いつも温かく柔らかな雰囲気をつくりだした。彼女は、「日本女性は一般的に」とか「ある知り合いの女性が」どのように物事に対処するかというような第三者の立場からの方が、気楽に話すことができるようだった。多くの時間を共にしてはじめて、彼女が直接話してくれたことだけでなく、彼女の行動や「周囲の人について」の話から、彼女の生活環境や感情、関係性などについて理解できるようになってきたのである。

家長が家にいる家庭

田中家は、家長である父親が家に隣接した医院で働いていることから、いつも家にいるという点では、他のサラリーマン家庭とは異なっていた。住まいの方に患者さんが来ることはないが、看護師や他のスタッフも正義や家族と一緒に食事を摂り、家族に何か急を要することがあれば、その人たちも皆手伝ってくれた。正義は、医院の運営と自分の職務上の責任に関して絶対的な権限をもち、滅多に台所のことや家事雑用には干渉せず、華枝が家庭内のこと全般に責任をもっていた。だが正義は、子どもの学校のことや、健康に関すること、どのように育てるかという大きな問題には、大いに関心をもっており、意見した。「美味しく栄養価の高いものを食べさせること」「母乳は一年以上与えないこと」を強調し（当時二年も三年も母乳を与える母親がいた）、華枝はそれに従い生後一年間は母乳で育て、その後は徐々に離乳食に変えていった。とは言え、戦時中は「美味しく栄養価の高いもの」を探すことも難しく、消化がいいよう長く煮ることさえ困難な時もあったので、時々は母乳で補う必要もあった。いつも家にいる父親であるからこそ、自然と家族の健康や家庭内の動きについて、関心をもつことができたのではないだろうか。

正義は「奥さん」という言葉の意味通り、妻にいつも家にいてほしいと希望していた。ただ華枝は、子どもたちも大きくなり皆学校に行っているし、何か問題が生じても、父親も医院で働く人たちもすぐに駆けつけられるのだから、自分は趣味やちょっとした集まりに出かけてもいいはずではないかと思っていた。「あの人が一日中会社に行っていれば、私が外出していても分からないのに」と笑いながら愚痴を言うのであった。また、給料をそのまま妻に渡し、妻がそのお金を必要に応じて使い分け、夫にもお小遣いを渡すという日本の典型的なサラリーマン家庭と違い、正義は患者から治療費を受け取ると、入金と支出を帳簿につけ、一定の金額を家計費として渡し、急に入り用になった支払いなどは自分でしていた。全体の収入としてみれば低くはなく、家計に不足するようには全く見えなかったが、その頃の彼女は、「自由にできるまとまったお金が欲しい」とこぼすのだった。そして夫の了解を得ると、夫の収入の一部を譲り受け、地価が上がることを期待して田舎に土地を買った。これに代表されるような、夫が家庭の敷地内で働くことのメリットと、デメリット。夫をいつも当てにすることができること、とても近い存在として、固く結ばれた家庭生活ができるというのはメリットであり、時々自分の方針に夫が同意してくれないこと、夫が家計を握っているというのは彼女としてはデメリットであった。

華枝の専業主婦業の実際

華枝の会話の中には、「女性より男性の方が上」という認識が見え隠れしていた。華枝の母親がいつも働き通しだったのに対し、父親は自分の時間を持っていたことも影響していただろうか。例えばエズラが、使う予定のテープを持参するのを忘れ私に謝ったところ、「日本の夫は、絶対に、いかなる時でも（妻に）謝ったりはしませんよ」とユーモアたっぷりに言った。そしてこうも言った。「私は宗教教育を受けたことにとても感謝しているし、娘たちにも同じようにそういう教育を受けさせたいんです。だって、男性は上へ上へと行くことができるけれど、女性はいつでも夫に従わなければならないんですから。外からの要求にうまく対処していくためには、内なる力が必要なのです」。

華枝は時に、夫婦がよく話し合い、互いに理解し合うことの大切さについて話すことがあった。正義は当時の世の男性のように権威をふりかざすような人ではなかったが、華枝に「家長」の専制的な権威に反発する気持ちがあって、こんな話題を出したのかもしれない。日頃田中夫妻は、よく話し合い互いに合意するか、素直に相手の決定を受け入れているようだった。激しく言い争って数日口をきかなかったことも数回あったが、日々の暮らしのなか必要に迫られて再び話し始めると、やがて和解し腹立ちも消えて元の夫婦に戻るのだ。しかし逆に言えば、どちらも決して謝らない。娘たちは華枝に「先に謝ったら」と言う時もあったが、「謝らないところがすごい」とも言っていた。華枝は夫の振る舞いが癪にさわると、「あの人は母親を早くに亡くし、父親からの援助もなくここまでやってきたのだから……」と考えるようにしたと言う。

一九五九年になると、華枝も忙しいなりに、以前よりずっと自由な時間ができるようになった。子どもたちも大きくなってきたし、お手伝いさんなしでもやっていけると感じるようになってきたのである。家事のやりくりを学びたい地方出身の一〇代の女の子たちが、数年間花嫁修業として、住み込みのお手伝いさんとして働いていたのだが、田中家の子どもたちが同年代になってくるにつれ、難しさもでてきた。正己が彼女たちにひどい態度をとることもあったし、逆にお手伝いの子の方が、田中家の娘たちと同じ扱いをしてほしくて、妬むようになってきたのである。そんな訳でお手伝いさんをおくのをやめたところ、娘たちが毎朝、布団や服をきちんととととのえ、食後の片付けなどを進んで手伝うようになったのである。長い休暇中は、交替で洗濯、風呂洗い、風呂沸かし、食事の用意など、メインの家事も手伝うようになった。一方男の子たちは家事の手伝いは期待されておらず、皿洗いもしなくてよかった。

自動炊飯器のお陰で、前ほど早く起きる必要はなくなったのだが、朝食の準備、掃除、男の子の布団の片付けなどの家の中の整理、昼食準備、洗濯と、華枝の朝は大忙しだ。家族や医院を手伝ってくれる人は皆、時間がある時には家で昼食を摂るため、いつも彼女は家事と昼食を午後二時までに終えると、それから二～三時間、学校の会合へ出かけるか、お茶やお花のお稽古に出かけ、夕飯の準備に間に合うように帰宅した。夕食には正義も帰宅し、家族全員揃って摂ることになっていた。華枝は娘たちと一緒に皿洗いをし、時には護の宿題を点検し、寝る前のほんの数分ゆっくりできるのだった。

華枝がストレスフリーな生活を楽しめたのは、舅姑がいないことが大きかったのかもしれない。義理の親に会う機会も滅多になく、自分の実家と非常に緊密な関係を保ち、母、姉妹、その子どもたちに支えてもらうことができた。彼らは東京都内で多世代同居していたので、華枝は郊外に住んでいたものの、よく行き来していた。毎年、華枝の実家の家族三世代が集まって、新年のお祝いの席をもうけていた。

おしどり夫婦

私たちは初めから、田中夫妻は素敵な似合いのご夫婦だと思っていた。二人ともこの結婚生活を楽しみ、愛情をもち尊敬し合い、心地よく感じているのがよく伝わってきたし、長くつき合えばつき合うほど、その印象は強いものになった。日本人の多くがそうであるように「愛している」という言葉は使わず、私たちの前でも、身体接触をともなう愛情表現をすることはない。結婚は愛情より何より、「家庭を築く協働作業」という概念に基づいているようだった。そんななか華枝にはいくらかロマンチックなところがあり、「見合い結婚って恋愛結婚に変わっていくんですよ」「もっと夫婦一緒にいろいろしたい」と堂々と言っていた。また正義がまだ研究に携わっていた頃、仕事の後に時々揃ってダンスに出かけたという、結婚当初の思い出をとても大切にしていた。夕食後一緒に散歩に出ることもあり、ご近所でも評判のおしどり夫婦だった。そしてそれを、子どもたちも後押ししていたようだ。ある年、母の日なのに父が釣りに出かけてしまったことに娘たちが怒り、翌日母の日のお祝いをしなおしたこともあった。また華枝は、夫婦共通の友人の家を夫一人だけで訪問したことに落胆していた。

そのご主人の体調の相談にのることは頭では分かっていたのだが、とにかく一緒に行きたかったのである。

だからアメリカ人夫婦であるエズラと私が一緒に外出することについて、華枝が私に「羨ましいわ」と言っても、それには驚かなかった。ただ一度、エズラが数日出張に出かけた時に彼女が、「エズラさんが戻ったら、その時のおふたりを見てみたいわ」と言った時には吹き出してしまった。なんと彼女は、私たちがまた一緒になれたと喜びあい、何か愛情表現をするのだと想像していたのだった。田中夫妻は自分たちの性生活についてあからさまに語ることはなかったが、そうした関係に満足していることは、様々な会話から想像できた。正義は、若者のために適切な性教育が必要だと主張する一方で、性経験には神秘的なところがある方が良いとも考え、「結婚したての若い女性は皆、セックスについて無知で、こわがり、緊張もしているんです。でも知識と、思いやりのある夫が、優しく楽しく女性に接することで、それを楽しいものにできるのです」「時々僕は眠れなくなるんだけど、妻は眠れないなんてことは一度もないんですよ。初夜だってすぐにすやすやと眠ってしまったんだから」「他にどんな問題を抱えていても、性的に相性の良い夫婦は絶対に別れない」などと発言した。華枝もまた概して、性に対してはオープンに話す方だった。「下田の神社へ行って来たんですよ」と報告した時、彼女はすぐさま反応した。「もしかして、あの男根形像がある神社のことですか?」「そうよ」と答えると彼女はくすくす笑いながら、こんな話までしてくれた。「女性の性欲を満たすために作られた、男根形の道具があるんですよ。私はそういうものは使ったことはないけれど、きっと宮廷の女官に使われていたのではないかしら。女官やご主人のいない年配の女性は、若い青年を愛人にしたりもするのよ」。華枝は、女性にも主体的な性欲があることを前提にオープンに話し、女性はいつでも受け身なもの（当時は女性でも、そう思っている人がかなりいたのだが）とは捉えていなかった。「男性って時々、みんなで女性を買いに行くんですよ。おつきあいがよくないと、ちゃんと参加するよう、お仲間から圧力がかけられるんです。男性はみんなこのようなことをするそうですよ」と、当時の「男のつきあい」について、あっけらかんと教えてくれたこともある。時代と共に倫理観も変わるものだが、この華枝の発言は、当時の「〝男同士のつきあい〟に妻は干渉せず、それが家族に影響をもたらすことのない」夫婦関係を、よく説明しているのではないだろうか。

日本人は性的な話題を非常に恥じらう民族である一方、一緒に入浴したり、風呂で身体を見られることについてはあまり構わないようだ。日本で入浴とはレクリエーションであり、社交の場でもあるのだろう。大抵同性同士で温泉場へ旅行し、一緒におしゃべりしたり笑ったりして入浴を楽しむ。華枝も友人たちと、暗くなるまで待ってから一緒に風呂に入り、裸でゆったりとおしゃべりしていたし、家族一緒に入浴することも多かった。子どもの本音を聞きたくなると、家の小さな風呂で一緒に入浴した。さすがに護が中学生になった時、もう一緒に入浴する年齢ではないと考えてそれはやめ、夫とたまに入浴するようになったらしい。

3　内弁慶な五人の子どもとその教育

正己・正子・佳子・美智子・護

田中家を初めて訪問した時にお子さん全員を紹介してくれたものの、正義も華枝も最初の週には、子どもたちのことを話題には一切しなかった。私たちが訪問する時、彼らは皆学校に行っていたし、家にいたとしても、姿は見えても声を聞くことはなかったのである。家族とは大声でよく話すのに、よその人に対してとても恥ずかしがりやな「内弁慶」なのだと両親は説明していた。特に長男正己は、私たちが行く日にわざわざ留守にしている節があった。だが数ヶ月も経つと、彼もエズラとの会話に加わるようになり、私たちの滞在期間中、エズラとともに英語の勉強をするようにまでなったのである。華枝は子どものことを自発的に話すことはなかったが、こちらが尋ねればよく話してくれた。

正己の思春期時代

「中学生になってから、正己のことが心配で」とめずらしく華枝が、自分から話してくれたことがある。世間の親も子どもも「いい高校や大学に入学しなきゃ」というプレッシャーを抱えている中、中学時代、正己はほとんど勉強しなかった。家庭教師をつけて勉強している友人が多いのに、彼は母親が見つけた家庭教師を拒否し、家庭教師が来る日には押し入れに隠れたり、屋根に登ったりした。華枝は彼がいなくなったことに驚き、不安に押しつぶされそうになり、姿を現した時には安心して怒ることもできなかったという。中学生の正己は女性という女性が大嫌いで、特にお手伝いさんたちに辛く当たっていた。彼女たちが持ってきてくれた水は「汚い」と言って飲まず、母親に持ってくるよう要求した。華枝は、なぜこんなにも意地悪をするのかわからず、ただおろおろし、妹たちは、「兄さんは暴君よ！　威張りちらして」と文句を言った。

しかし、友人の多くが進学した私立中学の入試に失敗したことで、正己はうまれ変わった。「恥ずかしい思いをした」とエズラに打ち明けてくれたのだが、その後数年間は友達ともつきあわず、かつての楽しいことが大好きな少年ではなくなってしまった。そして、誰に言われたわけでもないのに、一人で懸命に勉強を始めたのである。母親とは距離をおくようになったが、父親とは長く話し込むこともあった。高校生になると、正義が、様々な職業やそれに必要な資格などについて、各職業の良い面、悪い面などを話した。父親自身の人生体験、友情の大切さ、人とうまくやっていくことの大切さなど、息子が今からもっと身につけていく必要があることを、直に伝えようとしたのである。正義は息子に、自分の跡を継ぐように強制はしなかったが、独立した専門職は収入が保証されていること、自分がボスでいられること、いつか父親の跡を継ぐことができるという利点は、しっかりと説明していた。そして最終的に正己が自分の意志で医大進学を決めたことを、彼は非常に喜んだ。華枝ももちろん、正己が医大進学を志望したことを喜んだし、何よりもう彼の受験勉強について何も心配することがなくなったことに、胸をなでおろしたのである。

さて、正己は努力の甲斐あって希望通りに医大に進学したものの、強い自立心と頑固な性格ゆえに、医学部一年生の最優秀賞を受賞したのにもかかわらず親には報告しなかった。だいぶ後になって偶然そのことを知った時、華枝は大変なショックを受けた。また彼が身なりに無頓着で、自分の部屋を片付けないこと、他の妹や弟は自分で毎日靴を磨くのに、正己はしないということにやきもきしていた。かといって母親がそっとやっておくと、カッとなって怒るのである。友達と何日も山歩きに出かける時も細かいことを言い置かないので、「いつ戻ると言ってくれれば、いらない心配をしなくて済むのに」と母は心を乱すのだった。正己は、母親にとっては多少難しい子どもだったのかもしれない。だが、父親とは何でも話す関係を保っていた。

娘には「女子」教育を

三人の娘は互いに、そして母親とも仲が良かった。家族内では、同性同士の方がより緊密な関係性を築くのかもしれない。教育方針も、女の子と男の子では違っていた。華枝は、「女の子は競争する必要もないし、一流の学校に行く必要もないし、職業を考える必要もない」と言っていた。だから女の子は三人とも、中学校の入試に合格すれば、高校まで進学できる、近隣の私立の女子校へ進学したのである。まず正子が入学し、両親ともこの学校が気に入り、妹たちもここへ入学させたのであった。こういった女子校は、女子、特に未来の専業主婦養成のために、男女共学より良い教育を提供するとされていたのである。

しかし正義は、比較的新しい考えの持ち主であった。女性であってもいざというときのために、自分の足でどう生きていくか考えておくべきだという考えだったので、正子が大学進学を選択したことを喜んでいた。正子は、父親が強く関心をもっているテーマでもある栄養学を学ぶため、短大に入学したのだった。正義は、「結婚するにしても仕事につくにしても、栄養学を勉強することはあの子にとって必ず役に立つだろう」と考えていた。一方翌年、佳子が「ピアノをもっと真剣に練習して音楽大学に行きたい」と言った時、両親は少し心配した。ピアノを弾くことはとても気に入っていたのだが、それはあくまでも趣味として考えていたので、いざとなった時に経済的に自立してやっていけるのだろうかと懸念したのだ。佳子は「ピアノを教えるから大丈夫」と答え、先生につき毎日熱心に練習し、希望の音楽大学に合格した。華枝は、「あの子は中学の時、ピアノのレッスンを止めたがっていたんですよ。ここまでやってきたのだから、続けることに価値があるって説得したので続けてきたんです」と思い返しては、喜んだり驚いたりしていた。美智子は、まだ大学のことを考える必要はなく、バレエのレッスンを楽しみ、時間があれば宝塚歌劇団の観劇に出かけていた。

正子は学業面でも社交的にも素晴らしい資質をもっていたが、男性や結婚には全く興味を示さない少々奥手な子だったので、周囲は間違いなく夫は見合いで選ぶのだろうと思っていた。佳子は、「それでもピアノとダンスのレッスンを受けていて、とても上手だったが興味は栄養学に向いた。ピアノとダンスのレッスンを受けていて、とても上手だったが興味は栄養学に向いた。佳子は、「それでもピアノをやる」と決めたことからも分かるように、意志の強い子どもだった。父親は、この子は自分で夫を選ぶだろうと考えていた。三人の女の子たちは数ヶ月間、私とエズラを何となく避けているようだったが、私の家で一緒に遊んだり話したりする機会を作ったところ、皆、明るく年齢相応のやさしい子どもたちであった。特に美智子は、最ものびのびと楽しいことが大好きな、「末っ子らしい」子どもであった。

正己はいつもマイペースに自分のことをやっていたが、下の四人は夏休みも、時間があれば大抵一緒に遊んでいた。長男にはベッドと机がある自分の部屋があったが、他の子たちは畳の部屋で布団をしいて寝ており、護は、別の部屋で一人で寝ることもあれば、姉たちや母親と同じ部屋で寝ることもあった。正子がかわいい服を買ってもらっていると、下の二人が妬んで、洋服のことでたまに喧嘩になることもあった。「正子は高校を卒業したから、もう制服がないのです。それで、毎日着る服がいるんですよ」と華枝は言っていた。

一九六〇年代、アメリカと日本の思春期の女の子は驚くほど異なっていた。当時アメリカの女子高校生と言えば、チアリーダーやビューティークイーン（美人コンテスト優勝者）になりたい、一番人気のある男子とつきあいたいと努力し、服や髪型のことで頭が一杯だった。それに比べ、田中家の女の子と同様その頃の日本の女の子たちは、毎日制服を着て、化粧も許されず、男の子と接触することもほとんどなかったように思う。華枝は、「正子も佳子ももう大きいんだから、パーティーに男の子たちを招待して、男の子とはどんなものか教えないといけないかしら」などと画策することもあった。華枝やそのお仲間は、いつも素敵な服を着てお化粧をするので、十代の娘たちより綺麗に見えるくらいだったが、これもまたアメリカとは正反対の光景であった。

護の中学受験

護も小学校六年生で、本人にとっても両親にとっても決断の時を迎えた。公立小学校に在籍している護は、中学校選択の時期にさしかかっていた。そのまま地元の公立中学校に行くことはできるものの、友達が皆大人になったような気分で電車に乗り都心に通学する話をするので、「友達も行くから」という理由で、護も都心の有名中学に行きたくなったのだ。しかし華枝は、勉強より遊ぶことに夢中な護がその入試に合格できるかどうか、とても疑わしく思っていた。しかも末息子をそんな朝早くから、遠くへ通学させたくはなかった。数ヶ月間、華枝は担任の先生や他のお母さん仲間に、そのことばかり相談した。正義は「護が望むのなら行かせなさい」と言うし、正己は「地元の公立がいい。余計なプレッシャーは抱えない方がいい」と言うしで、家族の考えはなかなかまとまらないのだった。

最終的に華枝は、東京の中学に行きたいという護の願いを受け止め、仮にその私立中学の入試に失敗しても別の中学に行けるよう、周到な準備にとりかかった。かつて受験に失敗した正己が通学した都内の公立中学校は、他の公立校よりレベルが高いと言われていた。その学区内に住民票を移すことができるようないいコネクションがあれば、そこに住んでいることにして東京に住所を作るのである。そうすれば学区外に住む家庭でも、学校に受け入れてもらえた。華枝にはその学校の先生やＰＴＡに親しい人がいたので、何度か手土産を持参して相談に行った結果、必要となった時には入学できる目処が立った。もちろん贈り物は禁じられているのだが、彼女は、ＰＴＡのメンバーや先生の奥さんに、こっそり贈り物をする方法を知っていたのだ。

このような入試の不安が高まる時期には、担任の先生も、受験勉強をみるために毎晩八時まで残業して指導してくれた。華枝のような熱心な母親は、そこへ夕食を運ぶのだった。そして、正己より素直で従順だった護は両親や先生の意見を受け入れ、家庭教師の時間を増やして勉強した。

しかし母親の心配はあたり、護は私立中学の入試に失敗し、正式に東京の公立中学に入学した。護は最初残念がったが、両親はそんなに動揺しなかった。何より護自身、入学した学校にすぐさま適応し、正己が経験したほどの挫折感はなかったようだ。華枝は、「あの子はみんなのように、日曜日も勉強なんかしないのです。それでは受かりませんよね。勉強にあんまり興味がないのですよ」と笑いながら言っていた。

受験プレッシャーのない家庭

田中家は子どもたちの受験に関して、過度に熱心だったり、プレッシャーをかけたりする家庭ではなかった。もともと高圧的ではなく、ものごとをじっくり説明するという教育方針をとっていた華枝はさらに、「過度にプレッシャーをかけても、ただ反抗されるだけ」ということを、正己の経験から早いうちに学んでいた。田中夫妻には子どもに対する明確な理想像があり、それは「良い生徒」、つまり先生の言うことをよく聞き、宿題をちゃんとする子どもでいてほしいというものであった。そして、子どもに合いそうな学校、勉強机、必要な時の親の手助け、家庭教師など、その都度必要と思われる環境を物心両面にわたって与えてきた。二人は、子ども自身のモチベーションが駆り立てられた時、初めて、もっと勉強するようになり、試験もよくできるようになると、過去の経験から学んでいた。正義は彼自身の経験から、教育がどれほど重要であるか知っており、さらに健康がそれを上回るものだということも身にしみて分かっていた。幸い、田中家の子どもたちは皆健康だった。華枝は受験突破を願いつつも、子どもたちには自分の好きなことをし、楽しい人生をおくってほしいとも望んでいた。子どもの一人（大抵長男）に家業を継がせる慣習のために、実家を出たことで父親を怒らせ勘当されてしまった正義は、そんな自分の経験からも、子どもたちには自分で仕事を選ばせたいと、強く思っていたのではないだろうか。

田中家が他の家庭ほど、躍起になって子どもに最難関校に入るようプレッシャーをかけない理由の一つに、すでに社会的・経済的地位を確立していたこともあるのだろう。男の子二人の中学入学の際に見られたように、何かあれば、経済面や社会的なコネクションなど、すぐに頼ることができる資源を持っていた。サラリーマン家庭ならば、私立の学校に進学させるためには親はしっかり働かざるを得ないし、そうでなければ子どもたちがもっともっと努力して、人生のエリートコースを保障する授業料が安く権威のある国立大学や、そこにつながるような高校に合格しなければならないのだ。

女の子にも競争意識を持たせて教育する家庭ももちろんあったが、社会的に確立している家庭では田中家のように、女の子には、良い学校に進学することよりも、従順で優しい女性に成長することを望む傾向にあった。「良い結婚」をするという視点からは、成績は良くても一番ではない方がむしろ望ましいとされていた。ただ「文化的に教養ある女性」が専業主婦の良き候補者とされるため、良妻賢母をめざして家事を上手にこなすスキルや、良い趣味をもち芸事のお稽古に力を入れるのが好ましいと言われていたのである。

4　華枝のスタイル

老後の在り方

戦後の新憲法成立により長子相続の規定が消えたとは言え、長男が家業や家督を継ぎ、高齢の両親の面倒をみるという慣習は依然として存続していた。しかしそうは言っても、もはや強制されることでもなくなったので、老齢の両親がどこで誰と住むかについて、話し合われることも多くなっていた。華枝の友人の多くは、親子は別々に暮らすのが良いと言っていたが、娘と住む方が良いと言う人も、伝統的な長男との絆にこだわる人もいた。華枝も頭の中でこの問題について、あれこれ思いめぐらしていたに違いない。「もしみんなが仲良くやれるのならば、私は長男夫婦と一緒に住みたいわ」と言ったことがあった。仲人である正義の恩師ご夫妻が、息子さん夫婦と仲良く一緒に住んでおられることを例として挙げていた。華枝の実母と、三人の姉妹とその家族は、東京の良い場所で、敷地内にそれぞれの家を建てて一緒に住んでおり、男性たちは忙しく、互いに関わる時間はないようだったが、母親、娘、嫁という女性同士は皆非常に円満にやっていた。「娘さんの誰かと暮らすというのは、どうなのかしら」と私が尋ねると、華枝はしぶった。「娘の夫になる人が難しい人だったとしたらどうしましょう。いくら難しい子とはいえ、実の息子なら、お婿さんほど難しくないんじゃないかしら。お嫁さんなら、うまくやっていけそうな気がするんですよ」。長男と住むことを、強く希望していたのである。

華枝の対人パターン

華枝の対人関係のパターンは、とても興味深い。一見競争心がないように見えるものの、他の女性と自分をよく比べるのである。私の背の高さと彼女の低さを比べて笑うというように、ただ面白がっているだけの場合もあった。しかし、たいてい自分のお茶の作法は下手だと言ったり、謙遜して彼女自身を卑下する場合が多かった。「人をたてる」ということはこういうことなんだわ、と何となく私は納得したものだ。私から見れば、なんだか少し非現実的な虚しいお世辞に思える時もあったが、彼女は常に他の人を上に、自分を下に位置づけていた。こういったお世辞や謙遜は、日本人とりわけ女性にとっては然るべきことなのかもしれないが、他の人の気分をよくすることで自分を守ろうとする手段なのではないだろうか。華枝や他の日本女性に本当に競争心がないわけではなく、常にそうした心は内に秘め他者との関係を大切にしていこうとする、礼儀にかなった正しい身の処し方なのかもしれない。そしてこれは、華枝が自分のことをなかなか話したがらないこととも、関係しているのではないだろうか。姉の後ろに（比喩的にだが）かくれ、表に出て姉のように人から批判されるかもしれない場に出ることを回避していたことも同じかもしれない。彼女は今なお、自分は引っ込み思案で、大勢の前で話したり、歌ったりすることは恥ずかしいと言う。ＰＴＡのような大勢の人の前で話せたらいいのに、と願ってはいてもなかなかできないのだと。しかし、少人数で話すことは全く問題なく、率先して集まりを開き、のびのびと話し、時には自己主張をすることさえあるのだ。店頭で配っているギフトを、「友達に一つ、私に一つくださいな」と頼む度胸もあった。日本の精神科医や留学を考えている学生に私たちを会わせようと、そういった場をたくさん設けてくれた。幼稚園時代の教え子たちが成人してもまだ彼女を訪ねてくることは、温かい心と社交術をもちあわせた彼女だからこそ得ることができた贈り物なのである。

主婦たちを集めて、私からアメリカ料理を習おうと言い始めたのも華枝だった。この料理教室では、私の方がいろいろ学ぶことになった。礼儀正しい日本の奥様方は、うわべは感謝の意を表してくれたものの、私のサンドウィッチにがっかりしていたのは明らかだった。上品にかわいらしく飾りつけられた日本のサンドウィッチに比べるまでもなかったのである。料理とは目にも嬉しいものでなければという日本人の言葉を、私は再認識した気がした。また、私の献立の中によく登場する料理を作った時に、華枝は「何にでもバターを入れるのですね」と静かにコメントした。この言葉で、西洋人がその昔「バタ臭い」と言われていたことを、はっと思い出した。これは、数年先には私を含めた多くのアメリカ人が、健康のためにバターの消費量を減らす日が来る予言でもあった。

5　美しく老いる

家長の喪失

二年にわたる調査研究を一九六〇年に終えた時には、いつまた日本に戻ることができるのか、全くわからなかった。だがその後も東京を訪ねる機会に恵まれ、その都度田中家を訪問することができた。これはもう調査のためではなく友人としての訪問だったが、田中家のその後を追う機会ともなったのである。

一九六九年に田中家を訪問した時、華枝は未亡人になり、孫が生まれていた。正義は胃がんで一九六五年に、五九歳という若さで亡くなっていた。家族に強く言われてようやく受診し、手術を受けたものの、数ヶ月後には亡くなったのだと言う。華枝が実母を亡くした翌年のことだった。正義が少しずつ仕事を減らして出かけた夫婦水入らずの旅行の思い出。彼女が語るのを聴くうちに、心の奥底から悲しみが涌いてきた。しかし、未亡人になっても彼女は全く変わることなく、若い頃と同じように、明るく前向きだった。子どもたちも皆成長して学業を終え、四人は結婚していた。

父親の死から一年経ち、正己が医学の研修期間を終え、父の医院を継ぐこととなった。そのかわり、もっと研究を続け、父のように博士号を取得したいという希望は捨てたのだった。彼が医院を継ぐまでの一年間は、義弟にあたる正子の夫が、パートタイムで働いて穴を埋めてくれた。正己は一九六九年に同級生と結婚し、幼稚園児の男の子が二人おり、私も長年知っているあの家に華枝と同居していた。ただ、同じ土地に、医院と住宅を併設したもっとモダンな建物を、華枝の住む棟とは別に建て替える計画を立てていた。その頃の華枝は全ての家事をこなし、非常に忙しくしていた。大黒柱であった正義亡き今、家族の協力は現実的な問題を乗り越えていくために、なくてはならないものとなっていた。

正義のあまりに早すぎる死以外、田中夫妻が望んでいたとおりになっていた。自分の意志で正己が父の跡を継いだばかりでなく、三人の娘のうち二人がお見合いで同業者と結婚した。護もそれを追うかのごとく、ちょうどこの年に医学部を卒業する予定だった。日本人の「長男が跡を継ぐ願望」から言えば、田中家はこの点で大成功を収めたと言えよう。子どもたちが敷地内で父親が身近で働く姿を見、仕事の話をよく聞き、同じことをしている自分を想像できる環境が、大きく影響しただろうし、自分のキャリアに満足していた父親の存在と、両親ともに子どもたちにプレッシャーをかけなかったことは、最大の動機づけになったかもしれない。同業者として共通の話題が多く、皆和気あいあいと生活していた。倹約家の一面もあった正義が生前、一年間で一区画の土地を買えるだけの貯金をして四区画の土地を購入し、子ども五人がそれぞれ土地をもつことができるようにしてくれてあった。配偶者が医者ではなかった佳子も近くに住み、家族間のコミュニケーションはよく維持されていた。

新しい生活の始まり

現代女性の多くは、「嫁とは仲良くやっている」「前ほど姑が威張って嫁に辛くあたることはない」と言うが、華枝もまた、どんなに自分が嫁のことを好きで仲良くやっているか、嬉しそうに話してくれた。正己が気難しくて困るという点で、嫁姑の意見が一致しているので、愚痴っては笑い合うのだと。二世帯住宅に住み、夕飯を一緒にする以外は各自のペースで生活していたので、華枝は趣味、旅行、友達のこと、時には家族のために、いつも飛び回っていた。

華枝は友人たちと、人生の今いるステージについて、そしてどのように美しく老いるかについて、よく話題にするようになっていた。「うちには年寄りがいるから、飛行機に乗るような長い旅行は、とてもじゃないけどできないわ」とため息をつく女性。子どもだけでなく、両親や義父母に対する責任がのしかかる世代になっていた。またある活動的な女性は、「社会的、政治的な活動を通して、地域の人や恵まれない人々の助けになりたいわ」と熱く語っていた。そんななか、華枝は少し違っていた。「私なんてもう、誰にとってもなくてはならない存在ってわけではないし、責任もってみなくてはならない年寄りも子どももいないし……ましてや地域の役に立つことになんか、今さら興味はないわ」。

フルタイムで家族の世話係をすることは、もはや彼女の生き甲斐ではなくなっていたのだ。嫁を手伝うことだって、ちょっとした行き違いで手伝いというより干渉になってしまう。それだったらむしろ旅行を楽しみ、お茶やお花のお稽古に励み、家族みんなの楽しい生活に貢献したい。そう考えた華枝は、みんなでゆっくりできて、アウトドア・ライフを楽しめ、孫たちと遊べるような別荘を建てようと思いついた。そして数ヶ月の後には、ある森の中のリゾート地に土地を購入した。またもっと花の勉強がしたくなり、ヨーロッパ各国やアメリカ・ロサンゼルスなどを訪れるようになったのである。

6　田中家の第二世代の女性たち

生活や家族への欧米の影響

一九七五年から七六年にかけ、日本女性の役割の変化に強い興味を抱いていた私は、田中家の第二世代の女性たちにインタビューを申し出た。当時護は独身だったので、結婚していた三人の娘と長男の嫁を対象にした。

住環境や家族関係における、近代化と欧米化。五人のうち三人は新築のモダンな家に住み、畳ではなくベッドで寝ていた。そして、残りの二人も同じような家を建てようと計画していた。背中に赤ちゃんを背負う、伝統的な「おんぶ」はしなくなり、代わりにベビーカーを導入した。子どもは時々畳の部屋で寝ることもあったようだが、布団ではなくベッドが使われるようになった。授乳期間が短くなり、人工乳が与えられるようになった。外で働きたいという風潮は、長男の嫁である加津子や三女美智子にも影響を与えたが、それでも子育ては、母親たちの生き甲斐であることに変わりなかった。

子育てについては、戦前のような厳しさはなくなり、甘やかすようになった一方で、受験のプレッシャーだけはどんどん強くなるようだった。夫婦関係について言えば、二組は前の世代のような関係ではなく、「連れ」のような関係性を築いていた。不思議なことに、恋愛結婚をした夫婦が一番、距離感があるようだった。そして妻たちは皆、異口同音に、夫は家事や子育てを何も手伝わない、妻の大変さをちっとも理解していないと愚痴を言った。

長女正子——いまだ健在の伝統的専業主婦

正子は、家族の在り方の変化について教えてくれた。昔は大家族の中で、子どもたちは他人を思いやること、協調的であることが最も大切だと教えられたものだが、七〇年代の核家族の子どもたちは自己中心的で、自分の成功のことばかり。それが将来のキャリアの成功の鍵になるのだと信じ、親でさえ頭にあるのは、我が子の学校での成績だけなのだと。親としての威厳はなくなり、勉強以外のことは何でも甘やかすようになった。子どもたちの自由は、もはや親ではなく、試験といった外的な事情によって支配されるようになったのだ。他人を傷つけず成績さえ良ければ、後は子どもの自由に任せられるようになった。

また、試験によるプレッシャーを強く受けるのは、本当は男の子だけなのだとも説明した。「逆に女の子は、お行儀良く、女性らしく振る舞う方が大切なんです。ですから、女の子はあまり試験地獄を経験しないで済むのです」。ただ、もうこの頃にはこういった価値観が一般的というよりは、あまり聞かれなくなっていることに、私も気づいていた。

正子は二年間栄養学を学んで卒業した後、さらに一年大学に残って勉強し、その後は父親が強く薦める医師と結婚していた。「正子はお見合い向きだな」と言っていた正義は、若いけれども医師としての力はもちろんのこと、しっかりして積極的な男性を結婚相手に選んでいた。彼女には、当時少しだけ関心をもっていた青年がいたのだが、父親の選んだ人と添い遂げようと決めた。もちろん若い女性でも、親の薦める人を受け入れるかどうか決定する権利は自分がもっていた。しかし正子は、正己が職業選択の際にそうしたように、パートナー選択に関して父親の意見を重んじたのだった。

その時正子と夫健太郎には、小学六年生の娘、四年生の息子、幼稚園の末娘がいた。医院併設の、それはエレガントな洋風建築の自宅を田中家の隣町に建て、引っ越したばかりであった。帝王切開（既に一般的になっていた）で出産し、母乳では育てなかった。そして、子どもをおんぶすることはなかった。上の二人の子どもにはそれぞれの部屋が与えられ、末娘は両親の部屋に自分のベッドを置き、時々両親のベッドにもぐりこんでいた。健太郎はこれを嫌がらず、子どもにたくさんの時間と愛情を注いだ。そして家族全員が同じベッドに寝てみることもあった。正子の生き甲斐は家族であり、夫であり、子どもだった。「もしかしたら将来、自分の趣味をもちたくなるかもしれない。茶道とか書道とか……。でも今は頭の中全て、家のことしか考えられません」。

以前、健太郎が勤務医だった時は、サラリーマンのような生活スタイルだったので、いくらか自由な時間があった。しかし、今は自宅が職場なので、ある意味際限なく働き、さらに仕事仲間を接待することもよくあった。お手伝いさんがいるとは言え、人をおもてなしするのは、まして泊まり客となると大変な労力を要する。一方でゲストに会うのが楽しみでもあったし、料理はデリバリーを頼み、自分も話に加わることもあった。なんとなく家に縛られていると自分が感じてしまうような時には、友達を招いて楽しい時間を過ごすようにもした。私自身正子の家に招いてもらった時、「日本でも、欧米風に夫婦でおもてなしをするようになったのね」と強く感じたものだ。上の世代がしていたように、料亭にお客を連れて行くのではなく、欧米風とも言えるホームパーティーでもてなすスタイルになっていた。

毎日午後五時から八時が夕食とテレビの時間で、父親も少なくとも夕食には加わり、家族団らんを楽しんだ。八時から一〇時は、みんなで勉強をする時間。健太郎もその時間は熱心に研究をし、正子は子どもたちの宿題を、手伝いはしないものの大抵横に座って見ていた。週末は家族の時間で、少なくとも日曜日には、できれば土日と二日かけて出かけて一緒に何かをするようにしていた。健太郎は自宅で開業できたことに満足していたし、何よりも夫婦は、子どもたちが父親とたくさんの時間を過ごせることを嬉しく思っていたのである。

息子が、「僕もお父さんみたいな医者になるんだ」と言うことを健太郎は喜んでいたものの、かつて正義が正己に言っていたように。「何でも好きなことをしていいんだよ」と答えていた。息子はスポーツが大好きな子どもだったが、小学校五年生になると、中学入試勉強のために塾に行かなければならず、スポーツにはそんなに時間を割くことができなくなった。長女は、大学まで受験しなくてもすむエスカレーター式の私立女子中学校受験のために、小学校四年生から塾に通っていた。正子が娘の料理の腕前を自慢していたことから分かるように、この長女にも世間一般の母親よりは、勉強のプレッシャーというものをあまりかけていないように見えた。

帝王切開出産、人工乳、ベッド使用、ベビーカー、そして夫の事務仕事を手伝い、社交や余暇に関しても夫婦で過ごす時が多い点で、華枝の時代とは違う。しかし、自宅開業する学者肌の医師の夫、昼間も父親が妻子の近くにいるライフスタイル、父親の跡を継ぐ意志をみせる息子、エスカレーター式の学校に行く娘、といった様々な点で、華枝と極めてよく似ている。家と夫と子ども中心の専業主婦の伝統的な在り方は、まだまだ健在であった。

次女佳子――「私はちょっと違うんです」

佳子は、父親の予言通りに生きていた。自分の意志で職業も、結婚も決めた。自分で希望した音楽大学のピアノ科を卒業後、コーラスグループで知り合った男性と七年間交際した後に、一九六九年に結婚した。四年間ヤマハのピアノ教室でピアノやオルガンを教えたものの、会社のカラーが強く自分のスタイルが出せないので、独立心旺盛な彼女はこの仕事はあまり好きになれなかったらしい。東京の大手企業に勤める、東大卒のサラリーマンの夫。六歳の息子と五歳の娘。世間的には「勝ち組」と言えるのかもしれない。

だが佳子は神妙な顔で、「私はちょっと違うんです」と告白した。四年前に彼女はある新興宗教に改宗し、それが生活の中心となっていたのである。長い年月の交際を経て結婚したものの、夫が典型的な日本の「亭主関白」であり、週六日午後一一時まで帰宅せず、日曜日は昼まで寝ている典型的なサラリーマンであることを、結婚して初めて知ったのだった。孤独に苛まれる彼女のところに、伝道師がやってきて、聖書を読んではどうかと勧めた。以来聖書を読んで過ごす時間が多くなり、今では地域の家を訪問するなど熱心に活動するようになっていた。

佳子の宗教活動は、夫や子どもとの関係を大きく変えた。「妻は夫に、子どもは親に従順であること」を教えられた彼女は、宗教活動に関すること以外は全て夫に従うようになった。夫に従順な妻――どんなに遅くとも帰宅時には「おかえりなさい」と玄関で温かく出迎え、新しい着替えを持って行き、たとえ夜中であろうと言われればいつでも食事の用意をした。なかなか夫が帰宅しない夜、佳子は心の中だけで自問自答する。どこで何をしているのだろうか。同僚と飲んでいるのだろうか。土曜日はゴルフに行っているのだろうか。緊急時に夫に連絡がつかず母の華枝ですら心配しても、佳子は問いつめたり不満を言ったりは決してしなかった。以前の佳子は、夫に向かって怒ることはなくても、ひたすら従順というわけでもなく、子どもや自分に対してもっと寛大で、子どもは自然が一番と子どものしたいようにさせていた。しかしその宗教活動のなかでは、「子どもの躾は厳しく」の教えのもと、棒や手で叩くこともあって然るべきと教えられたのである。だがそれまで叩くようなことに慣れていないため実際には滅多に実行できず、「だんだん慣れないといけませんよね」としょげていた。

とはいえ夫は子どもたちに十分な愛情を注いでおり、唯一顔を合わせる日曜日の午後には、家族揃って外出するよう心がけていた。土曜日の午後は、佳子一人で、子どもたちをどこか楽しい場所へ連れて行った。平日の放課後、佳子がピアノを教えている間（生徒の多くは、同じ宗教のメンバーやその家族であった）、子どもたちはふたりで、あるいはピアノの生徒さんと遊んでいた。子どもたちは、二人とも学校が好きで勉強もよくできたし、少しずつ家の手伝いを覚えるようになっていた。アメリカの子どもは二週間も親元を離れてキャンプに行くものだと知ると、佳子はショックを受けていた。「そんなに長く子どもと離れているなんて耐えられない。きっと日本人の母親は皆そうだと思いますよ」。

佳子は夫も改宗し、一緒に教会活動をすることを切に願っていた。だが夫の方は、妻が教会を離れ、彼に合わせて暮らしてくれることを願っていた。妻が聖書を読みふけり教会に通いつめることで、夫は、自分がおいてけぼりにされているように感じていたのである。「悪影響から子どもを守る」という教えからテレビを見せない佳子と、許す夫。こうした夫婦の意見の食い違いは数多く、その狭間で子どもたちは戸惑っているようだった。

母親華枝の姿を見て育った佳子は、元来子育てや家事、夫のケアに献身的な女性であった。子ども時代から、自分は他の姉妹となんとなく違うと感じてきた佳子は、おとなしかったが、やりたいことは必ず自分のやり方でやりぬく女性であった。「いつも私は、正子お姉ちゃんの後ろを、黙ってついて歩いていたんです。気がつかなかったけれど、守ってもらっていたんですよね。」そんな佳子に、この宗教は「善悪」に基づく厳密かつ明確な基準とルールを与えてくれたのである。同時に日常的にモラルに関するディスカッションを重ねることで、「私は他の人と違っている」という感覚や自分の在り方というものを、彼女自身受容することができるようになったのではないだろうか。これまで抱えていた混乱や矛盾が解消され、解き放たれていく感覚を得ることができたのである。自分は他の人と違うということに負い目を感じる必要がなくなった彼女は、家族を心から愛し尊敬もしたが、実家で身につけたことには否定的になり、伝統的な仏教の儀式——父の葬儀さえ——への参列を拒んだ。

また、夫にどこまで従いどこからはそうしないか明確に線が引けるようになったので、「基本的に夫に従順でありつつも、夫の考え方に心からは賛同できないこと」に罪悪感をもつことがなくなった。「夫と理解し合いたい、夫婦間の距離を縮めたい」という切迫した思いは、もう彼女はないようだった。そういう意味で、「女性は夫に従わなければならないのだから、外からの要求にうまく対処していくためには、内なる力が必要」と常々言っていた華枝と同じ価値観に基づいていると言えるだろうし、結果的にこの宗教が、主婦役割の葛藤から佳子を救ってくれたのかもしれない。

三女美智子――ゴルフ未亡人

二七歳の末娘美智子は姉たち同様、三歳と一歳半の男の子中心の生活を送っていた。彼女も不在がちな夫との生活について、愚痴を言った。「人生で一番いい時代は、やっぱり宝塚時代ですかねえ」と彼女が話す時、一八歳から二三歳まで所属していた宝塚歌劇団へのノスタルジアが、手に取るようにわかった。ただ美智子はいつも前を向いて歩き続ける人、自分が夢中になれるものを見つけようと努力する人であり、今は自宅の入っているビルでベーカリー・ショップを開業しようとしていた。

田中家の娘たちは皆フレンドリーだが、一番陽気なのは美智子である。同年代の才能溢れる魅力的な大勢の女の子たちと一番好きなことをしていた場所、宝塚時代を語る時、情熱がほとばしりでていた。高校を卒業した直後、一回目の挑戦で合格できたことにとても誇りを感じていた。だが四年前、義姉加津子の紹介で、見合い結婚を選んだ。彼女も、遅かれ早かれ退団しなければいけないことはわかっていた。そもそも宝塚に在籍できるのは若いうちだけだし、母からも当時大体二三歳、遅くとも二五歳と考えられていた結婚適齢期になったら辞めるよう、耳にたこができるくらい言われていたからである。

美智子は「私みたいな妻のこと、ゴルフ未亡人って言うんですよ」と笑った。医師である夫は、診察のない日曜日は一日中、時々土曜日にもゴルフへ出かけ、トーナメントのために遠方へ行くことさえある。プロゴルファーになろうかと考えていたくらいのスポーツマンで、最近優勝したトーナメントはテレビ放映されたほどの腕前であった。診察を完全予約制のみにしてからはさらにゴルフに行きやすくなったが、代わりに美智子は完全に家に縛りつけられるようになった。「もちろん主人に文句は言うし、夫婦喧嘩もしたんですよ」と彼女は陽気に言った。「だって、主人だけが好き勝手するなんて、ずるいでしょ」。夫は、ゴルフ好きの自分の父親がそうしたように、息子とゴルフコースに出ることを心待ちにしていた。私が訪問した時、ちょうど居合わせた夫の父は、「日本人は男の子を欲しがるものなんですよ」と話してくれた。美智子の夫は四人娘の真ん中に生まれた一人息子で、その誕生は心から祝福され、感謝されたのだと。母や姉たちとの緊密な関係の中で育った美智子が、女の子をとても欲しがっていたので、そう言ったのかもしれない。

彼女も子どもはベビーカーに乗せ、人工乳を与えた。赤ちゃんの時は昼寝もするが、夜はいつも同じ午後一一時か午前〇時頃、家族揃って同じ部屋で一緒に寝た。赤ちゃんはベビーベッド、親もベッドで、上の男の子だけが床に布団を敷いて寝ていた。二一世紀に入っても、日本では家族皆で寝ることは少なくなかった。ベビーシッターを雇わないのには、いくつか理由があった。家を買うお金を貯めていること、子どもは母親に育てられる方がいいと思っていること。ベビーシッターと一日中小さなマンションにいなければいけないとなると子どもがかわいそうだし、ベビーシッター側からしても道路で遊ばせるリスクは負いたくないだろう、とも言った。だから彼女は子どもを連れて母親や友人を訪ね、華枝が疲れない程度の時間、子どもたちを母に預けることもあった。夫が外で働き妻が家にいるという点においては、華枝と正義以上の「伝統的な役割分担をした結婚生活」を送っていた。

やがて、自宅と夫のクリニックも入っているビル（このビルは夫の両親が所有していた）の一階に、美智子はベーカリーをオープンさせた。義理の妹も含め従業員は数名いたが、彼女が会計管理も含め、責任を負う立場にあった。美智子はこのビジネスがとても気に入っていたし、家族にとってはありがたい収入となった。「私はお金を稼いでも使う暇がないけれど、主人はいつでも使ってくれるわ」と彼女は明るくジョークをとばしていた。

同じビル内に住む姑とまた別の義妹が、時々クリニックの受付の手伝いもしていたので、私も彼女たちに会う機会にめぐまれた。美智子は夫の家族とも気楽に話ができるようだったが、どのようにしたらそんなにうまくつきあっていけるのか、その秘訣を聞く機会はなかった。ただ、「アメリカ人は、上の世代の人の世話はしているのでしょうか。私は今でも、九四歳になる母親の面倒をみていますよ。四六時中誰かがいつも一緒にいるようにしているんです」というこの義父の言葉の中に、その答えはあるように思えた。

長男の嫁加津子――キャリアと家庭を両立する嫁

華枝の日常生活の鍵となる長男正己の妻、嫁の加津子。できることならば、長男家族と一緒に暮らしたいと言った一九六〇年の華枝の言葉は、二世帯住宅というかたちで実現していた。皆が良かった良かったと、口を揃えて喜んだ。

でも加津子本人だけは、自分の親と住んで面倒をみることができなかったことを悔いていた。彼女の実父は地方の医師として医院を経営しており、三人娘の長女であった。特に他に興味があるものもなかったので、親を喜ばせたくて医学部へと進学した。大学を終えたら実家に帰り、父親を手伝い、そのうち家の名前を継いでもいいと言ってくれる男性を婿養子に迎えるのだろうと、漠然と考えていたのだ。

大学時代に正己と出会った加津子の人生設計は、大きく変わった。長男である正己のところに嫁に行きたいと告げた時、彼女の両親は多少なりとも落胆し、腹を立てたようだった。すでに結婚して遠方に住む妹二人は、医学の道には進んでいない。だが両親は、娘が幸せならと受け入れてくれたのだ。だから申し訳ないという気持ちが涌いてくると、「私はお義母さんに精一杯のことをしているつもりなのに、なんで私の親のためには何もしてくれないの」と正己に不満をぶつけた。加津子は実家の両親に最大限の援助をしてやりたいのに、彼は「気持ちはわかるが、経済的にそれは難しい」と答えるのだった。自分がわがままを言っているとわかっているので怒りはそんなに持続しないのだが、彼の父親は亡くなってしまったのに、彼女の両親がまだ健在なことに嫉妬しているのではないかと思うことはあった。

父子が同じ臨床現場にいると、息子が、親の受け入れられない最新の医学情報をもっているために摩擦が生じやすいことは有名な話であり、加津子も十分承知していた。この点で、彼女は非常にうまく夫と共に働いていた。何かあればその場ですぐ彼に相談した。正己のことをよく理解し、夫の医師としての力量を高く買っていたのである。彼女は夫婦一緒に働くことは、素晴らしいことだと実感していた。夫の仕事が理解できるし、一緒に過ごす時間も多い。でも、もっともっと夫が自分のことを理解してくれたらいいのに、家のことを手伝ってくれたらいいのに、二つのことをこなす大変さを理解してくれたらいいのに、という気持ちはあった。私が「正己君は、あなたが家と子どものことを全てしていること、感謝しないといけないわね」と言ったところ、加津子は嬉しそうに黙って微笑んだ。

田中家の娘たちとは違い、加津子は七〇年代に増加傾向にあった、専門職も子育ても両立したい若い女性の一人だった。「子育てと仕事を両方するのがこんなに難しいとは、思っていなかったんです」。正己と加津子には、五歳と三歳の男の子二人がいた。加津子の診察中は、ベビーシッターが面倒をみることになっていたが、彼女も週数回は午後休みをとり、子どもと過ごすようにしていた。日本の母親にしては珍しく、子どもをベビーシッターに預けることに罪悪感をもってはいなかった。「ベビーシッターさんなら、ちゃんと子どもの相手になってくれるし、子どもも喜んでいますし。あの子たちにとっても、とてもいいことだと思っています」。子どもたちももっと小さい時には、母親がいないと泣いたりしたこともあったが、すぐに馴れてベビーシッターが来てくれるのを、楽しみに待つようになっていた。逆に彼女は、正己のように勉強の時間がなかなかとれないことの方を残念に思っていた。新しい医学情報に関しては、正己に頼らなければならない自分を意識せざるを得なかったのだ。「男だったら良かったのに」「結婚していなかったら、もっとばりばり仕事できたのになあ」と、残念に思うこともあった。

「子どもが、家事をしている母親の姿を見るのはいいことだと思うんですよ」と、家事に関してはベビーシッターに任せず、自分で全てこなしていた。夜は読み聞かせをし、子どもたちを寝かしつけた。かわいい盛りの子どもたちと一緒になって、両親もベッドにもぐって遊んだりもした。六～七ヶ月頃までは母乳を与え、それからミルクに変更した。一～二歳でトイレットトレーニングをした。子どもたちを寝かしつけた後が自分たちの時間になるので、正己はいつも勉強するか、仕事仲間の会合に出かけた。ミーティングでよく意見を言う彼は、仲間のリーダー格になっていた。加津子はリーダーになることには全く興味はないので、そういう夜は縫い物をしたり、テレビを見たりして過ごした。月に一度、土曜日の夜か日曜日にクリニックの会計をしないといけないが、なるべく日曜日には家族四人で出かけた。冠婚葬祭以外夫婦だけで出かけることはなかったものの、家でもクリニックでも基本的にはいつも一緒にいた。「私は父にとっては一人息子みたいな存在だったんです」と話す通り、ある意味男気のあるしっかりした加津子は、もし専業主婦であったなら、寂しい思いをしていたかもしれない。仕事は彼女に自信を与えてくれるものであり、一番の喜びも一番の懸念も、仕事にあった。治療がうまくいけば心が踊り、問題のある患者がいれば心底悩み、夜も眠れないくらいであった。彼女にとっての子どもたちの存在は、その中間的なものだった。ささやかな、だが何物にもかえがたい確固たる喜びであり、悩みには至らないものだった。子どもたちがいつの日か成長し、仕事と研究にもっと時間をさける日がくることを心待ちにしていた。

加津子と私が話している間は、おばあさんである華枝が二階で子どもたちと遊んでくれた。話し終わる頃に下に降りて来た男の子たちは、人なつっこく元気一杯だった。「おばあちゃんも子どもたちと遊んでくれることはありますけど……普段はたいして、手伝ってはくれないんですよ」。

このように加津子が華枝をあてにすることはあまりなかったので、おばあさんはいつでも自由に出かけることができた。また、華枝も必要とされたいタイプの人ではなく、むしろ外出して、友達と楽しく過ごす方が好きだった。末っ子の護が独身で一緒に住んでいたので、護が家にいる時は、華枝は彼と夕食をとり、彼がいなければ、長男家族と食事をした。おばあさんになった華枝は、料理が億劫になってきたのだ。自分の皿は洗っても、家族の皿には触らなかった。朝食と昼食は、自分で準備して一人でとった。

その昔望んでいたように、華枝は若い家族と仲良く暮らし、自分の生活を謳歌していた。自分の「正しいやり方」を押しつけ干渉するような支配的な姑ではなく、嫁に敬意を払い感謝し、一緒にいられることを喜んでいた。家事より外での活動に目が向いていた華枝にとって、嫁のすることに干渉しないことは、そんなに難しいことではなかったはずである。

7　別れと再会

離婚に対する反応

次に私が華枝を訪ねたのは、一九八〇年のことだった。

華枝は再会を喜び私を抱きしめセンチメンタルな涙を流し、私も彼女を抱きしめかえした。そしてその直後、私とエズラの離婚の報告を受けた彼女は、さらにたくさんの涙を流した。彼女の深い悲しみに、私は胸を打たれた。しかし、華枝を含む日本女性が「夫婦一緒にいること」を最重視していることも、私たちのかつて良好だった夫婦関係に彼女が影響を受けてきたこともわかっていたので、その涙に驚きはしなかった。「あんなにとてもいい関係だったのに。離婚だなんて信じられない……」。私たち夫婦の一方を非難することもせず、悲しい現実を受け入れるとともに、将来のことについても期待を示してくれた。「きっとまたどなたかと結婚してくださいね。私は次のお相手も喜んでお迎えしますから」。

そう、華枝は実に良い結婚をしたのだ。彼女は未亡人になってから一度も再婚を考えたことはないが、もし再婚しなければならないとすれば、全く同じタイプの夫を望むだろう。正義と共に老いることができなかったことを、今なお悲しく思っているのは明らかであった。

医者の娘との見合い結婚

そして数ヶ月前に行われた、護の結婚式の写真を取り出した。彼は女性医師との見合い話を二度断っていた。キャリアウーマンとの結婚を望んでいなかったし、何より自分で選びたかったようだ。医師同士で結婚した兄のまねもしたくなかったのだろう。ついに気に入った女性に出会い、数ヶ月後には結婚を決めた。護三〇歳、医師の娘である婚約者二三歳だった。華枝は婚約者とその家族に直接会うことができたし、その家族との共通の友人もいるので、日本では婚約に先立ってしばしば行われる相手方の家庭調査はしなかった。そのお嬢さんのことはとても気に入ったのだが、二人は自分の近くに住まわせたいと主張するあちらの母親に少し辟易し、その結婚に反対しようかとさえ考えたが、護が幸せそうだったので何も言わないことに決めた。結局護夫婦は妻の実家の近くではなく田中家から一駅離れたところに、クリニック用のスペースのある家を見つけた。護は、義父には何事もよく相談しており、義父はそうした関係をとても喜んでいるようだった。

華枝は二人のところには、あまり訪ねては行かなかった。若い夫婦とはある程度距離があるのが一番、と考えていたのである。華枝にとって今の人生の目標は、健康であること、楽しく暮らすこと、子どもたちに迷惑をかけないこと。大通り沿いの同じ場所に、一階はクリニック、二階は華枝用、三階は正己の家族用という構造の、とてもモダンなビルに建てかえるという変化はあったが、きわめて同じ生活リズムを維持していた。

8　花の盛り

フラワーデザインとの出会い

一九九〇年、華枝に会った私は衝撃をうけた。その姿はまるで、従来の「日本のおばあさん」のイメージ打破に果敢に挑戦しているかのようだったからだ。当時の典型的な日本の高齢者は、表には出ず家で静かに縫い物などをし、グレーか黒の落ち着いた色合いの服を着ている人が多かったように思う。そんな中、いつからか着物ではなく洋服になった華枝は、七〇代、八〇代そして今九〇歳を過ぎても、赤やピンクや青や紫など、まるで二〇歳の子が着るような衣服をまとうようになっていた。九〇年代に入るまで、私はしばらく華枝に会う機会がなく、その彼女の変化のプロセスを目で見ることはできなかったのだが、まさか彼女がこんなカラフルな色を身につけるようになるとは、思いもしなかったのである。

静かに引退していくどころか、華枝はどんどん目立つようになっていた。周囲からは「お洒落」とか「派手」とか形容されているようだったが、彼女はそんな色合いが好きだったし、「社会の規範なんて、だんだん緩くなってきているのですから」と、あまり気にしていないようだった。夫が残してくれたお金でアパートを購入してその家賃収入がある華枝は、常に何かに興味を持ち忙しくしていることが大切だということが分かっていた。茶道も長いことお稽古をしてきたのだが、お花の方により強い興味や関心、可能性を感じていた。「どこへ行っても、お花にすぐ目がいくんです。そこにいらっしゃる方々に気軽にいろいろ聞いたりして、新しいお友達がたくさんできるのです。そこからまたお花について、たくさん学ばせていただいて」。

友人たちとタイ旅行に出かけた時、偶然ある男性とドライフラワーデザインについて話したのだと言う。その縁でロサンゼルスやサンフランシスコでドライフラワーの研修会に数週間参加することになり、技術を身につけた後は同じデザインの複製を作って売ることも可能だったが、あえてビジネスにはせず、自分や周囲のために新しいデザインを考案し続けることにした。そして銀座で買い物をしていたある日、ある画廊に展示してある花に引き寄せられた。中に入り作品を見、質問をするうちに画廊のオーナーと仲良くなり、個展を開催するよう勧められたのである。華枝はその縁で何度もその画廊で個展を開き、後に帝国ホテルでも開催することになる。

甘え上手な女性

このように華枝には、人も未来も縁も引き寄せる魅力がある。そう言えば彼女が一九七七年に私の住むマサチューセッツ州ケンブリッジに滞在した時も、英語を話すことはできないのに、近所の花屋に一人で出かけて行った。あまりに帰宅が遅いので、道にでも迷ったのかしらと私が心配し始めた頃、一人の男性に付き添われ、華枝が車から降りてきたのである。なんと彼女と花屋の主人は、時間も忘れて花に関する知識を披露し合い、主人は店に出していない花までたくさん出してきて見せてくれたという。その会話に後から加わってきた別のお客さんが、車で送って来てくれたのだった。花という共通の興味に、言語の壁はなかったのだ。

華枝はひどい膝の関節炎に五〇代から苦しんでいたのだが、その痛みでさえ華枝の勢いを止めることはできなかった。普通なら思うようにならない自分が嫌になり、家に閉じこもってしまう人も多いだろう。彼女の膝は骨と骨が擦り合って傷むものなので、これ以上手の施しようがないと、当時かかっていた医者に言われたそうだ。それでも痛みに耐えて杖をついて駅までは歩き、あるいはタクシーを使って遠出をした。電車に乗り込む時に不安があれば、手を貸してほしいとそばの男性に頼むこともあった。華枝には明るく、礼儀正しく、感謝に満ち、決して卑屈でない頼み方が身についていた。だから断られることがないばかりか、乗車後も会話が続き、さらにつきあいが続いたことさえあった。自然かつ誠実に助けを求めることも、人の助けを受けることも絶妙な、「甘え上手」な人なのだ。

年を経るにつれ、膝の痛みはさらにひどくなり歩行器を使用するようになったが、今まで通り自分のことは自分でやり、夕食は長男家族と一緒にとり、自分の皿は自分で洗う。家の中では歩行器にかごを下げ、そこに物を入れて、部屋から部屋へと移動する。私が訪ねると、「お茶は私が入れますから」と言い張り、昼食には寿司を注文する。例年夏の二ヶ月弱は、避暑のため別荘に滞在するのだが、そこでも一人で過ごし、自分のことは自分でする。念のためにいつも電話をそばに置いているが、洗濯機も、掃除機も自分でかける。管理人さんが、食料品の買い出しなどには行ってくれたので、日常生活に不便はないのだ。身体的な制限が増せば増すほど、自分一人で生活できる方法を考え、工夫する力も高まってきたようだ。その避暑地でも同じように、未亡人友達をたくさんつくっていた。もちろん華枝がいなくても、そのために建てた別荘なので、子どもや孫も頻繁に来ては、美しい自然の中で夏を満喫し、冬にはスキーを楽しんだ。

ボストンでの個展開催

華枝は私の自宅のあるケンブリッジで個展が開催できないものかと、真剣に考えるようになっていた。だが最初にその話を聞いた時、私はギャラリーの情報について何も知らない上に、フルタイムの勤務ばかりか、個人開業でもクライアントを多くかかえており、余裕があまりにもなく断ってしまった。数年たちフルタイムの仕事を退職した私は、今ならその準備をお手伝いできるかもしれないと思い、ニューイングランド・家族カップル精神分析研究所（Psychoanalytic Couple and Family Institute of New England）のケニス・ライヒ博士の協力を得、ハーバードスクエアにあるユニテリアン教会の地下にあるギャラリーを借りることができたのである。華枝は画廊を埋め尽くすほどの作品を送ってよこし、一つも持ち帰りたくないと言った。私や私の家族に数点を贈りたい、また収益金は全て、子ども支援団体に寄付したいと彼女は申し出た。

こうして二〇〇一年六月、華枝のフラワーデザイン展が、ユニテリアン教会のギャラリーで三日間にわたり開催されることになった。華枝と彼女の三人娘、そして孫一人（佳子の娘、二九歳の靖子）は、一八時間のフライトと四時間の遅延という過酷な状況にもかかわらず、元気一杯疲れも見せず、美しい着こなしで真夜中のボストンに降り立ち、私を驚愕させた。一週間の滞在中その元気は衰えず、私の家のテラスで朝食を楽しみ、ボストン観光をし、業者が絵を展示する様子を監督して過ごした。

華枝は感極まって、「私の人生の有終の美を飾ってくれましたよ」と何度も言った。私たちのあまりに長く厚い友情に、彼女は感傷的になっていた。彼女が初めてケンブリッジを訪問してからもう二〇年も経っていたが、当時のたくさんの想い出が瞬時によみがえってくるのだ。その時彼女から贈られた着物地で作ったエレガントなドレスを私が着ているのを見て、とても喜んでくれた。一九五九年に田中家を訪問した際にエズラが撮ったビデオを見ながら、私たちの思い出話は尽きなかった。当日を迎えた私たちは一緒に会場に出かけ、ゲストを案内し、その日の主役である華枝の通訳もした。彼女は膝の痛みを抱えながらも立ってお辞儀をしながら、一人一人の客を出迎えた。華枝は美しく生き生きと、輝いていた。

娘たちもそれぞれが精一杯、母のために力を発揮していた。正子は堂々とゲストのお迎えをし、慣れない英語を使って話しながら、男性の背中に手を回して笑ったりしていた。美智子も同じように積極的で、そのくるくる踊っているような立ち居振る舞いは、宝塚時代を連想させるものだった。靖子は会計係で活躍し、佳子は控えめながらも、全体に気を配っているのがよく分かった。特に佳子のことをよく覚えているのだが、彼女は進んで私の家の鉢植えに水やりをし、プロ並みの腕で枝葉を切ってくれるなど細やかな心遣いをしてくれた。皆私にまで気遣いをし、疲れていないか何度も尋ねてくれた。そしてもちろん母親の面倒をよく見、歩行時にはしっかりと支えていた。華枝が娘たちと取り交わしたルールは、「常に二人必ず側にいて、手伝いやサポートをする。それができるなら、今回の四人分の飛行機代は華枝が出す」だったので、言い換えれば残りの二人は好きなように出かけることができた。期間中、娘たちの一人か二人は、会場を離れて買い物に出かけた。日本人には、旅行すると「お土産」を持ち帰るという習慣があり、それを買う時間が必要なのだ。かくして日本人のゲストもアメリカ人のゲストも、田中家もヴォーゲル家も、皆素晴らしい時間を過ごすことができたのである。

9　葛藤とかけひき

かけひきの応酬

その後私は田中華枝の人生史を書こうと決め、彼女も承諾してくれた。そのためにも一緒にゆっくりと話すことは有意義であろうと、私は数年にわたり、彼女の別荘で二～三日過ごすようになった。しかし私の思惑に反してその時間は、お互いに押したり引いたりのかけひきの応酬になってしまったのだ。無理に過去を掘り起こそうとはしていないはずなのに、彼女はすぐに「昔のことは思い出せない」と言う。彼女は本当に、自分の人生について語りたいのだろうか。自分自身について人生を見直したいという人は多いのに、なぜ彼女はそうしたくないのだろう。そこで、私は友人の助けを借りて丁重な日本語を用い、「もしあなたがこのインタビューを止めたいと望んでおられるとしても、私たちの友情が壊れることはありません」と、手紙を書いた。彼女からの返事は、「私について書きたいと思っていただけるなんて、光栄です」というものだった。安堵と同時に、私はこれまでのことを、じっくりと思い返してみた。

私の出した結論は、彼女と私の関心事が大きく異なるというものだった。私が一対一で向かい合って話すことを望んでいるのに対し、彼女は私をもてなすことを楽しみにしていて、話をすることよりむしろ、お茶や食べ物を運んだりして接待する方に気がいくのである。私は華枝が、どんな葛藤的な状況に、どのように対処してきたのか探求したかったのだ。しかし彼女は、本来何らかの「問題」について話すのは好きではないばかりか、極めて具体的な思考をする人であり、理論的かつ抽象的な質問にはうまく答えられないことを歯がゆく感じているようだった。嫌がっているわけではないにしろ、自分の人生について話すことは、大して面白いことだとも思えないのかもしれない。例えばある日、午前中二時間ばかり話した後、突然華枝は言いだした。「とっても綺麗なところがあるんですよ。午後はそこへ、ドライブに行きませんか。そして今晩は、お友達のみなさんと、お食事に行きましょう」。午後もっと話を聞きたい私は、午後のドライブはなんとかお断りした。夜は未亡人仲間と一緒に食事に出かけ、それはそれで楽しい時間を過ごしたのだが、少し物足りなく感じていたことは否めない。

次の年も華枝は周到に、八人くらいの女性たちと、語り合いながら森を散策しようという計画を立てていた。その中の二人は、私に美しい着物を着せ、写真を撮って楽しんでいた。華枝の友達の中には、「ガイジンの友達」に会いたい人もいて、また華枝も、その人たちと私を共有したかったのだろう。私とすれば、そういう集まりにはあまり気乗りがしない。「ガイジン」として興味津々の目で見られる経験は、うんざりするほどあるからだ。それにやはり華枝は、自分の話をするより、友達と一緒の時間を楽しんでいるのだった。そしてついに、「互いに、相手に望んでいるものの一部を、確実に獲得する」というラインでのかけひきが始まったのである。その結果、彼女は今のエピソードは私の役に立っていないのではないかと案じて、もっと自分のことを省みる努力をしてくれるようになったし、私は私で、まわりの全てを巻き込むかのような華枝の社交を楽しむよう、努め始めたのである。

葛藤に対する姿勢

そのうち、「誰とも喧嘩をしたことがない」といつも言っていた華枝が、姉弟間の争いについて話してくれるようになった。八〇年代の遺産相続騒動と、お互い口をきかない空白の一〇年。母親の遺産をほとんど相続した弟に対し、他が憤慨したのだという。一番年上の兄は、戦争の初期に訓練中に死亡していたので、今ではその弟が「長男」だった。華枝には、この家庭内紛争がたまらなく嫌だった。「みんな頭に血が上ってしまって。理性的に考えられない限り、何を言っても無駄なんですよね」。彼女は皆を訪ね、相手への不満を聞き、そしてそんな不満など一切聞いていないかのように振る舞った。彼女の意見や判断は一切求められなかったし、また言いもしなかった。未亡人になっていた一番下の妹は一番批判的で、一番の頑固者だった。時間を置き、皆の怒りもいくらか冷めてきた時期を見計らい、全ての姉弟とその家族をピクニックに招待しようと華枝は決めた。そしてとうとうその日がやってきた。最初はぎくしゃくしていたものの徐々に互いに歩み寄り、次第に口を開き、和解への第一歩を踏み出すことができた。華枝は言葉なき仲裁者であった。

遺産相続問題は、戦後改正された相続法をめぐる混乱とそれに伴う複雑な感情が原因となり、特に八〇年代のバブル期にはかなり頻繁に勃発していた。戦前は、長男が家業、全財産、老齢の両親をみる責任など、全てを引き継ぐことが明示されていた。戦後の遺産相続を均等にするという法令は、受け入れられつつあったものの、実際にはまだ曖昧な部分も多かったのである。はっきりした遺言書の作成が必要とされつつも、不備な家庭が多く、そのため争いが多発していた。そして多くは華枝の実家同様、長男が大半を相続するのだった。それが不満で、他の姉妹が怒りを爆発させたのだろう。当時の華枝は争いが嫌で中立の立場をとっていたらしいが、この話をしてくれた頃には、「長年、年老いた母の面倒を見てくれたのだから、弟と奥さんが財産の大半を相続するのは当然ですよね」と言っていた。

華枝の経験したもうひとつの葛藤に、佳子が厳しい戒律の存在する新興宗教に改宗したことがあった。概して日本人は仏教・神道・キリスト教などの様々な宗教的慣習を日常生活にとりこむ、宗教に関しては非常に寛容な民族と言ってよいだろう。しかし、厳しい教えに基づく新興宗教というものは、時として反社会的と捉えられ、もちろん田中家においても受け容れ難いものであった。華枝と正己は再三、脱退するよう説得してきたが、音大へ行くことも夫選びも、全て自分の決定にこだわってきた佳子の前に、宗教は強制できるものではなく、個人の自由であると認めざるを得なかったのである。

ただ華枝は、それを佳子が選んだ人生として受容する中で、佳子が子どもたちのなかでも一番思いやりがあり、困ったときに手をさしのべてくれる素晴らしい娘だと心から感じられるようになった。美智子が体調を崩した時、動転して涙をこぼすばかりの華枝に対し、一番動いてくれたのは佳子だった。毎週金曜日に華枝の所に来て面倒をみてくれるのも、彼女である。かつての華枝は、佳子の子どもたちが、大学にも行かず宗教の勉強ばかりしていると、将来経済的に困ることになるのではないかと懸念していたのだが、彼女たちの固い決心を受け入れ、子どもたちが幸せならば良いと思うようになったのである。

自分が葛藤を感じた時の華枝の姿勢は、明確である。孫のことで心配することもあるが、基本的に躾などの問題は、両親の指導すべきことだからと、口は出さないようにしていた。自分が母親として育児にあたっている時は、できる限り理解できるよう丁寧に説明し、必要な時のみ叱るようにしていた。体罰は一切なく、正己が家庭教師から逃げだした時には心配しすぎて、屋根に隠れていたのを見つけた時には、安堵のあまり叱るのを忘れたほどだった。最近になっても、「あの子は難しい子どもだったけど、今でも難しい大人で困ります」と笑っていたが、正己には干渉しないことが、彼の気難しさに対応する最善策だと学んだようだ。家族や友人関係においても、どうして相手がそうするのか理解しようとし、自分の意見を淡々と述べることはあっても、それで相手と距離をおいたり、関係を断ち切ったりすることはなかった。その人の良いところだけを見、その人自身の決定を尊重するのである。周囲の笑顔を見ることこそ、彼女の至福の時なのである。

10　職業選択をめぐる世代間伝達

二〇〇六年の田中家

それぞれが幸せや成功をつかみ、皆緊密に連携し続けていることが印象的である。「完璧すぎる家族」の話は現実味を欠くものだが、田中家の完璧主義は、第二世代になりさらに強化されてきたようだった。佳子の子どもたち以外は、孫も全て、男女問わず医師になっており、またそのうち数人は医師と結婚しており、同職種――医師になる、あるいは医師と結婚するという――パターンも存続している。

田中家の第二世代（華枝の子ども世代）は、戦中あるいは終戦直後に生まれ、戦後に育った人たちが作りあげた家庭の代表である。次第に物資が豊かになり、テクノロジーの進歩がもたらす生活をあらゆる面で謳歌した、右肩上がりの上昇志向社会。学歴というものが大きなプレッシャーになってくることも意味していた。両親の時代よりも子どもの数は少なく、洋風スタイルの家、冷暖房、ベッド、ベビーカーなど、何かしら欧米風なものが普及した。主婦たちの生活の中心は相変わらず子どもではあったが、一握りの人たちは自分のキャリアも求め始めた。夫婦関係も伝統的なスタイルから、より友人のような関係に移行し、専業主婦であることや特定のスキルをもつことは、それほど重視されなくなった。

田中家の第三世代（華枝の孫世代）は、男女共にほぼ全員専門職についている。お見合い結婚は稀になり、個々の自由意志に任されるようになった。以前と比べ労働時間は緩和され、余暇の時間が増加した。この頃私が「専業主婦」という言葉を使った時、華枝が「最近滅多に聞かない言葉ですよ」と笑ったのを憶えている。

ライフサイクルの移行

正己夫婦も正子夫婦も、公私ともにおしどり夫婦のままだった。美智子夫婦は、相容れないわけではないが、やや距離があるように見えた。正己の妻加津子も、変わらず夫と共に働き、子どもの世話が必要なくなった今では、その時間を自分の趣味に当てられるようになった。正子はクリニックの受付や会計、それに孫の子守りをする時もあった。華枝も、今やひいおばあちゃんなのである。

護についてはなかなか話題にのぼることがなかったのだが、それは彼だけ少し離れた所に住んでいたし、護の妻も、華枝をとりまく田中家の女性ネットワークにあまり入り込めていなかったせいだろう。長男が生まれてから、護の妻は病気がちになってしまった。ある日彼女の母親が護と華枝のもとにやって来て、申し出た。「娘は体が弱く、結婚生活の維持も子どもの世話も、もうこれ以上できません。離婚をお許しください」。

体が弱いなんて話は聞いていなかったので、この申し出は納得できなかったのだが、いまさら何を言ってもどうにもならないので、離婚を受け入れ、妻は子どもを連れて実家に帰って行った。日本では結婚上の問題をめぐって、夫婦二人で解決するのではなく、親が出てくるスタイルがまだまだ続いているというよい例かもしれない。護はしばらくして再婚し、女の子を授かった。先妻との間の息子とも会っていたし、華枝もたまに先妻の実家を訪れていた。今ではその息子も医者になり、同級生である美智子の一番下の息子と仲が良いのだと言う。華枝は、従兄弟同士が仲良くつきあっていることを、非常に喜んでいた。また、膝の痛みのために華枝の行動範囲が次第に限られてきたため、同じフロアで何でも済ますことができて動き回りやすい、バリアフリーの護の家で過ごす時間が増えてきた。

佳子一家に必要だった信仰

同じキャリアと緊密な関係を維持するこの家族の中で、佳子は唯一の例外的な存在だった。この違いは、彼女の改宗だけでなく、子ども二人もその信者として育てたことによりさらに強化された。華枝は佳子の宗教活動を受け入れていたが、佳子の息子夫妻が地方へボランティアの伝道師として派遣され、牛乳配達で生活を支えていることや、靖子が三〇歳になっても未だ母親のもとを離れず家で聖書を熱心に読み、バイブル教室で英語を教えていることを話すとき、案じる心中が伝わってきた。母親に援助されて生きている靖子は結婚を考えていたが、配偶者には国籍は問わないが同じ信者でなくてはならないという固い条件があった。

佳子は夫が、親会社を退職し子会社で働き始めたことで、今はもっと一緒に過ごす時間ができ、近い存在に感じるととても嬉しそうに話し、靖子も同じように感じているようだった。家族は、夫が同じ宗教に加わらないことを受け入れ、夫は家族の宗教を受容したのだろう。夫婦関係は、以前よりずっと円満な様子であった。

佳子は母親や姉妹をサポートし、協力する姿勢は決して崩さない。姉や妹が好むような色鮮やかな服は好きではないし、一緒になって大きな声で話したり笑ったりはしないが、慎ましく、でも自信に満ちた姿勢を貫いている。家族と緊密な関係を維持しながらも、どうしても感じざるを得ない「私はこの人たちとは違う」という違和感に対処できるようになったこと。これこそが信仰が彼女の人生に与えてくれた、最大の贈り物であろう。親きょうだい、夫からのプレッシャーにはっきり「ノー」と言い、自分の中の判断基準に従う。その、自分が正しいという確信により、内なる二つの対峙する気持ちを、受け入れられるようになったのである。佳子が彼女自身や生まれ育った家族と楽につきあうことができるようになったことで、夫との関係性も、受容し合える、密接なものになったのかもしれない。

佳子も靖子も、自分たちの信念や活動について非常に率直に話してくれ、他の華やかさを好む親族たちよりむしろ、真摯で思慮深いと私はいつも感じさせられた。佳子の宗教は、社会の多くの人々にはなかなか理解されないものであろうし、田中家の宗教観とも全く違うものである。ただ佳子が、姉妹あるいは同世代の女性たちと同じくらい、「専業主婦」の役割を立派に果たしてきたことは間違いない。子どもや夫に最善を尽くし、彼女自身を高めるために必要だったもの、それが彼女にとっては信仰だったのだ。姉と妹に挟まれた中間子である佳子が、この家族の中に埋没することなく、自分らしさを発揮する方法として、信仰を求めた面もあるかもしれない。

11　近代社会を生き抜く未亡人

二〇〇八年、華枝は九四歳になった今も健在である。ドライフラワーデザインで受賞したことで、華枝とその作品を紹介する本も出版された。樹皮などの、これまで使ったことのない新しい素材も果敢に取り入れ、新しいデザインを生み続けている。

田中華枝の口癖「恵まれていました」は、彼女の人生には劇的な葛藤も悲しみもなかった、という意味ではないだろうか。いつも前向きに楽しく生活できるように工夫し、悩みの種があったとしてもあまり悲観的に考えることはない。深い愛情とその前向きな姿勢は、若い頃の信仰の影響もあるのかもしれない。幸せな子ども時代、良き結婚、十分な経済力、健康な子どもたち、たくさんの友達、そして今なお夢中になることのできる趣味。こうした何不足ない生活を誇りに思い、そしてそれが自分の力によって手に入ったなどとは、微塵も思ってもいなかった。

「主人と巡り会えたことは、私にとって本当に幸運でした」と言いきる華枝。臨床医として成功し、博学で、計画的だった正義。家事を手伝うことなど一切なかったが、子どもたちとよく遊び、週末には家族と外出する、当時の典型的な理想の父親。田舎の実父だけにではなく、華枝の母親にも仕送りをしてくれていたことを、彼が亡くなってから華枝は初めて知った。また、長男家族との同居は華枝の大きな夢の一つであり、それを達成できたことは大きな喜びだった。外出時には置き手紙をして何時に帰宅するかを知らせ、帰る時にもそんなに遠くでなければ電話して迎えに来てもらうなど、嫁ともよい関係を築いた。彼女は良妻賢母の「専業主婦」の典型であり、子どもたちを愛情一杯に育て、夫を支え、家族は彼女のケアのもとで、安心して自己実現を図ることができた。茶道やフラワーデザインといった趣味は、家族の文化的レベルの向上に大いに貢献した。主婦としての役割をただ果たすだけではなく、それを楽しんでいたし、専業主婦であることに劣等感は全くなかった。彼女の役割は、家族にも地域社会にも認められていたが、誰よりも彼女自身が、それに充足感を感じていたのである。

未亡人となり新しい生活を構築する際に見せつけた、柔軟性と創造性。彼女が好んで着る明るい色は、世間が期待する役割に逆らおうとしているのではなく、積極性や自立心の表れなのだろう。既に女性として母親として揺るぎない力を確立していたからこそ、「自分自身でありたい」「自分や家族の生活に、明るさや幸せを持ち込もう」という勇気をもつことができたのではないだろうか。恥ずかしがり屋どころか、目立つことを楽しむようにさえなっていたのだ。夫があんなにも早く先立たなかったら、もちろん夫婦二人の幸せな老後の人生があっただろうが、制作の喜びや自由な時間を謳歌する楽しさを得ることはできなかったかもしれない。自分の足で歩まざるをえない未亡人となったことで、華枝はさらに自信をつけたのである。こういった彼女の変化に対し、周囲から一切批判の声は聞かれなかった。

華枝は、天性の専業主婦だった。見事にやり遂げただけでなく、そこに生き甲斐をも感じていた。後にドライフラワーデザインという、女性性を象徴するような専門的分野を極めることになった彼女の人生は、まさに「恵まれていた」と言えるのではないだろうか。

第三章　支配と服従——鈴木美恵子——

チャーミングで知的な、専業主婦の鏡のような女性。私の中にある理想の母親像に限りなく近い鈴木美恵子を、今でも心から尊敬している。

美恵子は文字通りの「奥さん」として、家を空けることは滅多になく、台所できびきびと働いているか、子どもたちに囲まれ、炬燵に座っているかのどちらかであった。彼女の持ち前の温かい人柄と飾らない美しさに惹かれ、隣人、親戚、先生、友達など、多くの人が炬燵仲間として加わり、ビジネス、教育、家族関係、私的な問題について語り合った。彼女は家の外に滅多に出ることがないにもかかわらず、周りの人々の人間性も世界の動きも、まるで学者のように緻密に理解していた。人間や社会の慣習に関するキレのいい分析は、いつでもユーモアを交えて語られ、あるアメリカ人研究者は、「東京大学の教授よりも、日本社会に対する深い洞察を与えてくれた」と感銘を受けた程であった。

一九五八年の調査で関わった日本人家族の中で最も経済的に恵まれており、当時の私には、彼女が家のこと一切をとりしきる専業主婦として、何不自由ない快適な人生を歩んでいるようにしか見えな

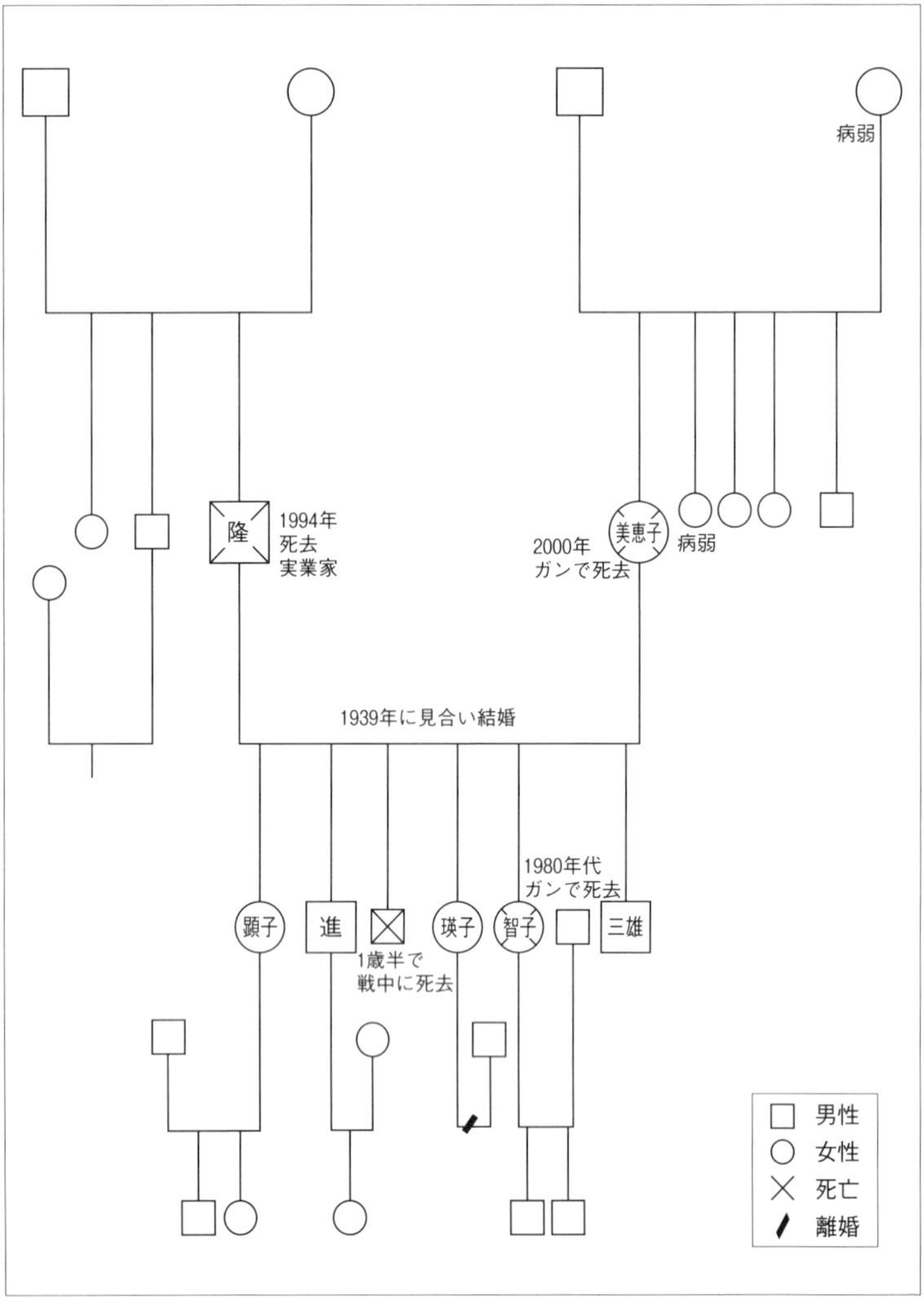
病弱
隆
1994年
死去
実業家
美恵子
2000年
ガンで死去
病弱
1939年に見合い結婚
1980年代
ガンで死去
顕子
進
1歳半で
戦中に死去
瑛子
智子
三雄
男性
女性
死亡
離婚

鈴木家

かった。

1 研ぎすまされた〈良妻賢母〉のスキル

水面化での支配

私たちが出会った時、美恵子は三八歳。成功した実業家の夫と、上は一八歳から下は七歳まで、五人の子どもがいた。彼女は当時の「日本のミドルクラスのスタンダード」を教えてくれた。彼女の世代の日本女性は、ほぼ例外なく家庭を築くために結婚し、母親になった。妻は往々にして夫にとっても母親のようになりがちであったが、妻であることよりむしろ母親であることの方が評価された。夫にとってのパートナー、夫の同僚にとってのよき接客係、外でも仕事をもつ女性、といった役割を果たす主婦も存在はしたが、それはまず「母親の役割」をきちんと果たしているということが大前提の時代であった。家族のケアを全面的に請け負うという役目が、家族が集団として緊密に結びつくために、特に重要視されていたのである。「養育環境を作りあげるフルタイムの専門家」として、いつでも家族のケアができるよう家にいることが求められていた。そのために女性は雇用、政治、娯楽など男性中心の社会から隔離されてきたし、特に戦前の日本社会では、女性は男性に常に従順であるべきだと教育された。まずは父親、次は夫に、最後は息子にと。家庭内での女性の役割は大切なものとして認識され頼りにされていても、最終的には男性優位の社会なのであった。

美恵子は、自分の仕事は子どもの世話と夫の要求を満たすことであると、嫌という程わきまえていたので、自分の生活は家庭と家族に限られていることを、何一つ疑うことなく受け入れていた。が、一方でこの受容は、彼女の胸のうちに、「家庭内のことについては自分がすべて支配し、子育てには絶対的な力をもちたい」という非常に強い決意を作り出してもいた。そして長期にわたる子育ての期間、この決意を胸に力を行使したのである。この家庭内での支配のかたち、労働の分担の仕方、ひそやかに影響力を発揮する女性のパワーは、当時のミドルクラスにおける典型でもあった。ただ知性と人徳のおかげで、美恵子のコントロールは突出して巧みなものと言えた。

美恵子は「男性のもつ権威」を認識し容認する一方で、心の中では男女平等を信じていた。また、子どもとの強い連帯意識と家庭への影響力に裏打ちされた妻こそが、力をもっていることも分かっていた。そして美恵子は、この力を使いこなすエキスパートだった。間接的ではあっても、彼女のゴールは明確で、それに向かう戦略はよく考え抜かれていた。そしてそれには、「子どもに与える夫の影響を最小限に抑える」ということも含まれていたのである。

子育てにかける情熱

母性の化身のような彼女を、人は理想の主婦と呼んだが、美恵子自身は自分を異端者と見なしているようだった。他の主婦と違うところをあげるとすれば、それは彼女が礼儀作法などには無頓着なこと、本質的な目的にこだわり、それを実現するためには手段を選ばないことであろう。「子どもを自然に自由に成長させる」という明確な目標を掲げつつ「家族全体を支配」する――これが美恵子のパラドックスであった。自分の信じる最善の方法で子どもたちを育て上げることこそ、美恵子の生き甲斐だった。一挙手一投足、すべて母親としての考えの延長線上にあり、他のことは皆二の次だった。母親としての務めは、この世で最も重要な職務であると信じて疑わなかった。「男なんてね、一日中机の前にいるだけなんですよ」と彼女は言った。「ものづくりの過程で何かミスをしたって、最初からやり直して、もう一度作り直すこともできるんじゃないかしら。でもね、母親っていうのは、次の世代を作り出すだけじゃなくて、質についてまで、全てに責任を負っているんです。男性の責任なんかより、ずっと重いんですよ。失敗してもやり直すことはできないわけですから、たくさん手もかけなきゃいけないし、コツもいるんです」。

子育てに対する明確な考えをもつ、自信に溢れた意志の強い母親。家庭にいて子どもを育て、采配をふるい、一日二四時間、何を子どもが求めているのかを気にしていた。子どもの身体的、社会的、情緒的、知的成長に何が最も効果があるかという視点で、日々の物事をこなした。美恵子の家庭内での影響力は、「支配的」と形容されるアメリカ人の母親より、はるかに強かったと思う。だからと言って、威張っているようにも過剰に厳しいようにも決して見えず、いつも穏やかで楽しそうであった。

子育てに関して彼女が心配していたことはただ一つ、我が子たちがやがて直面する様々な困難を乗り越えることができるような、強さをもった人間に成長することができるだろうかということだった。正直なところ、当時アメリカから来たばかりの私は余計に「こんなに手がかけられ、ある意味操り人形のような子どもが、本当の意味での独立心を養うことができるのかしら」と疑問に思っていた。しかしそんな懸念に反して鈴木家の子どもたちは落ち着き、自信をもって自己主張でき、のびのびとしているようだった。思いやりもある上に、日本人にたまに見られるような、過剰な礼儀正しさや、はにかみ縮こまっているような様子は微塵もなかった。

2 「ノー」は心に秘めて

強さの源

美恵子の、戦前に育った世代とは思えない程のリベラルな姿勢の背景には、確固たる社会的・経済的ステータスと、実父も夫も長男でないため、それほど伝統的慣習に縛られなくてよかったという要素がある。それが彼女の自信と社会性を培ったのかもしれない。

美恵子は一九二一年に、東京郊外（のちに夫や子どもと、同じ地域に住むことになる）に生まれた。実父は「サラリーマン」で特別に裕福ではなかったものの、当時としては十分な教育を受け、会社内ではかなりの地位にあり、同僚の尊敬も集める人だった。非常に知的で理解があり、娘に深い愛情を注いでいた。五人兄弟の長女（妹三人と弟ひとり）として育ち、母親は病弱な人であった。この立場が、彼女に責任感と自主性を芽生えさせたのであろう。母親のことはいつも酷評していた。「しょっちゅう寝込んで、何もできなくなるんです。その上美容にばかり夢中になって、あまり周りの人の気持ちを考えない、ナルシスティックな人なんです」。幼い頃から妹や弟の世話をするうち、母親のことは、お手本としても、支えや愛情を求める対象としても見なさなくなっていた。こうして温かくもしっかりしつけられ、明るくかわいく気だての良い子だった美恵子は、同時に静かだが強い、不屈の精神を身につけていった。「年上の人に逆らったり、口答えしたりした記憶はありませんね。両親にも、親戚にも、先生にも。そうしたいと思ったこともないわ。でも確かに、母がなかなか物事にうまく対処できず、私が大きかったらもっとうまくできるのに、と思うことは多かったかもしれません。口では『はい』と言いながらも、心の中では逆の返事をしていたり。胸に秘めたこの声が、きっと私の強さの源なのでしょうね」。

戦前の女子にとっては高学歴といわれた女学校に通い、先生方や友人たちと楽しい時を過ごし、それによって自信もついた。幸せな学生時代で、四〇年たっても、級友や先生がまだ彼女を訪ねてくる程だった。卒業後は実家に住み、料理・裁縫・生け花など、昔ながらの「花嫁修業」をした。父親が夫となる人を選んだのは、その一年後のことである。

保証された結婚

後から考えれば、父親は娘に、父自身が憧れるような男性——ビジネスに成功し大金を稼ぎだす、自分にないものをもっている男性——と結婚してほしかったのだろう、と美恵子は言った。父の薦めるその男性は、義務教育終了後すぐに兄と共に電機部品の製造会社を起業し、成功を収めていた。エネルギッシュで前途有望な青年実業家。彼との結婚は、将来経済的に苦労する必要がないということを保証していた。

美恵子はその男性を受け入れることにした。父の判断というものを常に重んじていたからだ。学生時代、栄養士になりたいと考えたこともあったが、もともと卒業すればすぐに結婚するものだと思っていたので、そんなことは両親に話してみたこともなかった。ただ、「すぐに結婚するのではなく、婚約者についてもっとよく知る機会がほしい」という気持ちだけは伝えたところ、両親もそれに同意してくれた。半年間その男性、鈴木隆と手紙をやりとりし、月に一度お互いの家を訪問するようにした。そんな中、予想外のできごとが起きた。大洪水で、美恵子の家が浸水したのだ。隆は会社から部下とボートを持って駆けつけ、美恵子たちの家族を救助してくれた。美恵子は隆のことがわかった気がした。

一九三九年に結婚。花嫁一八歳、花婿二四歳という、当時理想的とされた結婚年齢だった。美恵子の両親も住む、街の中でも人口密度がさほど高くない場所に新居を構え、その後ずっとこの家に住むことになる。美恵子は結婚式の写真を見ながら、いつもの調子で陽気に笑った。「この頃の私、本当に若くて、きれいだと思うわ。それにとっても従順で、世間知らずだったんですよ。それに比べて今の私の頑固さと、きつさと言ったら。こんなにお人形みたいな無垢な花嫁、気の毒になりますよ。今はそのかけらもないんだけれど。それに、うちの人も気の毒だわ。もうかわいい従順な妻は、どこかへ行ってしまったんですから」。

初夜の衝撃

夫に服従せざるを得ないという現実を、初めてつきつけられたのは、結婚初夜のことだった。結婚式直前、美恵子は結婚というものについて、何か知っておくべきことがあるのかもしれないと、漠然と思っていた。「それで私は母親に、夫婦生活ってどんなものか尋ねたのです。母はただ、『旦那さまにすべて任せて、ただ従いなさい』と言っただけでした。まして男女のことについてなんて、これっぽっちも知らなかったのです。家でも学校でも、何も教えられませんでしたし、私が読むような本には、そんなことは書いてありませんでした。あの頃は、映画にもラブシーンなんかありませんでしたしね。学生時代は友達とスポーツばかりしていたので、そういうことについて考える暇はなかったですし、赤ちゃんがどこから生まれてくるかも、知らなかったのですよ。生理についても何も知らなかったくらいなので、初潮を迎えた時には、それはもう震え上がりましたよ。さいわい学校にいた時だったので、ある先生が最低限度のことを教えてくれ、安心させてくれたのです」。

何も知らなかった美恵子にとって、初夜の心理的な衝撃は非常に大きかった。それから一週間は、指一本触れられることさえ拒んだ。だが不本意ではあるが、きっとこれは夫婦生活になくてはならぬものという結論に達し、抵抗することはやめたのだった。この経験で美恵子は、「受け身で従い、自分の意志にはかかわらず自分を犠牲にせざるを得ないという感覚」をもつようになったのである。この「女のさだめ」という観念は女性があるべき姿として幼い頃から示されてきていたものの、比較的リベラルな考え方の中で育った彼女がそれを現実に味わうことはほとんどなかった。その衝撃のあまり、彼女は夫が望めば黙って従うものの、その後性生活を楽しむことは一度たりともなかった。

3　魂を込めた戦略的子育て

輝かしき時代の幕開け

一方結婚のおかげで、今までになかった自己表現の方法を得たのも確かであった。隆と美恵子は、当初から冗談を言い合えるような関係ではあったが、どんどん自分の意見を言えるようになっていった。第一子出産後は、さらなる自信と強さを得た。

「嫁に来て初めて、『私自身のもの』を手に入れたのです。私の愛情と、私の力を必要とする、私の赤ちゃんですから。実際、愛情のすべてを子どもに注ぎ、子どもを通してだけ充実感を見出せるという奥さん方は、多いと思いますよ。でも私は他の奥さんたちより、きっとましな方です。主人は次男で、あちらの家族と同居しているわけではないですから。長男の嫁っていうのは、もっともっと大変なんですよ。夫はもちろん姑に従い、その家の伝統に縛られざるを得ないのです」。

出産と子育ての期間は、家庭や家族というものに疑いもせずどっぷり浸かっていた、美恵子の人生の中で最も忙しく、最も充実した時間であった。

「生めよ増やせよ」

第一子は結婚一六ヶ月後に誕生し、顕子と名づけられた。美恵子は病院にも行かず、麻酔も使用せず、助産婦とお手伝いさんの介助で自宅出産した。このスタイルにこだわり、その後も毎回同じように出産に臨んだ。隆は、当時の日本男性としては一般的ではあるが、出産には全く立ち会わず、仕事が終わった後で子どもの誕生を知らされた。日本の女性は出産に際し、数週間あるいは数ヶ月実家に戻る場合が多かったが、美恵子はそうしなかった。「親に頼らず自分の力で出産を乗り切ることって、素晴らしい経験ですよ」と言う彼女だったが、実のところ医療や夫、母親らに干渉させず、出産というプロセスを自分でコントロールしたかったのではないだろうか。

長男進は二年後の一九四二年四月、東京が初めて米軍の空襲を受けた日に、庭の防空壕の中で産声を上げた。ひ弱な病気がちな子どもで、母にとっては心配の種だった。翌年誕生した次男は、顕子と同じく丈夫で健康であった。次々に出産していったことについて、美恵子は笑いながら説明した。「いつでもまるでサンドウィッチでしたねえ。背中に子どもをおんぶして、お腹の中にもう一人抱えて。なぜそんなに続けて産んだか、ですか。天皇陛下から、多産の母親として表彰されてもいいくらいでしたよ、『生めよ増やせよ』という戦時下だったのですから」。

悲　劇

東京の空襲は日増しに激しくなり、疎開をする家族も増えた。一九四四年後半、美恵子たち一家も隆の兄一家と共に、地方の隆の実家に疎開した。幸運にも隆自身は、兵隊に取られることはなかった。おそらく多額の寄付をしていたために、彼の経営する会社がお国のために必要と見なされたのではないか、と美恵子は言った。

だが、疎開先で美恵子は、自分が見知らぬ世界に迷い込んでしまったことに気づいた。若い嫁としては、家のしきたりに従うことが大前提の、伝統的な大家族であった。姑はすでに亡くなっていたので、義姉と義兄嫁が、子育てに関してまでも丁寧に鈴木家のやり方を教えてくれた。戦争まっただ中、不慣れな場所でひとりぼっち、家族の足並みを揃えることが求められており、美恵子はしぶしぶ従った。

そんな折、一歳半だった末っ子の具合が急に悪くなったのである。その症状は、進にもよく見られる消化器系疾患のようだった。不安を抑え義姉らや地元の医者の言うとおりにしていたものの、我が子は日に日に衰弱し、数日のうちに幼い命を終えたのである。「あの子を鈴木家の墓地に埋葬し、葬儀を執り行うと、私はもう、すぐさま荷物をまとめ、他の子どもたちを連れ一目散に東京に戻りました。親族という社会的圧力の中で暮らすことに比べたら、空襲なんて、もう恐ろしくも危険にも感じませんでした。家に戻ってくると、田舎にいる間体調のすぐれなかった二人の子も、また元気になったのです。主人も急いで追いかけて来て、親戚には干渉させず、私たちのやり方を信じようと言ってくれました。もし他の人たちが邪魔しなければ、私はあの子を亡くさずにすんだのに！　子どもに何が必要か、一番よく知っているのは、この私だったのに！」この喪失は、美恵子の人生で最も苦い経験として刻み込まれた。我が子は、夫方の家族によって殺されたのだ。もう二度と、我が子のいかなることも、他人には干渉させない。自分の判断こそが常に最善であり、それに従うのだ、と。その決意は、鉄のように固く固くなっていった。そしてまた、後に顕著に現れる彼女の医療不信の一因ともなった。

一九四五年、自宅に戻ったものの、空襲と食料不足で大変な生活を送らざるを得なかった。来る日も来る日も防空壕で暮らす日々が続いた。近所が爆撃を受けることはなかったが、遠くで火の手が上がり、空を赤く染めることは度々あった。一家で自家菜園を作り、「隣組」の人々と、その日を生き延びるために、助け合った。

一九四六年に瑛子、一九四九年には智子、一九五一年に三雄と、数年のうちに、新たに三人の子どもが生まれた。隆は、戦後の経済不安定な時期に多くの子どもを育てることを重荷に感じており、美恵子が三雄を妊娠したことを告げた時、堕胎が新しい法律下で認められたこともあり、産まないという選択を提案してきた。しかし美恵子は、一旦宿した子を殺すことはできないと断固反対し、これから妊娠しないようにする方がずっと賢明だと提案したのである。三雄の出産は難産であった。予定日から一ヶ月遅れたため、特に大きな赤ちゃんだったのだ。産後の疲労が酷く、これが最後の出産と夫婦ともに心に決めることとなる。

大きな自宅で

鈴木家の自宅は、障子と畳の部屋に布団を敷いて寝るという伝統的なスタイルの家屋だったが、標準と比べるとずっと広々として大きかった。一階の間取りは玄関、アメリカンサイズの大きな台所、洗濯場、風呂場、トイレ、長男である進の勉強部屋兼寝室、畳部屋二つ（一つは応接室、もう一つは夫婦の寝室用）、真ん中に炬燵の置いてある台所の横の小さな畳部屋、そして大きな子ども部屋。二階には進以外の四人の子どもたちそれぞれの部屋があり、各部屋にベッドと机を備えてある。広い庭には手入れの行き届いた花や木、灌木や石だけでなく小さな菜園まであり、子どもが遊ぶスペースとしても十分であった。家は黒ぬりの高い木製の塀で囲まれており、夜は重たい木の引き戸を閉め、さらなる安全を確保していた。昼間子どもたちは、畳の部屋に繋がっている長い縁側で下駄を履き庭に出て自由に遊ぶことができた。

個に応じた子育て

一九五九年から六〇年にかけ、美恵子は度々それぞれの子どもたちについて、そして彼女自身の子育てに対する考え方について話してくれた。「子どもって、同じ両親に同じように育てられているのに、本当にみんな違うんですね。こんなに甘やかしてしまって、うちの子たちが自分勝手で弱い大人になってしまったら、と心配になることもあるんですけど、私が最善だと考える方法でやっていくつもりです。型破りと言われてもいいんですよ。私ってこんなに強情で厚かましかったかしらと、自分でもびっくりするわ」。

美恵子も他のお母さん方同様、常に我が子と身体接触を欠かさず、子どもたちのニーズを限りなく完璧に満たしていた。母乳で育て、寝かせるため、なだめるため、ただどこかに連れてくため、その他すべての面倒を回避するため、いつもおんぶして歩いた（「おんぶひも」のかわりに今は、欧米式ベビーベッド、ベビーカー、移動式ベビーサークルが一般的である）。子どもが小さい時は一緒にお風呂に入り、夜は乳児に授乳しつつ添い寝し、大きい子たちには本を読み、寝つくまで一緒に横になった。当時一番末の子どもと同じ布団で寝ていたが、次の赤ちゃんを宿したことで彼女のお腹が大きくなり、その子に蹴られることを避けるためやめた。新しい赤ん坊が母親と寝るようになると、その上の子どもは、父親の布団で寝るようになった。一人で寝たり、泣き寝入る（断乳時以外）ことは絶対になかったのである。

美恵子は子どもをよく理解し、自分も一緒になって楽しみ、権威的に命令したりはしなかった。だが、彼女独特の抑えたアプローチは、上からものを言うよりずっと効果があった。子どもの成長に最善と思われる環境を注意深く作りだし、維持する努力を怠らなかった。子どもが自分を慕い頼るよう養育することで、すべてに影響を与える確固たる力を築き上げたのである。美恵子は確かに、従来のやり方にとらわれないという点では、他の日本のお母さん仲間とは違ったかもしれない。だがそれは、あくまでも方法論の話で、子育てのゴールは同じだったと言えよう。子どもたちとの緊密な関係をさらに強化するために、そして自分の領域を侵させずに家庭生活を管理するために、より効果的な方法を用いていたのである。

「のびのび自然であってほしいし、しっかりとした自分をもった子どもに育ってほしい。他の人を傷つけない限り、自由にやりたいことをやらせてあげたい。一つの型にはめたくはないのです。はっきり言って、座り方や歩き方がちゃんとしていなくてもいいんです。それぞれの子どもが求めているものがきちんと満たされているかいつも注意していますし、自分の意見を述べ、やりたいようにやるよう言っています。男女問わず台所の手伝いもさせますし、人形でも鉄砲でも遊ばせています。進は長男ですけれども決して特別扱いしていません」。明るく開放的で、温かい子どもたちに育っていた。雨が降り始めた時、言われもしないのに訪問客の自転車にビニールカバーをかけていた子。自分たちを包み込んでいる温かさ寛大さから、自然と思いやりの心を自然と身につけたのだろう。

子どもたちの個に応じた環境を作るため、美恵子はそれぞれの子どもの個性と成長をつぶさに観察した。長女顕子は健康で、積極的かつ社交的だった。美恵子は、一八歳になっても依存的なところのある顕子が、大人社会の問題を乗り越えていけないのではないか、ということだけを懸念していた。小学三年生まで病弱だった長男進はおとなしく、サイエンスやテクノロジーの分野に興味をもっていた。次女瑛子は、最も内向的で自己中心的なところがあった。「田舎であの子を亡くしてしまった後に最初に生まれた娘だったから、過保護にしてしまったのね、きっと」。瑛子は、この先ずっと永遠に母親に守られていたい、他の人に合わせるなんてまっぴら、という様子だった。妹にさえ守ってほしくて、自分はどうしたらいいのか尋ねることもあった。その一方で、最も潔癖かつ勉強家で、いつも自分の力だけで完璧に宿題をこなしていた。

三女智子は、長女顕子とよく似ていたが、さらに強い子であった。母親が四人の子どもの世話で忙しく、瑛子からもまだ目が離せない時期に生まれた娘だからだろうか。子どもたちの中で最も自由で自立心旺盛、明るく自信に溢れた社交家だった。

末っ子の三雄は、年のわりにずっと体が大きく丈夫だったが、いつまでも甘えん坊のままだった。姉たちがそれを叱ったり、甘やかしすぎだと美恵子に文句を言うと、三雄はますます母親にしがみつき助けを求めた。美恵子は子どもたちに、「優しくすればするほど、三雄は早く成長するはずよ」と時間をかけて話して聞かせた。三雄は非常に感受性が豊かで虫さえ殺せず、体は大きいのに他の男の子たちと乱暴な遊びをすることが大嫌いで、いつも智子にくっついて遊んでいた。まあ甘えん坊の末っ子の典型だったのかもしれない。

子どもたちはいつも一緒に家の周りや庭で遊び、小学校入学まではどこにも行かなかったが、末っ子の三雄だけは、家にはもう遊び相手がいなかったので、幼稚園に行かせた。どの子も、一人になるということはないよう配慮した。母親が家を空けることもなかったし、兄弟も親戚もお手伝いさんも、いつも家にいた。

「自立心を育てる教育」へのこだわり

美恵子は、子どもたちに自立心を育てることに、時間とエネルギーを費やすことを惜しまなかった。言うなれば「自立」を強いたのである。そのよい例が「断乳」であった。

通常、おかゆなどの柔らかい普通食を食べられるようになる一二～一四ヶ月頃に、「断乳」は行われた。普通食では赤ちゃんの胃に負担になるものもあるので、消化の難しさという要素もあり、母子双方にとって非常につらいものであった。美恵子は当時を思い出して言った。「赤ちゃんも私も、断乳なんかしたくなかった。特に夜に寝ている時なんかに、胸がはってしまって。あまりの痛みにそれを和らげたくて、母乳を絞り出したものです。赤ちゃんがもうおしまいだとわかるように、おっぱいに絆創膏や赤唐辛子を貼ったりもしました。昼間は機嫌良く遊んでいても、夜になるとおっぱいを欲しがって泣くのです。私と子どもの我慢くらべみたいでしたよ。でも、一回でも私が赤ちゃんに負ければ、その後毎回負けることになるのです。一晩二晩は夜通し泣かせ、その後は授乳しなくても寝入るようになって、私が勝ったと思いましたよ。少しずつ、つらさを味わうことなく断乳することができないのかって、そんな方法あるのかしら。だって、赤ちゃんはいつでも母乳を求めるものなんだから、無理にするしかないわよね。しかも素早く、完全にすればするほどいいんじゃないかしら。でも、私の母親世代は違うんですよ。その頃は二年以上授乳していたのです。母乳が出るのだから、子どもにやらないという選択肢はなかったんです。でもなんだかんだ言って、煩わしい舅や姑がいないから、私も思い通りにできるのでしょうね。実は最初は主人も、泣き叫ぶ赤ちゃんがかわいそうだと言ったんですが、子どもの自立心を育てるために速やかに断乳し、そのことで思い煩わないという私の考えを、なんとかわかってくれたようです」。

美恵子の仮説は、「子どもは母親に依存していたいものなのだから、親がそれぞれのステージで引き離しを強行して、次の発達段階に進めてやらなければいけない。さもなければ、いつまでも依存状態にあり続ける」という明確なものだった（アメリカ人は、「子どもというものは自立を求めるものであるから、親は過剰な自立心や行動を抑えるために、あえて罰を与えるべき」という、いわば正反対の仮説をもっている人が多いのではないだろうか）。美恵子は力にものを言わせることがない一方で、子どもの母親への依存心を利用して計画的に「甘える喜び」をあきらめるようコントロールした。これは、あまりつらくないように徐々に乳離れさせるアメリカの母親とは、対極にある方法であった。

美恵子の、「子どもの発達に応じて、移行期にその都度きちんと引き離してやることが必要」という理論に基づき、鈴木家の子どもは、大体小学校入学前の五〜六歳で、「第二の乳離れ」を経験した。その子が利己的なことをして、「もっとおとなになるように」親がもう一押ししなければならない時に、それは実行されたのである。「その子を横におき、わかるまで徹底的に厳しく叱るのですが、話が終われば、何もなかったかのように普通に過ごすようにしました。絶対に嫌な気持ちを引きずることはさせません。そうやっていると、子どもの行動には、目に見える変化が現れるんです」。

顕子の断乳

顕子は小学校入学前に「第二の乳離れ」を終えていたが、五年生で「第三の乳離れ」の時を迎えた。「その頃、あの子は何でも自分の思うようになると思って、言うことを聞かなかったんです。だからあの子に言ったんですよ。『いつでもみんなに注目してもらって思い通りにしてほしいのなら、おじいちゃんとおばあちゃんのお家に一週間住んでみなさい』と。初孫である顕子をとてもかわいがっている私の両親が、あの子が欲しがるものは何でも与え、一日中遊んでくれることはわかっていましたから。『甘やかされていたいのなら、おばあちゃんの家に行きなさい。それは叶うわ。ただ、私がいいと言うまで、絶対帰ってきてはいけませんからね』と告げたのです。どれだけ私の実家でかわいがられようと、もちろん家に帰りたくなることはわかっていたのですが、私は顕子を連れ、実家に置いてきました。顕子はこの時に、下の子たちと何でも分け合わねばならなくとも、年齢にふさわしく自分のことは自分でしなければいけなくとも、家で暮らす方がずっといいのだということに、気づいたようです。四～五日後、家に帰ることを許しました」。

顕子は一九歳で再度、「第四の乳離れ」の時を迎えた。二〇歳という大人の仲間入りの年齢を目前に控え、短大を卒業すれば、すぐにでも結婚を決めねばならないという時期であった。美恵子は顕子に、自分のことは全て親任せでただ遊び回るのではなく、もっと自分の将来について考え、自分の決定に責任をもってほしいと感じたのである。顕子が旅行のための買い物から荷造りまで母親任せなこと、さらには「自分の好きな人と結婚する自由もない」と不満を言ったことを対し、美恵子は丁寧に顕子に話した。「あなたが自分にふさわしい相手を見つけてくるのなら、私たち親も同意すべきだと思うわ。ただあなたには出会う機会がないから、私たちにそれなりの人を見つけてほしい、お見合いしたいと思っているんでしょ」。

顕子は中・高・短大一貫の学校に通っていたが、服装についても（中・高は制服）、化粧についても（大学入学までは禁止）、女性にふさわしい行動（道を男性と一緒に歩かない）に関しても、多様で厳格なルールが存在した。美恵子はさらに「私たちは親としてお見合いを準備できるけれども、結婚したいのかどうかを決める最終責任はあなたにあるのよ」と説明を続けた。この言葉の裏には、こんなメッセージが含まれていたのではないだろうか。「顕子、夫を自分で選びたいなんて、大きなことを言わないようにしなさい。あなたはその方法を持ち合わせておらず、親の助けを必要としているのでしょう。私たちが喜んで助けてあげることに感謝し、自分のことは自分でする責任、そして決定する過程で、自分の責任を果たしなさい。あまり不平を言ったりすると、あなたは夫を見つける最大の手段を失うことになるのよ。反抗しようとしたって、他に行くところはないのだから」。そして顕子は二年後、両親から勧められた最初の男性と結婚した。その男性は、東京大学卒業という当時のわかりやすい成功への保証書をもっていた。

瑛子の断乳

「私はいつでも瑛子に優しかったと思います」。美恵子は次女瑛子について語った。「あの子は小さい頃、何に対しても自信がなくて、いつも妹にやられていたんです。だから私は、とにかく何でも楽しんで自分を表現するように、言って聞かせました。智子とは違う趣味をもって、自分のプライドをもち始めた時は、とても褒めたのですよ」。だが二度、そんな瑛子に対する美恵子のアプローチを変えなければならない危機的状況があった。

一回目は、瑛子が小学四年生の時。この頃の瑛子は、強迫的とも言える完璧主義者だった。ダンス、ピアノ、書道とたくさんのお稽古ごとをしていたのだが、細部まで完璧にこなさないと気が済まず、夜中を過ぎてもなかなか寝つけない。そしてある日突然、「食べ物が喉を通らない。飲み込めない」と言い始めたのである。学校での給食は食べられるのに、家で美恵子が作ったものは何も食べられないのであった。美恵子は瑛子を病院に連れて行った。身体的に異常がないことを確かめたかったし、「大丈夫、喉はちゃんと開いていますよ」という医師の言葉を本人に聞かせたかったのだ。しかし、医師はそう言ってくれたのに、やはり瑛子は「飲み込めない」「喉が痛い」と訴え続けた。母親にかまってもらいたくてまとわりつき、思うようにいかないと「息ができない」などとごねた。「あの子のとても身勝手な病気が、ひどくなってきたように思ったので、すぐさまあの子の洋服や教科書をまとめて実家に連れて行き、申し渡しました。『おばあちゃんの家にいたら、きっと良くなるわ。病院にいると思って、ここから学校へ行けばいいの。よくなったら家に帰ってらっしゃい』と。私の実家で、瑛子は毎食何の問題もなく食べ、痛みもなく、三日後には家に戻りました」。瑛子の体調が良くなり家に戻ってきたので、もちろん美恵子はとても嬉しかったのだが、「また同じようになったら、おばあちゃんのところに戻りましょうね」と言っておいた。そして瑛子に症状が現れることは、その後一度もなかった。臨床に身を置くものからすると、瑛子の潜在的な不安は解決されたのかいささか疑問が残るものの、美恵子の治療の腕に私は舌を巻いた。

そして二度目は、瑛子が中学一年生になった時のことだった。美恵子は、瑛子自身に「成長したい」という強い意志をもってほしかった。「もう少し柔らかくなれると、いいかもしれないわね。肩の力を抜いて勉強して、もう少し社交的に周りの人にとけこんで。そうすればストレスも減るだろうし、充実感も感じられると思うわ」。だが瑛子はぶっきらぼうに、「今のままでいいの」と答えただけだった。瑛子にアドバイスを軽く受け止められたのが許せず、激しい言い合いになった。「自分を変えるなんて、無理に決まってるじゃない。そんな無理なこと言うんだったら、死ぬしかないわ」「向上しようとしない人間は、もう死んでいるのも同然でしょう。自殺するならどうぞ、止めないわよ」。美恵子は瑛子に、もっと友達を作り、そんなに細かいことにこだわらず、怖がらずに新しいことに挑戦する心をもってほしいのだと主張し、決して我が子に同情は示さなかった。情緒的に突き放し、子どもっぽい自己中心的な自分を捨てるよう、諭したのである。この後の瑛子の変化——肩の力を抜き、社交的に明るくしようとする努力——は、目を見張るものがあったという。

この美恵子の「断乳」へのこだわりは、実母とすぐ下の妹の存在が影響しているのではないだろうか。彼女はこの二人のことを弱く、救いようがないほど依存的であり、要求が多く、ナルシスティックな人間だと語っている。美恵子は、素早く対応策を考え行動に移すことで、子どもが病気など「弱い」立場を利用して家族をコントロールしていくことを、防ぎたかったのではないだろうか。過度に依存的、支配的になりつつあった瑛子に干渉し指導したことは、顕子が夫探しのことでとやかく言うことを許さなかったのと、同じ意味をもっていた。子どもの発達や、「美恵子の巣」に対する自分の支配力が危機的状況と鋭く察知すると、それを防ぐために迅速に行動したのである。

情緒的発達を促す環境づくり

家庭環境を作り上げて管理し、決定する役割を担う美恵子。この役割には中長期的な視点で、子どもの社会・情緒・知的発達を促すような、人間関係や活動を作り出すことも含まれていた。自分の周りの人々がオープンな雰囲気でいられるようにする一方で、自分が作り上げたその環境の中で、子どもがうまく成長できるよう、手綱をひくことも忘れなかった。

ご近所や先生方とも良好な関係を保ち、子どもたちがどこに行っても歓迎され、安心していられるようにもした。いつも自然体で気取らず、彼女の本心も台所も、人に隠すことはなかった（日本の主婦は、お客が台所に入るのを嫌う。そこはプライベートな仕事場と見なされているからであり、客は客間だけに通される）。そんな美恵子のおかげで、子どもたちはどこへ行っても歓迎された。

また、子どもたちが知的好奇心を高められるよう、美恵子はそれぞれの子どもが興味をもっているテーマについて、幅広く読書するなどの努力を怠らなかった。進や彼の仲間の中に入り、政治や経済をテーマにしたディスカッションに、刺激を与えるような意見を言ったりもした。彼女の親戚、夫の親戚、学校の先生、ＰＴＡ仲間、近所の友達、子どもたちの家庭教師や友達といった幅広い人々との交流が、さらに鈴木家にいろいろな知識をもたらし、熱気ある雰囲気を作り出した。

顕子が結婚を考えるべき年齢が近づいても、弟や従兄弟以外の男性と接したことがないのを案じ、友人の息子さんや知り合いといった若い男性たちを家に招待し、家族も含め大勢でパーティーをした。そうすれば顕子も、交際や結婚といった深刻なことを考えず、気楽に友達としてつき合えるのではないかと考えたのだ。

智子が六年生になり修学旅行に行く際は、旅行の引率をかってでた。智子が生まれて初めて家を離れることになるのだ。智子は急激に成長しており、いつ初潮を迎えてもおかしくない時期にさしかかっていた。前もって知識は与えてあるものの、万が一、本当になったら、初めての外泊と初潮という二つの大事件に、我が子が同時に対処するのは難しいだろうと考えた末の行動であった。美恵子は自分が初潮を迎えた時のトラウマを、智子に経験させたくなかったのだ。

進のためには、青年二人に声をかけて鈴木家の炬燵仲間に加わってもらった。ただ進の勉強を見てもらうだけでなく、年上の男性モデルが与えられるように美恵子が選び抜いた二人だった。一人は人文学専攻の学部生、もう一人は少し年上の理系の大学院生であった。進には兄も、同じ年代の従兄弟もいない。父親はほとんど家に居らず、仮にいたとしても、美恵子が進に理想としてほしい人物像ではなかった。我が子にはもっと違うタイプの青年像を知ってほしかったのである。このように、子どもたちがもっと外の世界について知る必要があると感じた時に、美恵子は度々、家庭教師やよその人を家に招いた。

あらゆる社会的関係を見事にさばく美恵子の手腕は、感動的でさえあった。親切なだけでなく、チャーミングで明るく、決して人を傷つけて嫌な気持ちにさせることはないのに、人の言いなりにもならなかった。彼女の家族にとって本当に利益があるか、まだ計りかねている段階では、十分吟味しないまま決定してしまうようなこともなかった。

まだ難関大学に合格するかどうかで、将来の社会的経済的ステータスがほぼ決まるとされていた時代。日本の母親の最大の関心は子どもの教育の成功であり、この「受験地獄」を子どもがうまく乗り越えられるよう、支援し管理する母親の情熱は、ミドルクラスの母親たちを「教育ママ」に作り上げた。美恵子も他の母親と同じく、子どもの将来のために全力を注いだが、彼女のアプローチはよりリベラルで、自信に満ちていた。子どもたちには、よその家庭よりずっと多くの利用できる資源と、選択肢を与えられており、それは鈴木家がすでに築きあげていた社会的地位の恩恵と言えた。受験勉強に特化するのではない、子どもが知的好奇心やソーシャルスキル、責任感や自信を育むこと、つまり人間教育といわれるものこそが、美恵子のポリシーであった。中学生が友達づきあいもすべてやめ、一日中丸暗記に時間を費やし、小学生が補習のために夕食時まで学校に居残り、夕食後はすぐに宿題を始めなければならないようなプレッシャーには嫌悪感を示した。もちろん我が子に宿題はきっちりやらせたし、小学校のPTAには積極的に参加した。だが子どもが中学生にもなると、勉強する子どもに飲み物などを運んでやることもなくなり、学校組織に加わることもしなくなった。学校選択や進路選択に関してだけ、子どもひとりひとりとしっかり話し合い、それがうまくいくようできる限りのサポートをした。

かつて病弱だった進は家庭教師をつけてもらい、都内で一番の有名進学校に合格して皆を驚かせ、その後は有名国立大学に進学した。他の子どもたちは、特別なサポートやプレッシャーは受けなかった。顕子は、短大まで無試験で進学できる名門私立女子校に進学した。瑛子は、学力面で無理がなく、家に近い学校を希望するとのことで近隣の女子中学校を選択し、短大まで進学した。競争心の強い智子は、名門私立大学を卒業した。いつも静かに本を読み勉強していた三雄は、東京の最難関私立男子高校に入学した。

「奥様」でいるということ

なぜ美恵子は、外出しないのか。彼女がほとんど家を空けないこと、そして家族みんなでドアに鍵をかけて一緒にバケーションに出かけないことを、私は当初いぶかしく思っていた。美恵子はいくつかの理由を挙げていた。子どもが寂しがるから、あるいは泣くから、と。「鍵のかかった家は泥棒が入りやすいので、留守にする時は留守番がいるんです」とも、「ぬかみそは、毎日かきまわさなきゃいけないの。そうしないと、カビが生えてしまうんですよ」とも言った。また当時の人は、外出ばかりしている女性を奇異な目で見るふしもあった。ただそうは言っても機会はいくらでもあり、明らかに、家にいることを選んでいるのは美恵子自身であった。静かに礼儀正しくしていなければならず、自由に振る舞えないような社交の場は大嫌いだった。夫の仕事のつき合いでその奥さんたちと観光旅行に出かけても、社交辞令の応酬に辟易した。だから親戚の結婚式などの行事以外は、何か言い訳を見つけては、丁重に断った。ただ私は一度だけ、公的な場で夫に同伴する美恵子に会ったことがある。私の知っている台所の美恵子とは別人で、もの静かで控えめ、うやうやしくしとやかな、完璧な奥様を演じきっていた。家での姿は、誰も想像できなかったに違いない。世の中を知るために、外の世界に自ら赴くことなんかまっぴらなのだ。むしろ「世の中」の方を、自分の手のうちに入れたいのだ。

実際、彼女がマネージャーとなり周囲を楽しませる「美恵子の世界」に引き寄せられ、鈴木家の炬燵にはどんどん多様で興味深い人間が集まり、様々な活動をするようになっていった。

4　おざなりな夫婦関係

一番大きな赤ちゃん

少なくとも当時の日本では、親子の絆は夫婦の絆よりずっと強く重要なものであった。美恵子も、もてる愛情と関心は全て子どもに向けた。夫との関係に時間とエネルギーを費やすことはなく、彼女が育児に専念していた長い年月、夫である隆は仕事とつきあいで滅多に家にはいなかった。美恵子は隆の世界に入ろうとも支配しようともしない反面、決して家庭生活に影響力を行使させなかった。

隆にとっての優先事項は、ビジネスの成功と家族の経済的安定であった。週六日は深夜に帰宅するので、いつも子どもたちはすでに寝ていた。当時の勝ち組ビジネスマンの典型かもしれないが、夜は必ず半分つきあいで、バーか芸者のいるお座敷に行っていた。芸者遊びをしたり、麻雀に出かけたりはするが、特定の女性がいる様子はなかった。家にいる日曜日は、大抵寝ているかテレビを見ていた。屈託なく表情豊かな陽気な男性で、冗談を言っては笑い、いつも話の中心にいた。子どもたちをかわいがり、面白い話をしては、笑わせて楽しんでいた。自分についてドラマチックに話したい時、いつも人差し指で鼻の頭を指すジェスチャーが癖だった。反面、子どもの話に耳を貸すことは苦手で、家の中で起こっていることについては、ほとんど知らなかった。また、自分が得てきた収入を、妻がどう使っているかについても、一切知らなかった。日本では男性が稼いできても、妻がその使い道や貯金、夫の小遣いまで管理している場合が多い。美恵子は一旦家族に必要だと判断すると、夫には価格を安めに報告し、長年貯めてきた「へそくり」でその差額を埋め合わせ、なんとしてでも買っていた。

自分のテリトリーを守るため、夫のテリトリーは決して侵さない。そればかりか、家では彼の言う通りに徹底的に従った。風呂へ着替えの下着とタオルを持っていくこと、脱ぎ捨てられた服を拾うこと、食事やお茶の準備、性的欲求への対応等、彼女は文句も言わず俊敏にこなした。だらだら寝そべってテレビを見ている夫の姿など好ましいとは思えなかったが、一言も文句は言わず、王様のように威張り散らしても、嫌な顔ひとつしたことはなかった。本質的にただ男性というものは、偉そうに振る舞いたいものなのだと捉えていた。

「夫が私のことを『バカ』呼ばわりしたり、私に『来い』と命令したりするのも、彼なりの情の示し方だと思うことにしました。もしその態度を侮辱的だと言って反発したら、こちらの負けです。あちらにうまく合わせていく方が、ずっと賢いやり方なんです。王様のように振る舞わせておけば、あちらの気まぐれに合わせてさえいれば、あの人はほいほいと何にでも同意してくれ、大事なところで私に反対することはありませんから。小さなことで折れることで、家や子どもに関わる大きな勝負で、私は勝つのです」。事実、隆は家のことに関して、妻に決して反対しなかった。

美恵子は、隆の芸者遊びにも寛容だった。むしろ落ち着き払ったものだった。「あの人は、自分が会っている芸者がどんなに美人で、どんなに芸達者か、子どもたちに自慢するんですよ。緊急時のために、いつも自分の居場所は伝えて行きますから、どの方と会っているのかも、よく行く待合なども、全部知っているんです。妻として母親として、社会的にも法律的にも守られているのですから、夫が外で何をしていようと、やきもきする理由なんかないじゃありませんか。妻のいる男性と交際する女性は、もっと嫉妬するようですが、それは社会的に認められていないからですよ」。妻という社会的地位は、女性的な魅力に基づくものではないのだと気づかされた言葉であった。

そんな風に話し、夫に特定の女性がいないことは分かってはいても、美恵子も若干隆の芸者遊びに憤ってはいるようだった。そして隆の方にも、遊び回っていることに対する罪悪感がいくらかあるようだった。きちんと仕事をしていて遅くなった時の隆は、玄関をどんどん叩き「中に入れろ」「飯にしてくれ」と要求するのだが、夜遊びの時は、誰も起こさないようにそっと音を立てずに入って来た。美恵子は、顕子が誠実な男性と結婚できるように、進が女性の気持ちを理解し責任をもって行動し、将来の妻を傷つけることがないように強く願うようになった。美恵子は、夫の行動に傷つかなかったのではなく、「あの人のために傷ついたりしない」と、固く心を決めていたのではないだろうか。

美恵子は冗談で隆のことを「一番大きな赤ちゃん」と呼んだが、だからと言って彼に変化を求めなかった。夫のあるがままを受け入れ、彼の影響が最小限に食い止められるような家庭生活を構築したのである。隆は「お客さま」のようにちやほやと甘やかされる一方で、強い母子の関係とは別のところにいる存在であった。

夫には求めないという決意

新婚当初は、喧嘩をすることもあったという。美恵子は子どもの将来のため、あるいは老後のために貯蓄をしたいと考えており、お金に関することは度々火種になった。また、美恵子は鈴木家の慣習を、彼女の価値基準の上位におきたくなかったし、隆は美恵子の母と挨拶を交わすことさえ互いに拒否する程うまくいっていなかったので、親戚のことも喧嘩の原因にはなった。子どもができてからは美恵子が、夫婦喧嘩は結果的に子どもを傷つけてしまうのではと考え、夫とは極力言い争わないように努めていた。そもそも彼女が全ての物事を徹底的にコントロールしているので、ぶつかり合うという状況もほとんどなかった。子どもを厳しく叱責することを、「子どもがかわいそうだ」などと口出ししてほしくなかったので、その問題が落ち着くまで隆には決して話さなかった。同様に、息子たちには隆のようにはなってほしくないと思っていても、あからさまに批判したりはせず、ただ違うタイプの男性を模範として見せようと、炬燵仲間に他の男性を加えたのである。

いずれにしても美恵子は長い育児期間に、子どもたちや夫、そして彼女自身を、思い通りに操作する技術に磨きをかけたのである。夫との関係は、順応する必要はあっても、重要なものではなかった。性的、経済的に夫に屈せざるを得ないことへの憤りや無力感は、「感情的には決して夫に依存しない」「子どもたちを夫の子どもっぽさから守る」という決意を生み出した。隆が彼女に仕えることを求め続けようとも、彼女の方が何か彼に求めることはなかったのである。愛情はもちろん、精神的な支えや、感謝の念でさえも。

5　夫の引退と復讐のプラン

子どもの巣立ちと夫の引退

一五年ぶりに美恵子に再会した一九七八年、彼女は人生の新しいステージを迎えていた。子どもたちは、三雄以外全員独立して所帯をもち、隆と美恵子の二人だけであの家に住んでいた。四年前、隆は彼自身の健康上の問題も若干あったが、進に会社経営を任せてほしいという美恵子の願いもあり、還暦を機に引退していた。

彼女は相変わらず明るく温かく、子どもや孫たちのことを、とても楽しそうに話してくれた。孫たちのことをただ自慢するタイプではなく、むしろ彼らの選んだライフスタイルや、孫それぞれの個性に非常に興味をもっていた。顕子と智子の家族は近所に住み、進家族や新婚の瑛子夫婦、三雄は都心に住んでいた。近所の顕子と智子は、子どもたちと毎日のように鈴木家を訪れたし、週末には五人の子ども全員と四人の配偶者、五人の孫が集まり、飲んだり食べたりして賑やかに過ごすのが、日曜日のよくある光景であった。もちろん彼女は、子どもや孫がいつもそばにいることを喜んでいたが、孫たちの世話は負担と感じているようだった。娘たちが「そんなに甘やかして」などと言おうものなら、「自分の子どもの世話くらい自分でしなさい、だったらそんなに連れて来ないように」と返した。孫の子守りは疲れ、そう度々できないと感じても、「私があなたたちを必要とする以上に、あなたたちは私を必要としているでしょう」と、自分の優位を知らしめたい気持ちも少なからずあったのではないだろうか。
上の三人の子どもたちは、見合い結婚で新しい家庭を築いていた。親子の絆の方が夫婦の絆よりも強いという点で、親世代の結婚とよく似ている。智子だけは夫と大学で知り合い、恋愛結婚をした。夫婦関係をより優先させ、大抵母親、時には親戚に（だが決してあかの他人ではなく）子どもを預け、二人でスキーやパーティーに出かけたりする智子夫婦について、「まるでアメリカ人よ」と美恵子は言った。

母親に頼りっきりで結婚をなかなか決められず、内気で神経質で完璧主義者の瑛子は、濃い化粧と派手な服装でも美恵子を心配させていたが、「結婚しなければならないわけではないのよ」と母として娘には言っていた。何人ものプロポーズを断った後、当時の日本女性としては遅い三〇歳で結婚に踏み切った。美恵子からすれば「その前の方々より、良くも悪くもない人」らしい。

進は大学卒業後、エンジニアリング会社に数年勤めた後、「自分が継げば父は喜ぶだろう」と父親の会社に入ることを決意した。ただ同時に、父子の葛藤状況も目に見えていた。進は「父を敵に回さず、どうすれば自分が仕事をとりしきることができるだろう」と妻や母に相談をもちかけるようになり、おかげで二人は嫁姑問題どころか、今や進を支える「盟友」関係を築いていた。進の相談を受け、美恵子は、夫が引退するように仕向けることに決めた。夫が一日家にいるようになれば、大変なストレスになるのはわかっていたのだが、これもすべて、夫が息子の邪魔をしないようにという思いからの、自己犠牲であった。このように鈴木家は図らずも、母と最も強い絆で結ばれた長男が父親の仕事を継ぐという、日本の典型的なパターンを踏襲したのである。

三雄は、都内最難関とも言われる男子高に入学したものの学校嫌いで、学校に自分を合わせようという気もなかった。美恵子は学校が合わないと言い続ける彼の気持ちを聞いては、将来のために高校だけは卒業するようにと説得した。にもかかわらず、二年後に進は中退を決め、一人暮らしをしてものを書き、歌うことに没頭した。そして二〇歳で他の兄姉と同額を得た生前贈与の遺産と、ナイトクラブでシャンソンを歌い、生計をたてるようになったのである。あの子は結婚できるのだろうか、経済的にちゃんとやっていけるのだろうかと心配せざるをえないものの、隆と美恵子は三雄に自分の道を行かせることにした。二人は彼のことを、東京で新しい若者文化が流行し、物に溢れ豊かな七〇～八〇年代の影響を多分に受けた「豊かさの落とし子」だと言った。三雄は実家に帰ってくることもあったが、両親は決して彼の歌を聴きに出かけなかった。顕子や他の兄姉は、たまに聴きに行くようだった。

つのる疲労と急激な老化

久しぶりに再会した美恵子の容貌の変化は、衝撃的であった。会話は相変わらず魅力的で生き生きとしたものだったが、以前の美貌はもう影もかたちもない。ほとんど歯がなく、やせ細り、お腹だけが突き出ていた。ほとんど真っ白になってしまった髪をきちっと後ろでまとめていたが、似合ってはいなかった。以前のエレガントな着物姿ではなく、地味な洋服を着ているため、細い腕や曲がった脚、それに「なべでも入れているみたいにぽっこりしたお腹」が目立つのだった。まだ五八歳なのに、まるで八〇歳にも見えるような老け方で、六六歳の夫よりも確実に年上に見えた。

続けて隆の引退後の生活について話がおよんだ時、なぜ彼女がこんなにも老け込んだのか、わかった気がした。子育てに明け暮れた三〇年間は、夫の世話をしなくてはならない四年間と比べて天国だった。美恵子は「未亡人のお友達が羨ましいわ」と明るく笑い、「大きな赤ちゃん」の世話から生じる疲労について語るのだった。「引退しても」美恵子は言った。「あの人は、ゆっくり落ち着いて座っていられないのです。始終動いていて、飼っている鳥をいじったり、庭で何かやってみたり、テレビを見ていても絶えずしゃべり続けていたり。一人ではいられなくて、いつでも誰かに見ていてほしくて……結局それは私がしなくてはいけないんです。以前には日曜日だけでよかったのに、今は毎日ですよ。永遠に終わらない質問や会話に、つきあわなければならないんです。あの人が麻雀に出かける時だけ、私は一息ついて、本を読んだり友達と話したりできるんですよ。家と会社というありのままの自分でいられる場所、つまり威張りたい放題、命令し放題できるこの二つの場所以外、もうどこにも興味がないんですよ。おとなしくしていなくてはならない場所には、どこにも行きたくないんですね。誰にも頭を下げたくないからじゃないかしら。仕事の引退と一緒に、夜遊びからも引退してしまったんです。もう年だから、お酒を飲んだり踊ったり、徹夜で麻雀をしたりすると、気分が悪くなるとか言って……家で夕食をとるとさっさと寝て、朝五時には起きるんですよ」。隆の相手をしてくれるのは、もはや妻と子ども、孫しかいなかった。孫が幼ければ幼い程かわいがり、子どもたちに泊まりにくるようにとうるさく言うのだが、いざ彼らがやって来ると、「自分が面白いと思うこと」を大声で長々と話しても、人の話に耳を傾けることは学んでこなかったので、関係を深めることはできないのだった。だから、孫たちが隆に何か大事なことを話すことはなく、本当に何か話したい時には、「おじいちゃん」が留守の時に来て、「おばあちゃん」にだけ話した。

　隆が美恵子に、旅行の同行を頼んだことがある。二度つき合ったものの、準備を全て整えてやり、旅行中は鞄を持ち、夫のすさまじいばかりの行動と会話について行かねばならなかった。だから夫との旅行は「指令」以外の何物でもなく、何の楽しさも感じられないばかりか、美恵子の体力の限界を超える重労働であった。一人旅もいいものよ、友達とでも出かけたらと勧めても、隆からすると、自分のニーズをすべて満たしてくれる美恵子に一緒に来てほしいのだった。

　疲れるだけで何もない旅行をやめたかわりに、別荘は夏用と冬用の二軒を建てた。数ヶ月間それぞれの家で過ごし、のんびりと季節を楽しもうとしたのだが、長期間二人きりで過ごすことに耐えられず、子どもたちや親戚、友達に尋ねてくるように勧め、絶えず人の出入りがあった。共通の関心もない隆と美恵子は、一緒にいても楽しめないばかりか、彼が休みなく彼女に話しかけて何か指図するので、美恵子にとってはただただ負担で、自分を枯渇させるものとしか思えなかった。

　また、隆が虫垂炎で一ヶ月入院した時は、病院に看護師はいくらでもいるのに、美恵子に病院に泊まり込むよう言い張った。自分の要求を十分に理解できる人は他に誰もいないので、美恵子でないと安心できなかったのだ。そのため彼女は病院にずっと寝泊まりして、昼夜世話をした。隆は回復して退院した（「残念ながら」と、美恵子は笑っていた）が、もう美恵子の体力は消耗しきってしまい、その後二週間寝込んでしまった。

　美恵子は何よりも、自分自身の時間と場所を欲しがっていた。休息、読書、庭いじり、友達とのおしゃべりの時間。家に夫がいては庭いじり以外、どれも不可能だった。寂しさを感じることはなく、子どもや孫たちに来てほしいと言ったこともなかった。頼まないでも彼らはやってきたし、美恵子は、人に何か頼むことが大嫌いだったのだ。自分こそが頼られる、強い存在でいたかった。「私、誰にも頼ることができないんです。親にも、夫にも、医者にも。機械も全くあてにできません。これが私自身の問題だっていうのは、わかっているんですよ。飛行機に乗るのも嫌だし、新しい電気製品にも最後まで手はだしませんね。自分だけが頼りですから」。彼女の家が親戚や友達ばかりか子どもたち、また孫たちにとっていまだ磁石のような存在であることを嬉しく思っていた。しかし同時に、そんなにも多くの人が彼女とのおしゃべりや相談に訪れることに疲れも感じるようになっており、ただ休みたいと願うようになった。

自分への支配の強化

主婦として家族全員の健康を完璧に管理し、きちんと医者にかかるように言っているのにもかかわらず、美恵子自身は、なんと一〇年も医者どころか歯医者にさえ行っていなかった。彼女はおどけて、「私、自然主義者なんですよ」と言った。自然のままにしているのがいいのだと。自分の体のことは、医者よりも自分の方がわかっているのだと言いはり、病院で「子宮に腫瘍がある。悪性ではないので緊急性はないが、手術した方が良い」と勧められても、腹部が膨らみ腫瘍が他の臓器を圧迫するようになっても、ひたすら手術を拒み続けた。脚の痛みと痙攣のため、脚をまっすぐに伸ばすことができなくなった時も、受診を拒んだ。一人でひそかにエクササイズを続け、運良く半年後には回復した。歯医者にも行かず、炎症を起こすと自分で抜歯していたので、奥歯はほとんど無くなった。食欲も常になく、食事をとらなくなったかわりに、朝から晩までビールを飲んだ。「ビールは私を走らせるガソリンなのよ」と美恵子は笑った。「昔はそんなに飲まなかったわよねえ。もっと食べていましたけどね。子どもたちと一緒に座って、あの子たちの食べ残しを食べていたの。でも、夫と一緒に食事はとらないんです。絶えず何かを持って来いと言いつけられるから、食べる暇なんかありません。まあそれだけじゃなくて、そろそろ一人で食べることにも、慣れてもらわなきゃいけないですしね」。

「ええ」と美恵子は続ける。「子どもたちは、私が自分の体をまったく省みないと言って、とても心配していますよ。でもあの子たちは、私が頑固なこともよくわかってるんです」。隆の兄は、美恵子があまりにも構わないことに驚愕し、苦言を呈したらしい。白髪を染めパーマをかけ、入れ歯と新しい服を買い、お化粧も多少はするようにと説得した。あまりにも変わり果てた姿の妻をもつ隆のことを哀れんだのだ。その時も「自然のままがいいのよ」と言い放ったのだと、彼女は笑った。隆のためには、きれいにしたいとは思わない美恵子がいた。

ある友人が美恵子に、「あなたは、献身的に旦那様に尽くしていて偉いわ。いつでも一緒で、本当に仲が良いのね」と言葉をかけるやいなや、「二人一緒にいるのは、愛情からではなく、責任からです」と返した。隆は、妻に対し経済的な責任は全うしようと考えている。朝から晩まで一緒にいるのは、他に行く所がないからだ、というのが美恵子の論であった。一方美恵子も、愛情こそ感じていないものの、夫のケアをしなければという責任は感じているのだった。「私は女じゃないんですよ。一度たりとも、夫への愛情を感じたことはないんですから。結婚一週間たってからは、夫婦生活を拒んだことはないので、あの人は私がそれを全く楽しんでいないことに、気づいてはいないでしょうね。

いや、そんなこと、気にしてもいないんですよ。私の気持ちや好みなんか、どうでもいいんです。あの人にとって私なんか、家具みたいなものですよ」。

年を重ねる程強く、自信をもつようになる「日本の妻」。若いうち、姑に服従せざるを得なかった妻たちが、姑の死後初めて家事の支配権を握り、謳歌するのである。引退した夫と、以前より仲良く一緒に過ごす妻たちもいれば、友達づきあいや趣味に興じて自由を楽しむ人たちもいる。逆に美恵子のように、退職した夫が終日あれこれ言いつける重荷から、離婚してしまう人もいる。美恵子は離婚こそしないものの、家庭への支配力やそれに伴う充足感を喪失した。彼女の巣から子どもたちが飛び立ち、引退した夫からのとぎれることのない要求に、逆に生活を支配されることになったのである。それに対処するために、彼女はまだ残された領域において、さらに自分の支配力を強化していった。その領域こそが自分の身体であり、医療や身だしなみをめぐる頑なな抵抗は、彼女らしいとさえ言えるのかもしれない。死を早めることになるかもしれないその抵抗は、屈することを拒む、沈黙の「ノー」を意味していたのではないだろうか。

美恵子は自分の一生を、小さなものを育てることに捧げた。子どもたちが成長してからは、花を育てることに静かな喜びを感じていた。夫の世話には、何の喜びも感じられなかった。夫が彼女の世界に侵入して来なかった時代、すなわち彼女が母親業に専念できていた時代が、最も幸せな時だったのである。

一九七八年の夏、彼女に「お元気でね」を告げた瞬間、手術を拒んでまでも守ろうとする彼女の突き出たお腹は、妊娠していた幸せな頃を思い出させるのかしら、と私はふと思った。

6　転げ落ちるように

医療への抵抗

美恵子の体調は五〇代前半から下り坂であったが、六〇代を迎えると歯も抜け頬もこけて、病気の老人のようになっていた。腫瘍が悪化していることは明白で、彼女を訪ねるたびに、私は胸をつかれた。「二ヶ月間、体全体が腫れ上がってしまって。時々あるんですけど、特に去年の冬とこの夏、酷かったのよ。上半身はがりがりなのに下半身はぶくぶくで、まるで出産直前みたいだったわ。お腹が大きくなり過ぎて、足下は見えないくらいだし、脚はつま先まで腫れ上がって、靴下も履けないし。脚も痛くて、一歩も歩けない時だってあるんですよ。もちろん医者には行かなかったけれど、あんまりなので電話で相談したら、薬を出してくれました。気分が悪い時は横になっているんですけど、朝夕の食事は起きて作るようにしています。そういう日はあの人、お昼だけは外で食べてきてくれるから。ゆっくり休んだので、今日はちょっと気分がいいの。あなたとお話しするだけの元気は、十分にあるわ。あの人は今日明日留守にしているから、気が済むまで話せるわよ」。腫れは心臓が弱って水が溜まったためか、腫瘍が内臓器官を圧迫しているせいだろうと説明し、血圧降下剤と利尿剤を飲んでいると言った。「なぜ手術を受けないのか、さっぱりわからないわ」と私が言うと、「人生の大半、妊娠とこの腫瘍で、大きなお腹には慣れているんですよ。私は頑固者だから、こんなものに負けたくないのよ」と答えた。三雄の出産後に激痛があり、腫瘍と言われたのが最初であった。ただ悪性のものでなく、緊急の手術の必要性はなかったので、智子の入学まで入院は待とうと考えた。だがそうこうしているうちに、しばらく痛みがなかったので、三雄が小学生になるまで待つことにした。このように手術は後回しにされた。危険をおかしてまで手術をしたくなかったし、子どもたちからも離れたくなかったのだ。命取りになるほどのものではなかったが、それでも大きくなり過ぎないうちに除去すべきものであった。

昨年の夏、腫瘍の悪化も懸念されるが、それ以上に手術は心臓に負担になる可能性があると聞いた。またも美恵子は、病院に行かない口実を見つけたのだった。「病院に行って、レントゲンも撮って、徹底的に検査してこいよ。付き添いのお金も払うから」という隆に対し、美恵子ははっきり言った。「もし命に関わる病気だったら、私だって手術を受けたと思いますよ。でも、手術には危険が伴うし、回復に時間もかかると言われて、今まで先送りにしてきたんです。病気は嫌、でも何かに頼るのも、世話を受けるのも、医者が私に何かするのもまっぴら。癌や心臓発作で死ぬのは怖くないけれど、脳卒中で半身不随になるのは勘弁だわ」。

復讐のプラン

美恵子は、夫よりも先に死ぬだろう、あるいは死のう、と考えているようだった。もちろんそんな医学的根拠はどこにもない。二人とも血圧は高めで服薬していたが、美恵子の腫瘍も悪性ではなかった。まるで、自分が先に死ぬのを計画しているようにも聞こえた。自分が先に死ぬことで、これまで当たり前だった全面的なケアが受けられなくなるという、夫に対する復讐を願っているかのようだった。もし自分が先に旅立てば、夫はどんなに困るかと、楽しそうに話すのだ。「あの人は、自分のことなんか、何ひとつできやしないのです。お茶のひとつも、入れられないんですよ。私が寝込んでいなければ、あの人は縦のものを横にすることもしないでしょうね。家族の世話にしかなりたくない人ですから、お手伝いさんや看護師さんじゃ駄目だと思います。昔から、年とった父親の世話をするのは、長男とその嫁だと言われていますが、夫は進たちの世話になることは、受け入れられないでしょう。多分家で、娘の誰かに面倒をみてほしいと思うんでしょうが、まあ、まず無理でしょうね。娘たちだって、自分の家や夫を離れたりはできやしませんよ。この家に引っ越してきたくはないでしょう。あの人は自分の家でなければ駄目で、人の家では落ち着かない人ですから、子どもの家に移りたくはないでしょうし。万が一あの人が娘の家で我慢できたとしても、娘たちの方が、夫の底なしの要求と気難しさに堪忍袋の緒が切れるのは、時間の問題ですから。口に合わないと絶対に食べないんですよ。最近智子がのりまきを作って、ラップに包んで置いておいてくれたのに、乾いてしまったとかなんとか言って、手をつけないんです。それに四六時中落ち着かなくて、何かが必要で、何かをしたくて、退屈とか寂しいとかいつも騒いでいる人なんですが、どこにも行く所がないんです。時々サイクリングして回ったり、友達と麻雀するために都心に出かけたりしますが、話し相手になるような人はまずいませんね。私が話し相手兼世話係で、いつもいつも『美恵子、美恵子』と名前を呼んでは何かを取らせたり、自分の言いたいことだけを私に話すのです。私もなんとか話を聞くように努めているのですが、何しろ私たちの興味は違うんですよ。あの人は本のことや、歴史や経済の話をするんだけれど、私が興味があるのは、現実の生活、私にとって何か意味のあるものだけなんです。いつも私はあの人に、自分の好きなことをしてほしいとか、子どもたちの家に泊まってきたらと言うのだけれど、長く家を離れてくれないのです。ただ私、あるいはお金だけを頼りにしているんだわ。先々の分も十分あると安心していたいからお金を使うのは怖いし、私を失うのも怖いみたい。私よりよく面倒をみてくれる、若い女性を見つけたらと言うのだけれど、そういう女性はお金目当てだとわかっているらしく、だめなようです」。

どうやら美恵子のいない隆は、誰にも望まれず、世話してもらえないことになりそうだった。彼女の死は、夫にとって一番しんどい「断乳」となるのは目に見えていた。逆に、隆が先に亡くなっても大丈夫と自信満々だった。事実、その時がやってきて初めて、美恵子は「引退」――家族の世話をするという仕事から解放される――できるのである。独りでも生きていける。時おり子どもや孫と会えればそれで幸せ。子どものお荷物にはなりたくないし、誰かの世話にもなりたくない。万が一の時は、老人ホームに入ると決めていた。自分は誰かを必要とはしないのに、必要とされる感覚を楽しんでいるようにも見えた。また最後に彼女は、孤独で何もできない夫のことを哀れに思うし、かわいい子どもたちにとっては大きな存在である父親を見捨てることはできないので、自分にできる限りの世話はしていきたい、とつけ加えた。

九〇年代初め、美恵子はついに手術を決意し腫瘍を除去したが、彼女の細くなった脚は体を支えることができず、術後は相当衰弱した。私はただただ、彼女が回復することを祈るばかりであった。

娘の喪失

美恵子はいつでも楽しそうに、子どもたちのことを話してくれた。八〇年代半ば、子どもたちは皆順調そうであった。

私が離婚を報告した時、美恵子と顕子は、二人口を揃えてすぐさまこう言った。「おめでとうございます！」そして、「羨ましいわ」とつけ加えた。日本の他の友人は皆、悲しみや同情や驚きを表現したので、この二人の同時に発した言葉に驚きはしたものの、これは彼女らの結婚への失望と自立への憧れからくるものだと私は理解した。その反応からも明らかなように、顕子は夫が何も手伝わないことを不満に思っているらしかったが、時々一緒に旅行したり同じ趣味をもとうとしたりするなど、夫婦の絆を深めようと努めていた。子ども二人も、かなり過保護に育てたものの、すっかり成長したようだ。

進夫婦は、一人娘を授かった。美恵子は、進がとても思いやりのある夫であること、進を最大限にサポートするという点で物事の優先順位が一致しているので、嫁との関係は良好であることを誇らしげに話していた。

やっと結婚した瑛子は子どもを欲しがっていた。夫は働かなくても十分な経済力のある人だったが、「仕事についていてほしい」と、彼女は言い続けていた。美恵子は子どもたちの中で、この一番繊細な神経をもつ瑛子のことを案じていた。

現代的な恋愛結婚をし、趣味や社会生活を夫婦で共有している智子は、共に行動することはもちろん、二人の子育てで忙しくしていた。この智子ですら、小さな子ども二人ばかりか夫までも自分を頼ってくることは、時に負担に感じる、と漏らしたことがあった。

三雄は都内でシャンソンを歌い続けており、結婚を望んでいるようだったが（私は彼はゲイなのでは、と考えていたのだが）、美恵子は彼の普通と少し違う不安定な生活では、結婚は難しいのではないかと思っていた。三雄は母を訪ねてくるものの、美恵子は結局今でも彼のシャンソンを聴きに出かけたことはなかった。

八〇年代後半、私のもとに悲しい知らせが舞い込んだ。数年間日本を訪れていない間のことだった。智子が突然癌だと診断され、その後すぐに亡くなったのである。娘を失った悲嘆の大きさは計り知れない。しばらくして智子の夫と子どもたちは、彼の両親の近くで暮らすようになった。そして子どものいなかった瑛子が離婚し、薬剤師として働くようになった。繊細な瑛子にとって、結婚生活はあまりにもつらいものだった。

7　番狂わせ

問題の噴出

一九九四年の夏、日本へ発つ直前に、私は鈴木隆氏の訃報を受けた。日本到着後すぐ、共通の友人とお花を持って鈴木家に駆けつけた。お悔やみの言葉を述べると、美恵子はそっと私たちを奥の部屋に招き入れた。そこには隆と智子、そしてあの亡くなった赤ちゃんの写真を納めた仏壇があった。私は線香をあげ、冥福を祈って頭を下げた。

隆は約二ヶ月前、突然だったが苦しむことなく、就寝中に亡くなった。その数ヶ月程前から、隆と進の関係は悪化する一方であった。父は会社がうまくいっていないことを案じ、問題解決の方法を教えようとするのだが、進は近年の不況が原因だと主張して、父の意見に耳を貸そうとはしなかった。そんな進に腹を立て、隆は一日中家でいらつき怒っていた。美恵子は夫に、「もう進が責任者なんですから、仕事のことは進に任せて、ことを荒立てないでください」と言い続けていたが、とうとう彼女自身その諍いに耐えられなくなり、二週間入院してしまった（変化させることが不可能な葛藤状況からの意識的な逃避手段として、入院を選ぶ人はめずらしくない）。退院直後に家族全員揃って顕子の息子の結婚式に出席し、その直後の死であった。

たくさんの書類書き、葬儀の後にも度々ある儀式、続行中の話し合いなど「後始末」が山積みだった。さらに隆の死は、家族決裂の危機をひきおこした。隆が遺言（当時遺書を作成する慣習は、日本ではまだ浸透していなかった）を残していなかったため、最大の問題は相続であった。話し合いを重ね、妻が遺産の半分を受け取り、残りの半分を五人の子が平等に分けるという戦後の慣習にならうことで、さしあたり相続問題は解決したのだった。

だが、第二の論点である「美恵子がどこに住むか」という問題は、ちっとも結論が出なかった。「子どもたちのことが、一番つらいですね。それぞれが皆、自分の考えが正しいと言って、喧嘩ばかりなんですよ。私のことをどう面倒みるかで争っていて。私の願いは、喧嘩をやめて、ただ仲良くやってほしいことだけなのに。進対他の子どもたちで、喧嘩しているんです。進は、私が東京のど真ん中のマンションに越して、自分の家族と一緒に暮らすならば面倒をみると言うのですが、他の子は皆、瑛子や三雄がちょくちょくここへ来ているわけだし、顕子も近所にいるんだから、私が住み慣れたこの家にいる方がいいんだって。瑛子と三雄は、二人とも一人暮らしで時間は融通がきくし、子どもの時からなじんでいるこの家が居心地いいからと言って、私の面倒をみるのは全く構わないと言ってくれて……。まわりから『進は母親のお金をどうにかしたがっているんじゃないか』と言う人も出てきたので、進は滅多に帰って来なくなりました。実際、主人も私も、進の家を一度だって訪ねたことはないんです。この家や住み慣れた土地を離れたら、どんな気持ちになるのか想像もつきません。自分が王様でいられる場所が唯一の居心地の良い場所だった夫は、一番近い顕子の家にお昼を食べにも行くことさえしなかったし、この私だって、みんなの方が来てくれたから、ほとんど自分から出かけることはなかったんです」。この間しばらく住み込みの家政婦さんを入れ、昼夜問わず身の回りのことをしてもらい、自宅でそのまま暮らしていた。瑛子と三雄が交互に泊まり、近くに住む顕子も毎日来ていた。

「ああ、どうして私は自分の子どもを、こんなに個性的で独立心旺盛に育てたのかしら」という深いため息まじりのフレーズで、私たちの会話は度々中断された。美恵子は、自分のリベラルな子育てと、自分の意見を曲げない子どもたちの自立心を責めているようだった。

予期せぬ事態

そんな話をした後に突然、美恵子が言いだしたのである。「私、うつ病っていうものなのかしら。よく眠れないの。夜中トイレに起きると、その後あれこれ考えてしまって……瑛子はいろいろ頭を悩まさないように、って言うのだけれど、どうしてもやめられなくて」。配偶者を亡くした後数ヶ月の抑うつ状態は誰にでもありうること、時間が解決してくれるわ、と私は力づけようとした。

しかしその一ヶ月後、「子どもたちも皆、美恵子の状態を心配している」と顕子が私に電話をしてきた。日本を発つ直前だった私は慌てて美恵子に電話し、再度訪ねる約束をとりつけた。彼女は笑いながら、「是非よく診ていただきたいわ」と言った。この日は三雄と家政婦さんが家にいたが、美恵子と二人だけで話すことにした。美恵子は、まだ夜眠れないのだと訴えた。「睡眠薬も全然効かないんですよ。夜中に目が覚めた時に、誰か子どもが傍にいなければ、恐ろしく不安になるの。家政婦さんでは駄目なんです。誰かの助けが必要なの。私は弱い人間なんですよ。脚なんか本当に駄目。もう歩けないし、一人じゃ出かけられないいんです」。隆の死にここまで動転している自分に、美恵子自身驚いているようだった。「こんな風になるなんて思ってもいませんでした。あの人が先に死ぬなんて、思ってもいませんでした。」

そして今や美恵子は、「仏さま」である夫の魂に、一日中喧嘩をふっかけている。「私にこんなごたごたを全部残して、自分だけ死んでしまうなんて、本当に卑怯な人ですよ」。美恵子にとっては、天地がひっくり返ったも同然だった。全く予期せぬ事態に陥ってしまったのである。いつもどおりユーモアたっぷりに話すものの、不安でいらいらしている胸のうちが見てとれた。彼女自身がくだしている「うつ病」という診断は、どうやら間違っていないようであり、私の目から見ても医療の力が必要と判断したものの、精神科を受診するという選択肢はその時点での彼女や家族にはないようだった。この状況のなか、すぐに日本を離れなければならない私にできることは、「隆さんを失った悲しみは、時間が自然に解決してくれるでしょう。そしてそれには、穏やかで円満な周囲の環境が必要なのですよ」と、子どもたちに私の希望を告げることだけであった。

8　新たな支配と服従

衰弱の日々

しかし、状況は悪化する一方だった。二年後私が日本を訪れた時には、うつと衰弱、そして服従の生活が彼女を支配していた。

冬に風邪をこじらせたことが原因で入院し、もう六ヶ月にもなる美恵子を見舞った。風邪は治ったのにもかかわらず、退院はできないのだと言う。私が訪ねた時、美恵子は衰弱した様子で静かに横になっており、看護師や家族も付き添っていたため、そんなに言葉を交わすこともなく帰ってきた。医師からは、身体的には特に悪い所はないと言われているということで、美恵子本人が二年前にくだしていた診断は正しかったこと、そして、あんなに強かった彼女がそれを克服できなかったことも、あらためて認識せざるを得なかった。当時日本の医師や家族には、目に見えない疾患である「うつ病」に関する理解が今ほど進んでおらず、「ただ安静にしている」という処置しかとっていなかった。

不条理な孤独

美恵子は計一一ヶ月の入院後、進のマンションで同居を始め、フルタイムのヘルパーさんと進の妻にケアしてもらえる環境に恵まれた。ただなぜか、他の家族が訪問することは禁じられたのである。顕子と三雄が正月に訪ねて行った際、ヘルパーさんが出て来て、「訪問客はお断りです」と追い返された。その時、顕子は奥の方で、「オコラレル」と言う母の声を聞いている。進夫妻は、「家族の誰であっても、美恵子に会いたければ前もって連絡してほしい。そうすればホテルオークラで会わせる」と言った。怒りのあまり、誰も会いたいと申し出なかった。顕子の方から二度ほど美恵子に電話し話したこともあったが、母の方から電話してきたことはなかった。母に裏切られ、捨てられたとすら感じた三雄と瑛子は非常に傷つき、憤って電話もできなかった。母はいつだって、男も女も、最初に生まれても最後に生まれてもみんな平等だと言っていたのに、最後は長男が誰よりも大事という伝統的な選択をしたのだと、三雄は指摘した。亡くなった智子の家族は進のマンションの近くに住んでいたので度々訪ねてみたものの美恵子は孫にも、新しく生まれた曾孫にも会うことができなかった。この世の何よりも子どもや孫に愛情を注いで生きてきたのにもかかわらず、その人生を彩ってきた人々に会うことも許されず、長男家族としか接することができない孤独と不条理。私には、彼女の弱った体を見た時以上の悲しみが湧いてきた。

それから数年間、私は東京に滞在している時は毎回、ホテルオークラで美恵子と会うようにした。彼女は車いすで、進の妻と付き添いの方にエスコートされてやってきた。いつも素敵なランチをごちそうになり、とても表面的ではあるが楽しい会話を交わした。と言っても美恵子はほとんど話さず、何か言ったとしても歯のない口から出てくるか細い声は、私には聞き取れなかった。かわりにお嫁さんが、美恵子が好きなテレビ番組のことや、今度大学を卒業する自分の娘のことなどを話してくれた。

私と美恵子は並んで座っていたので、会っている間、美恵子は何度も私の手をぎゅっと握りしめた。多分そうすることが、自分の気持ちを表現できる、唯一の方法だったのかもしれない。私は何度も、泣き出したくなった。

孤独な死

美恵子が進家族と同居して四年目の春、美恵子が亡くなったという知らせを受けた。二日後に葬儀ということで、彼女の長きにわたる友情への感謝を込め、私はお花とお悔やみのカードを贈った。その年私は顕子とともに、進の家を訪ねた。進は骨折して入院していたが、お嫁さんに丁重に迎え入れられ、仏壇のある部屋へ案内された。仏壇には、美恵子と隆の写真があった。葬儀の写真と、オークラで撮った美恵子と私の写真もあった。線香をあげ、頭を下げて冥福を祈った。お嫁さんは、美恵子がどんなに気のいい幸せなおばあちゃんだったか、どんなテレビのシーンが好きだったか、どんな花が好きだったか、私と会うことをどんなに楽しみにしていたか、など話そうとしてくれた。「ずっとおばあさんのお世話をして、本当に大変だったでしょう」と私が心からねぎらうと、彼女はすぐさま否定した。「文句のひとつもなく、本当に何も大変なことはなかったんです。ご家族に電話しなくてよいのかといつも聞いていたのですが、大丈夫って答えていました」。

私と顕子は彼女のおもてなしに感謝し、家を後にした。そのままカフェへと直行し、その日の午後ずっと話し込んだ。

美恵子は、癌で亡くなった。だが顕子、瑛子、三雄には、最後に病院に運び込まれるまで癌だということも、まして体調が悪化していることも伝えられていなかったのである。聞いてすぐ病院に駆けつけたものの、母の死には間に合わなかった。長年住んだ自宅でお通夜、翌日都心の進の住まいの近くの葬儀場で葬儀が執り行われ、美恵子の子どもたちとその配偶者、孫、美恵子の同胞、近所の友人が参列した。しかし隆側の親戚は、ビジネスをめぐり進と仲違いをしていたので、参列しなかった。生前この家で皆に好かれ、生き生きと暮らしていた美恵子。あまりにひっそりとした葬儀は、彼女の晩年の孤独をあらわしていた。

争いの再燃

子どもたちの諍いに動揺し、自分はどうすべきかと葛藤の渦の中にいた隆亡き後の二年間。その後の長期にわたる入院。退院二日前までは自宅でやっていこうと考えていた矢先、進が自分の所に来るよう説得した。そして一旦決めたら頑としてきかない美恵子は、最後までその決定に固執した。

顕子たちはわかっていた。母は進を助け支えなければと感じ、それが最終的な決定打になったのだろう、と。病弱だった進は、昔からいつも特別扱いが必要だった。進に対しては、他の子どもたちにしてきた「断乳」を断行することができなかったのだろうか。会社の経営不振で多額の負債を抱えていた進は、母の経済的援助という特別なケアを求めた。母が一緒に住んでくれれば、彼女のお金を自由に使うことができる。母の入院後まもなく瑛子が世話一切を引き受けようとした時、進はこう言った。「母さんの預金から会社の口座に送金してくれるなら、もちろんおまえが世話をしたっていいぞ」。瑛子は断った。不景気という理由だけではなく、経営手腕のあった隆に対し、自信も決断力もない進は、会社のトップには向かないのだと顕子は言った。父の忠告に、耳を貸すべきだったのだ。何よりも母、美恵子の間違いは、あまりにも長く進を父親から守ってきたことだった。そして父は子どものことに関しては、絶対的に母の意見を尊重していたため、ビジネスのことはよくわかっていたにもかかわらず、美恵子の言葉に従った。隆は、母親としての美恵子の判断を重んじたのだ。顕子と三雄は、「父は母を愛していたから、進を想う母の進言に反対しなかったのだ」と言った。いずれにせよ、これが隆と美恵子がそれぞれの堅固な境界を守れなかった、最初で最後、唯一の時だった。そしてこれが、不幸の発端となったのである。

なぜ美恵子は、他の子たちにもどんどん会いにきてほしいって、進に主張しなかったのかと私が問うと、顕子は、「進夫婦に迷惑をかけたくなかったのだろう」と答えた。一度こうと決めたら決して曲げず、諍いは望まない。それが美恵子だった。自分の愛する家族の諍いが、ここまで広がってしまったことへの驚きや苦い思い。子どものために生きてきた美恵子が、他の子どもや孫たちから引き離されて過ごさねばならないという、悲しみや戸惑い。それでも自分が長男とその妻に服従することで、落ち着いた生活を取り戻すことができたのである。そして新たな火種をおこしたくないばかりに、他の子どもたちに会いたいとは決して言わなかった。孤独をもたらしたとしても、それはとりあえず平和といえるものだった。

美恵子の服従によって落ち着いていた争いは、彼女の死によって再燃した。顕子、瑛子、三雄（亡くなった智子の夫も加わることもあった）対進という、父親の葬儀後と全く同様の遺産相続問題である。直接の話し合いでは埒があかず、弁護士三人が間に入った。会社の借金返済に充てるため、進は美恵子の遺産に加え、残りの三人が既に受けとっている父親の遺産の一部をも要求してきた。もし進の主張が通ると、顕子夫婦は家を売って引っ越さなければならなくなるし、今後一人で生きていくつもりの瑛子と三雄にはもっと不利な話だとびくびくしていた。

遺言を残していた母

それから二年後、私はホテルオークラで顕子、瑛子、三雄と話す機会を得た。相続問題は、弁護士を通じ解決したと報告してくれた。父は残していなかったが、母は遺言書を残していた。彼女の全財産を、亡くなった智子も含めた子どもたちで、平等に五等分するようにとのことだった。だがその遺書が出てきた時には既に進は、母の全財産を会社の負債返済に充て使い果たしていた。進はその返済のため、妹や弟たちにも父の遺産の一部を分与するよう求めていたが、その要求は棄却された。会社は倒産し、進家族は以前より小さなマンションに引っ越した。残されたのは三軒の家、つまり美恵子の家と二軒の別荘だった。別荘は進が譲り受け、自宅は瑛子と三雄、もう一つの別荘は五人の子どもとその家族でシェアすることとなった。

全て落ち着いた安堵感はあったが、三人はまだ進に腹を立てており、進はもちろんその妻や娘とも話すことはなかった。他の家族同士は、再婚を選ばなかった亡き智子の夫も含め、いつも連絡を取り合い、とても親しく行き来していた。顕子は、進だけが全く仲間はずれなのを可哀想には思っており、進の妻もなぜ顕子たちが皆冷ややかなのか理解できず、寂しく思っているらしかった。

美恵子の大切な子どもたちは、皆元気だった。三雄はシャンソン歌手を続けている。瑛子は一人で暮らしながら、薬局に勤務している。亡き智子の子どもたちは、有名大学を卒業し、一人はすでに結婚して子どももいた。顕子夫婦は、一方は一階で、もう一方は二階で暮らす家庭内別居をしているが、退職した夫は庭いじりに夢中だし、彼女は絵のレッスンを楽しみ、安定した生活を送っていた。二人の子どももある意味順調ではあるが、息子が政界に乗り出したことに賛成しかねること、女好きの金持ちと恋愛結婚をした娘の結婚生活に、がっかりしていることを語ってくれた。

最後に私は彼らに尋ねた。「美恵子さんは、他の人が医者の指示に従うことは認めていたのに、なぜご自分は、手遅れにならないうちに、腫瘍摘出手術を受けなかったのでしょうか。なぜ歯医者にさえ行かなかったのでしょうか」。「母はありのままが一番良いと信じる自然主義者なのだ」と、三人は口を揃えた。美恵子が私にくれた答えと、全く同じ理由である。平等を掲げながら最後に長男を優先したと、怒りを表現していた彼らであったが、一旦決めたら最後までやりぬく母の潔さを認めていたのであろう。そして父と母は「似た者夫婦」だったのだろうとも言った。二人とも、周囲の目など気にすることなく自分をそのままさらけ出していられるところでのみ、居心地の良さを感じられる人だった。そしてそんな場所は、ただ自分の家しかなかったのだ、と。

鈴木家との友情から、どんなに多くのことを学ばせてもらったか。今もなお、このように会えることが、どんなにありがたいことか。そして、私がどれほど美恵子のことが好きで、尊敬していたか。私は繰り返し感謝を伝えた。そして皆で、美恵子を偲んだ。

回想と後悔

その日三人と別れてからも、かつて誰より活気に満ちていた美恵子の人生に、なぜこのような結末が訪れたのか私は考え続けた。

長い子育ての時代には、家庭内のことも自分のことも上手に管理する一方、夫には夫の領域における完全な支配権を与え、それが非常にうまく機能していたのだが、夫が引退したことで彼女の家庭における支配権が弱まり、そこからバランスが崩れ始めたのである。「夫からの要求」そのものというよりむしろ、「夫のケアをしっかりすべき」という彼女自身の超自我に従い、日々を送るようになったのだ。家庭に対して自分の支配がきかないと感じれば感じる程、彼女がまだ支配可能である自身の身体への執着は強まっていく。自然主義者と称しつつ、美恵子は腫瘍を抱えた。まるで、それを育てているかのように。

新婚一週間目が、彼女のその後の人生を決めたのかもしれない。初夜のトラウマと、内的混乱に陥った一週間。その後の決意は、「夫の命令には従い世話もするが、家庭内の絶対的な支配権は自分が得ること」だった。これに彼女自身が、永遠にがんじがらめになってしまったのだろう。夫に自分が魅力的に映らないように、と決めたのかもしれない。また、自分の中に「支配権を捨てるか捨てないか」の明確な境界線を描いている美恵子にとって、意識していようとなかろうと、腫瘍が大きくなること、医療不信、自然主義者宣言等は全て、彼女なりの自分の体を支配する方法だったのではないだろうか。

そして隆の突然の死が、全てを破壊した。美恵子の中の鉄壁の防衛は崩れ去り、今まで抑圧してきた依存と怒りの感情を、もはや抑えることができなくなった。「誰より自立している」と自認していた美恵子が極度な依存状態になり、自分のケアさえままならなくなった。子どもたちの争いに耐えきれなくなると、根本的な問題解決への葛藤を放棄し、長男の意見に全面的に従うことを選ぶ。この形をとることで諍いがなんとか収まり、落ち着いた気持ちと生活をとり戻す。このプロセスは、結婚当初の夫との関係性におけるものと、似てはいないだろうか。長男の幸福のための、自己犠牲の一つのかたちという側面もあったかもしれないが、他の人々との繋がりを喪失するという犠牲を払ってまでも、美恵子はとにかくこの平和を手に入れたかったのである。

思い返すほどに、この地滑りを防ぐため、私はもっと何かできたのではないか、と苦しくなる。問題を正面から捉えられるよう、皆で話し合うよう提案することも必要だったろう。美恵子の「自分で全てやらなくては、そしてやれるはず。誰をも頼ってはならない」という、非現実的な思い込みを、あきらめさせてやるべきだったのではないか。彼女にこそ、ある種の断乳が必要なことを、誰かが教えてやらなければならなかったのではないか。

もちろん私は美恵子の友人であり、セラピストとして会っていたのではない。だが今思えば、そんな彼女が私に、診てほしいと頼んできたのである。この時精神科を受診するよう、強く言うべきだったのだろう。だが、あの時私は、そこまで介入しようと真剣に考えなかった。そういうことに抵抗する、美恵子のあの頑さが手に取るように分かっただけでなく、日本を離れる直前だった私には、責任をもって関わる時間がなかった。それに加え、美恵子の強さを知りすぎていた私は、彼女の抑うつ状態を、夫の喪失に伴う急性のものと過小評価してしまったのである。五人の素晴らしい子どもを育て上げた、すさまじいばかりの生命力をもつ女性。美恵子の防衛がこのようにあっけなく崩れ去るなんて、全てをあきらめる方向に向かっているなんて、思いもしなかったのだ。

今も美恵子のことを思うと、私の心は痛むのである。

第四章 「良妻賢母」への反逆者——伊藤八重子——

「日本女性は皆、しとやかで慎ましく、自己犠牲的で目上の人を敬う」という、私の画一的な固定観念を覆した最初の女性は、伊藤八重子だった。一九五八年からの調査に協力してくれた六家族の中で、彼女だけが洋服を着た女性であった。八重子は最初にこう自己紹介した。「私は三一歳で、この中では一番若いんです。ですからどなたよりも進んでいると思いますし、欧米的だと思います」。

私は困惑した。私たちアメリカ人の気を惹こうとしているのか。それとも単に変わった人なのか。少なくとも専業主婦の枠組みというものに、少しもとらわれない人だということは、一目瞭然であった。でしゃばりで目立ちたがることは、まわりと同調することが美徳とされる当時の日本女性の中で、社会通念に対する反逆行為とも言えた。八重子は、当然ではあるが日本女性にも多様性があるのだという生きた証拠となった。女性運動のはるか前から「主張する女性」であり、自分のことも家族のことも、つつみ隠さずどんどん話す八重子。「良妻賢母」を大半の女性が不変の理想とみなしているという時代、このような女性はどのように生き抜いてきたのかと、当時の私は不思議に思っていたが、

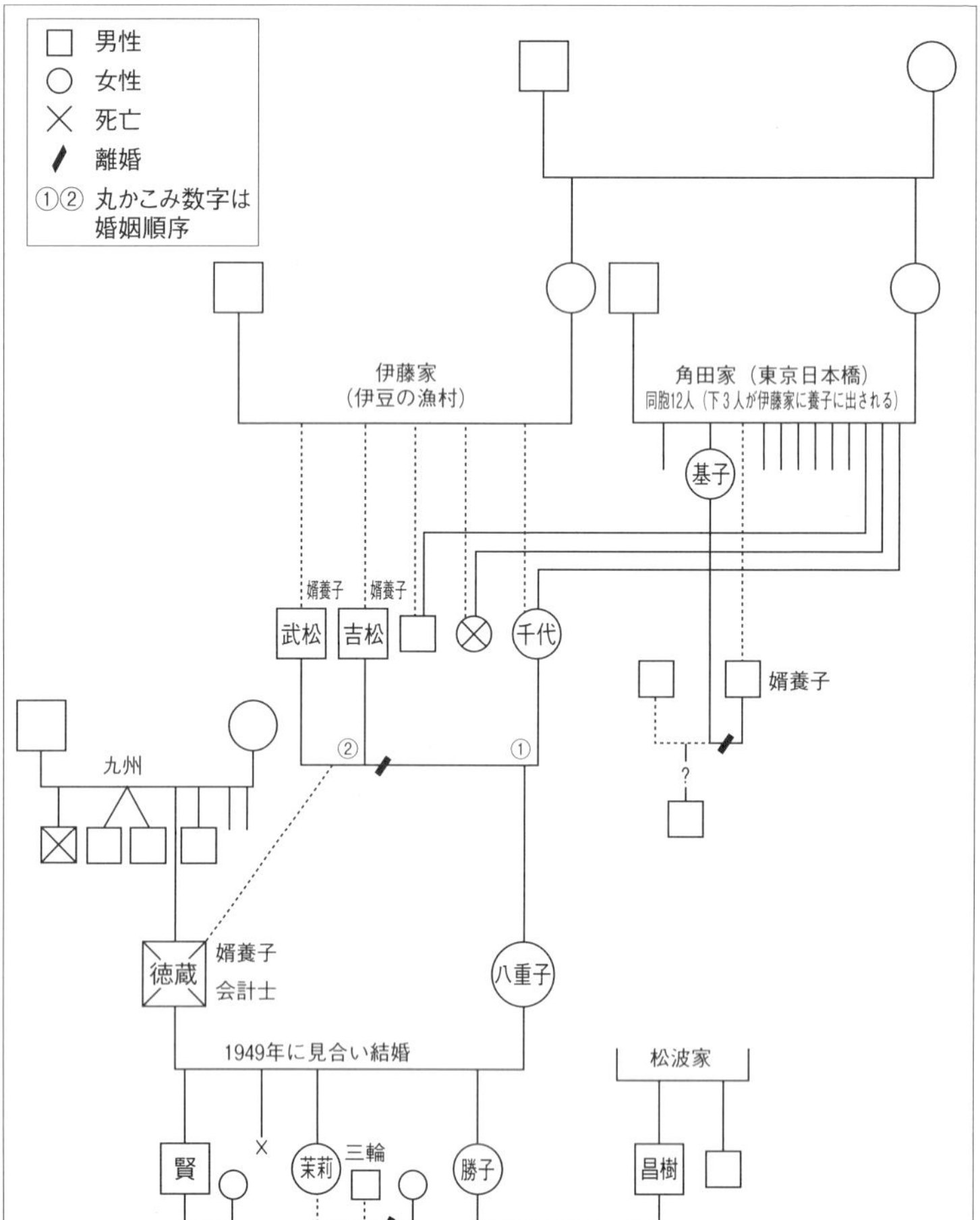
男性
女性
死亡
離婚
①② 丸かこみ数字は婚姻順序
伊藤家
(伊豆の漁村)
角田家（東京日本橋）
同胞12人（下３人が伊藤家に養子に出される）
基子
婿養子
婿養子
武松
吉松
千代
婿養子
?
九州
②
①
徳蔵
婿養子
会計士
八重子
1949年に見合い結婚
松波家
賢
茉莉
三輪
勝子
昌樹
淳一
純二

伊藤家

彼女はただ、自分に合わない役割に適応しようともがく、時代を先取りした専業主婦だったのではないだろうか。

1　はねっかえりの少女時代

婿養子家系

八重子自身は自分の性格について、祖父母に甘やかされたひとりっ子だったことが影響していると言う。勿論それもあるに違いないが、私は彼女が娘としても妻としても、婿養子の家庭で育ち暮らしたという要素も付け加えたい。自己主張を規制するものはほとんどなく、仮に現れたとしても、それとどう戦うか学習してきた背景には、この環境が大きく影響しているのではないだろうか。

婿養子は、伝統的な日本の相続システムの一類型である。家父長制社会において相続は、父親から長男へ、そしてまたその長男へと受け継がれる。長男以外は男性でも、何も相続せず家を出て他で職を探す。女性は相続せず、父親、夫、そして家長となった息子といった男性に従属する。そして一人も息子がいない場合、婿養子をとることで解決をはかる。つまりその家の娘が、相続の義務がない男性と結婚し、その男性がそれまでの姓を捨て、妻の姓を名乗り、妻側の家系の跡取りとなるのである。ひとりも子どもがいない場合は、親族中の第二子以下の男児から養子にする場合も多い。いずれにせよ、男性でなければ、どのような家であっても、跡継ぎとして家督を継承することも、家の墓や儀式の世話をすることも、いかなる家業も引き継ぐことはできないのである。

婿を迎えた妻にとっては、実の親もとで引き続き暮らすわけなので、夫の家族に嫁入りする妻よりも、何かにつけて心強いと言えるだろう。それに比べ概して、婿である夫の立場は、表向きには家長としての責任があるとはいえ、家庭内での影響力は強いとは言えなかった。

八重子の歴史を繙いていくと、彼女の母系家族に、婿養子のパターンが多く存在することが分かる。八重子の母、千代には二つの家族があった。一つは千代の生家である角田家で、東京日本橋で印刷屋を営み、店は繁盛し、子どもや孫に囲まれた大家族であった。そしてもう一つが角田家の親戚、伊豆半島南部の小さな漁村で暮らす伊藤家であった。伊藤家は子どもにめぐまれなかったため、角田家の一二人の子どものうち下の三人、小学生の千代とその兄、妹を養子に迎えた。当然、この兄が伊藤家を継ぐことになっていたのだが、彼は反発して家族を捨て満州に渡り、大日本帝国軍に入る。妹は一九二三年の関東大震災で亡くなった。したがって伊藤家ただ一人の子どもとなってしまった千代が、相続者として伊藤の姓を継ぐ婿養子を迎えることが必然となったのである。親の言うことに従い家系を維持することは、血縁や夫婦の情緒的な絆よりも重要なこととされた時代であった。

千代は伊藤家の一員として成長したが、結婚後は大工である夫吉松と、東京に戻り生家の角田家で暮らし、一九二七年そこで娘を授かる。大震災で亡くなった妹の名前から漢字を一字とり、ひとり娘に八重子と名づけた。もちろん跡取りとして、吉松夫婦は伊藤の姓を名乗った。

甘やかされたひとり娘

八重子は、東京の角田家で生活する唯一の子どもであり孫であったため、祖父母に大変甘やかされて育った。「三つ子の魂百まで」という諺があるが、八重子はこの裕福な東京の家で過ごした思い出を、今でも大切に抱えて生きている。両親はよく伊豆の親元に出かけ留守がちだったので、角田の祖父母により強い絆を感じていた。男の子が女の子より価値があるとされた時代とはいえ、就学以前は男の子も女の子もなく同じように甘やかされ、叱られることはほとんどなかった。八重子はいつでもちやほやされ、大きな立派な家の中で好きなことをして遊び、おやつにはチョコレートを食べた。早くも自分の言うなりになってくれる人と、気ままに自分の思い通りのやり方で遊ぶことに慣れてしまったのである。三歳の八重子が、母親とともに伊豆に行った時のこと。車掌が切符を受け取りながら、突然母を交番につきだそうとした。八重子が都会風の洗練された可愛い服を着ているのにもかかわらず、母親があまりにも田舎っぽい服装なので二人を実の親子と思わず、子どもを誘拐してきた女中だと勘違いしたらしい。八重子が「お母さん、おしっこ！」と叫んだために、車掌は二人が親子であることをようやく納得してくれた。

大嫌いな田舎の生活

八重子が六歳の時、伊藤家の祖父母が高齢な上に火災に遭うという不幸に見舞われたため、吉松と千代は八重子を伴い、完全に伊豆に戻ることを決意した。そこでは甘やかされるどころか、年相応の女の子らしい振る舞いを期待され、あれこれ厳しく言われることになった。千代も、東京の祖父母に甘やかされ過ぎた八重子を、きちんとしつけなければと考えていたのだが、八重子はしょっちゅう癇癪を起こして母親を怯ませた。幼い時に生まれた自立心が、反抗し、それが成功する中でさらに育まれていった。喧嘩に負けるということが、何よりも大嫌いな少女であった。

そんな田舎生活に耐えられず、小学一年生の時に一度、東京の祖父母の家へと向かい家出をした。汽車で数時間かかる乗り換えも必要な、七歳の子どもの一人旅。車掌や心配してかけつけた警察官に行き先を告げることができたため、母の姉である基子伯母のところに連絡がいった。基子は驚きつつも八重子の引き受けに同意してくれ、後日母親が迎えにくるよう手配してくれた。だが基子伯母のもとにいる間に、あの大好きな角田の祖父母は既に亡くなり、千代がその事実を八重子に隠していたことを知ったである。この悲しいニュースは、もはや家出する目的がないことを意味した。その後数年間は、伊豆での生活が彼女の全てとなった。

父との断絶

しかしそんな中、婿と姑の争いが、あの有名な嫁姑問題よりも、さらに熾烈な形で現れたのである。婿養子の立場は難しいものだった。吉松は、男性として主導権を握りたいと思っており、従順であることを期待されるのは受け入れ難いようだった。姑は礼儀作法にうるさい人で、彼の飲酒について非難した。腕の良い大工というプライドのあった吉松は、批判や命令されることに腹を立て、いっそう酒をあおり姑と口論し、その怒りを妻に向け鬱憤を晴らすようになった。八重子は、父が母を殴るのを見て、恐怖に震えた。吉松は、「八重子を連れて、一緒にこの家を出よう。この家には、詫びとして金を払えばいいじゃないか」と言ったが、千代は伊藤家を出ることを拒否した。離婚よりも、年老いた親を捨てることこそ「恥」と考えたのだ。親孝行は、配偶者への忠誠よりも優先された。度重なる口論の末、吉松は家を出、籍を抜き、送金してくることもなかった。この経験から八重子は、飲酒・暴力癖のある男性に嫌悪感をもつようになる。男性には絶対頼るまい、自分自身の方がよっぽど頼りになると確信したのである。千代もまた、自分の力に頼るしかなかった。どんな仕事でもなりふり構わず、昼夜働いた。近くの海岸で海草を採ってそれを売り、子どもと寝たきりの伊藤家の両親を養った。八重子も祖父母の世話や家事を手伝い、祖父母の昼食の支度をするために、学校から走って戻ることもあった。

八重子は、学校でも辛い思いをした。成績は抜きんでていたのだが、同級生には全く受け入れられなかった。父なし、金なし、なりふり構わず働かねばならない母親、といじめられた。自分の頭の良さを誇りにし、それだけが宝物とさえ思っていたが、逆にいばっていると言われて学級代表の選挙には落選した。完全な負け戦にはしたくない、と決意した彼女は、担任の先生にはいい印象を与え、校内歌舞伎の重要な役をもらった。

自分たちを捨てた（こう八重子は表現する）父親への怒りは、この苦しい歳月のうちに、どんどん大きく膨らんでいった。父なし子は恥ずかしい、でも酒飲みで暴力をふるう人間を、実の父としてもつことはもっと恥ずかしい、と。母親に向かい「家族ばかりか我が子を捨てたその人は敵。金輪際、関係ない人」と、よく父のことを罵った。「関係ない」とは、その後も彼女の口癖となり、実際彼女が人生における葛藤場面を語る時、よく耳にした言葉である。そして本当に、父とは関わらないという誓いを貫き通した。

八重子が結婚する時、吉松が「八重子のために、家を建ててやりたい」と申し出、千代もそうしてもらうよう勧めたにもかかわらず、断固断った。「全てが、お父さんのせいではないのよ。伊藤のおばあさんだって、辛く当たったんだから。お父さんも今では人にも尊敬されて、近くの町で仕事もうまくいっているのよ」と母が言って聞かせてもだめだった。吉松が年老いて「死ぬ前に一度会いたい」と頭を下げても断り、娘の勝子を会いに行かせた。亡くなると八重子の気持ちも少し和らぎ、葬儀には参列した。そこでは歓待を受けたものの彼女のスピーチは、「長女として座をいただくのは、筋が違っております。私は全く、家族ではありませんから」というものだった。

母の再婚

小学校を卒業しようという頃、八重子は東京へ行って親戚に住まわせてもらい、都会の学校へ行こうと決心した。大きな町と聞くだけで怖じ気づく田舎の女の子が多い中、八重子は違った。自分は東京を知っているのだから、勉強すればもっと難しい学校でも、ちゃんとやっていけると信じていた。母親は引き留めようとした。「あんたはこの村の者なんだよ。私がしてきたように、ここにいなきゃいけない子なんだ。東京に行っても、あんたにいいことなんか、何一つないよ。田舎っぽいって、きっとからかわれるよ」。

一方、介護が必要だった伊豆の祖父母が亡くなり、千代は、友人としてのつきあいの長かった漁師武松との結婚を望むようになった。八重子は、母の再婚に強く反対した。「昔の苦労はもう繰り返さないで。一緒に東京に行こうよ。大きくなったら、母さんの面倒は私がみるから」。娘よりも男性を選び、結婚までするなんて自分勝手だと母を責めた。二人の争いはかなり深刻で、当時の倫理的価値観まで持ち出して母を非難した。「勝手な人っていうのはね、いい母親って言われないのよ。母親っていうのはいつも家族や子ども第一、自分の幸せは後まわしにするものでしょう」。そして武松が家を訪ねて来ると、八重子は「あなたは家族じゃないのよ。この家で食べるものなんかないんだから！」と癇癪を起こし、自分にはもう母親をみる義務はないとまで言い切った。しかし以前、最後まで親の面倒をみることを選んだ母は、今度は再婚することに執着した。最終的にこの似た者同士の気の強い母子は、しぶしぶではあるが、相手が決定したことは受け入れようという取り決めをした。母は再婚後幸せに暮らすことができたし、今でこそ八重子も、義父がいかに支えになってくれたかわかるのだが、当時は受け入れられず、何年もの間「あの人」と呼んでいた。私たちが初めて出会った時、日本人の多くがそうするように、八重子は武松のことを「義父」ではなくただ「父」と呼び、離婚という家族の恥はおくびにも出さなかった。

上京

その後八重子は、母の了解を得ると、東京の女学校の入学試験を受けた。十三歳から四年間、母の一番上の姉である伯母基子の家に住み、そこから通学した。満州から戻ってきた千代の兄は、伊豆の養父母の面倒をみなかったことを詫び、八重子の学費を払ってくれると約束した。母は定期的に基子に物品を贈り、八重子を住まわせてもらった。

このように東京へと旅立つ頃には、自分の興味を追求し一番になると決め、どんな障害にもぶつかっていく行動パターンは、すでに確立されていたのである。

2　戦時を生き抜く力

伯母との葛藤

だが気づいた時には、母よりも強く厳しい伯母、基子との葛藤が始まっていた。女性の大半が六年の義務教育しか受けない時代に名門女学校を卒業していた基子は非常にプライドが高く、やり手の職業婦人として写真店を営んでいた。今になって思えば、この有能で頑固で倹約家な伯母から、社会のルールや敬語の使い方、ビジネスについて多くのことを学んだのだったが、当時の八重子は、死ぬほどこの伯母が嫌いだった。いつも批判ばかりで独裁的で、八重子を女中のようにこき使い、「もっと無口で素直にならなければ、あなたなんか誰も結婚してくれる人はいないですよ」と、耳にたこができるほど言い続けるのだ。婿養子である伯父は八重子に同情し、いつもかばってくれた。伯母が八重子にがみがみ言っているのを見つけると、そっとお使いを頼み、その場から逃れさせてくれた。

八重子は写真店もよく手伝った。内気な子などとはとても言えないお転婆な彼女は、お店に来る男子学生たちと話すのが大好きだった。宿題を手伝ってもらい、社会一般に関する様々な質問をして、自分の好奇心を満たした。今までの苦い経験から「恋愛」が大嫌いな彼女は、誰に対しても異性としての関心はもたなかったので、大学生たちにも、そういった意味での興味は全く覚えなかったし、性的関心も全くなかった。しかし、「男性は女性よりも頭が良くて、逞しく、自信があり、しっかりしている」という考えをもつ八重子は、女性よりも男性といる方が好きで、今も昔もとりわけ教育のある男性が好きだった。

秘　密

八重子が女学校四年生になった時、危機が訪れた。酒飲みでぐうたらな夫をばかよばわりして、夫婦喧嘩の絶えなかった基子が、若い撮影助手と恋愛関係に陥ったのだ。八重子は、二人が揃って暗室に入って行くのを目撃し、ひどく衝撃を受けた。そのことに気付いた伯母は飴をよこし、さっき見たことは誰にも言わないようにと口止めをした。その助手が急性盲腸炎にかかった時には、八重子が病院に洋服を持って行ったりして、伯母の手助けをした。だがしばらくして基子が男の子を産むと、この危機は最高潮に達した。誰もその赤ちゃんが、伯父に似ていると思えなかったからだ。伯父は八重子に、「何か知っていることがあるのなら話してくれ」と迫るし、基子には何も言うなと命じられていた。伯母夫婦への幻滅に加え、板挟みの精神的苦痛に耐えられず、八重子は学校までもあきらめ、今回は田舎の母のもとへと逃げ帰った。手持ちの金は無いものの人に借りたくもなかったので、道中は公園のベンチで寝た。なぜ八重子が学校をやめると言い始めたのかわからない千代と武松は、すぐに八重子を東京に送り帰そうとした。だが八重子が、「あの伯母さんのところに住むのは、もう嫌」と激しく拒むので、母方の別の伯父、伯母の家に一ヶ月ずつ順番に住まわせてもらうよう、母がなんとかとりはからってくれたのである——もちろん、基子の家も順番の中には含まれていたのだが。

こうして八重子は復学したものの、意欲を失い勉強に身が入らなかった。そんな時ある先生が、「あなたはあんなに優秀だったのに、なぜ勉強に身が入らなくなってしまったの」と声をかけてくれた。とうとう八重子はその先生にだけ、自分の知っていることを打ち明けた。その先生は、勉強しないことを叱り、説いて聞かせた。「少なくとも卒業はちゃんとしなさい。それは伯母さんの問題であって、あなたの問題ではないのよ。あなたはあなたのことだけを考えて、歩いていくのよ」。この言葉に励まされた八重子は勉強に対する熱意を取り戻し、反抗的な態度もなくなり、伯母の赤ん坊の世話までするようになった。

裏切り

だが、また基子との衝突は勃発した。教師になりたかった八重子は、女学校卒業後は師範学校への進学を希望していた。母は村に戻ってくるよう望んでいたし、基子にも「あなたみたいにずけずけものを言い、素直さのかけらも無ければ女性らしさも無い人は、どうせいい先生にはなれませんよ」などと言われたが、自分の意思で出願し入学試験を受けた。だが合格通知を受け取った基子は、内緒でそれを破り捨てていたのである。八重子がその事実を知った時にはすでに遅く、入学手続きには間に合わなかった。これは、決定的な裏切りだった。そして伯母を、完全に敵とみなすようになる。八重子が結婚して数年後に執り行われた伯父の葬儀の時まで、基子に会うことはなかった。基子夫婦が、戦後まもなく離婚していたことを知ったのさえ、この時だった。

八重子は基子を憎んだが、それでもあの二人の秘密は、守り通した。「それを話したら、何もかもが壊れそうで」と彼女は説明した。当時なら伯母は、姦通罪で刑務所行きだったかもしれない。彼女はそれから四〇年過ぎた二〇〇〇年に、初めて口を開いてくれた。八重子は、初めは母親、次に基子という強い女性と共に暮らし争うことで、自分の生きる力を研ぎ澄ませていった。基子の特徴ともいえる頭の回転の速さ、現実的でスピードのある計画性と実行力、遠慮のない物言い、人から批判されることへの無頓着さ、優しくおとなしい男性との結婚などが八重子の特徴と合致するのは、決して偶然ではあるまい。

戦下の就職活動

師範学校に進学できなくとも、どうしても東京にいたかった八重子。しかし一九四四年には、女学校の先生ですら言った。「戦争は、どんどんひどくなってきているわ。今はどの学校も、授業どころではないの。ご両親があなたを必要としているのが、目に浮かびますよ」。

そう言われ不本意ながら実家に戻ったものの、脱出する手段を見つけたい一心で、軍の基地に就職活動に出かけた。村の人たちは、皆空襲を恐れ都会から遠ざかろうとしていたが、八重子は空襲なんか恐くなかった。田舎に閉じ込められることの方が、よっぽど恐ろしかったのだ。日本社会では、今も昔も、然るべき紹介者を通して就職口を探す場合が多いが、彼女は単独で出かけて行った。学業成績の良さと元気の良さ、頭の回転の速さが認められ、秘書の仕事を含め必要なことは何でもやる一般助手として採用された。八重子の住む伊豆から東京湾を挟んで反対側に位置する千葉の海軍基地に派遣され、入寮した。高学歴な若い将校たちの周りで働くことは、彼女にとって非常に喜ばしいことだった。怖じ気づかない彼女は多くのことを学び、一緒に夏目漱石を読んだ。東京大学在学中で学業が戦争のために中断されている、片口という将校と特に親しくなった。「東大卒の男性」に強い憧れを抱いていた八重子は、「片口さん、そうでなければ片口さんみたいな人と結婚できたらなあ」と思うようになったが、男女としての交際には至らなかった。片口将校の方は、八重子のことを親しい年下の男友達を呼ぶ敬称である「君」づけで、「伊藤君」と呼んでいたので、年下の同僚として八重子を可愛がっているようだった。彼が「僕は長男だから、両親の面倒をみなくてはいけないんだ。親の気に入った人と、結婚するだろうなあ。誰かの家を継ぐことはできない。だから、間違っても君とは結婚できないね。でももし君が望むなら、僕か僕の両親が、君にふさわしい人を紹介できるかもしれないよ」と言ったので、八重子はきっぱりと、「私は、大学出の方と結婚したいのです」と断言した。

徒歩での帰郷

戦争が終結すると同時に、皆故郷に帰ることになった。片口将校は八重子の身を案じ、東京の自分の家まで一緒に連れて行き、十分な休息をとらせてくれた。交通手段が限られ世情も不安定なため、食糧を盗まれないようたとえ運行していようとバスや汽車には乗らずひたすら歩くように、昼間は寝て夜歩くようにと、できるだけ危険を回避して伊豆の南端まで帰る方法を教えてくれた。食糧と水を持って片口家を発ち、三日三晩歩き、なんとか実家に辿り着くことができた。「おまえが無事で帰ってきてくれたのなら、もう何もいらないよ」と義父の武松は泣いて喜んでくれた。母はもっと現実的で、「お義父さんとうまくやってよ」と念を押した。

戦時という誰にとっても苦しい状況の中、八重子はトラウマティックな体験はせずにすんだ。近しい人は誰も亡くならなかったし、直接空襲の経験もしなかった。空腹に苦しむこともなかった。それどころか、職業経験をつみ、将校たちとの交流を楽しんだのだ。自己評価の高さと、自己主張の強さが吉と出たのである。

3　八重子流お見合い術

見合いとは

「見合い」は、若者を守りながら配偶者を与える手段の一つで、若い世代の男女に、社会的に適切で釣り合いのとれたパートナーを、親や親戚、時には上司といった仲介者が、総合的な判断をもとに探してくれるシステムである。当時は若い世代、特に女性が、相手探しやその進行に口を出すことはほとんどなかった。様々な交渉がすでになされた後、用意された場所で、若い二人は初めて互いに顔を合わせるのである。二〇世紀半ば頃には、若い世代も最終決定をする前に数回会い、互いに気に入らなければ断る権利をもつところまで自由にはなった。しかし親への忠義が美徳とされているばかりか、まだ外の世界を知らない女性が多いことから、親の意見に受け身で従う女性が実際は多かったのである。

キャンペーンの成功

だが、八重子はもちろんそんな女性ではなかった。自分の見合いと結婚を、背後でしっかりコントロールしたのである。

二年間親元から洋裁学校に通った後、八重子はまた東京行きを決意し、今度は書店に職を得た。「君は勉強が好きだから、本に囲まれているような仕事が向いているんじゃないか」と、憧れの片口将校に言われたことがあったからだ。一方両親は、このままでは結婚適齢期を逃すとやっきになり、次々に年齢や身分がつりあいそうな人に引き合わせたが、八重子は「大学出じゃないから」と、全部断っていた。

そんな時あの片口氏が、八重子が大学卒の人と結婚したいと言っていたことを思い出し、朝鮮の任務から復員したばかりの、従兄弟の徳蔵との見合いを勧めてきた。九州が実家の四男で、経営の学位をもっており、ちょうど東京で就職活動中であった。徳蔵は、まだ結婚を考えていないと見合い話を断ったのだが、片口氏が「週末、骨休めに稲取に行ってきてくれよ。伊藤君にはちょっとだけ会ってくれればいいのだから」と強く勧め、片口氏の父親が徳蔵と共に稲取へ行き、仲人役となった。八重子は見合いの席にありがちな「観察されている間、きれいに着飾り、静かに座っているおしとやかな花」ではなく、普段着のもんぺ姿で徳蔵にひたすら話しかけ、知りたいこと全部を質問して聞き出してしまった。そして、自分の条件にも合い皆も後押ししてくれている待ち望んだ人だと、八重子は大いに満足したのである。

しかし東京に戻った徳蔵は、あと四年は結婚するつもりはないので見合い話はやはり断りたいと、片口家に返事をした。その十日後千代が、徳蔵と話すために東京に出向いた。彼は再度結婚については断ったものの、わざわざ自分に会うだけのために東京に出て来た労をねぎらい、千代を歌舞伎座へ連れて行った。徳蔵の目には、正直で気取りの無い田舎のおばさんである千代が好ましく映った。母のこの涙ぐましい努力の後で、八重子はいよいよ、自分の売り込みキャンペーンを開始した。手紙作戦を選んだのは、徳蔵はきちんと返事をよこす人だったからである。「落とそうと、頑張ったんですよ」と、八重子は笑って教えてくれた。

一方片口家でも、徳蔵を頻繁に昼食に招き結婚を勧めた。どうやら徳蔵が最も懸念しているのは経済力不足についてであり、結婚を考える前に、まずは結婚費用と新居を構えるのに必要なお金を蓄えていなければと思っているようだった。しかし戦後まもなくの一九四九年、彼だけでなく国でさえまだ安定してはおらず、十分な貯蓄なんて到底無理な話であった。九州の両親も、朝鮮から引き揚げてきたばかりで、結婚費用を支払う余裕はない。それでも片口家は、「新婚夫婦なんて、しばらく慎ましく暮らせばなんとかなるさ。結婚式の出費を、少し節約すればいいじゃないか」と、徳蔵を説き伏せていった。

八重子の方は全く、お金のことなど心配していなかった。豪華な結婚式も望んでいないし、両親と同居してくれるように徳蔵に頼む気もない。むしろ会計士として病院に勤める徳蔵について東京に引越すことに喜々として同意した。自分の作戦がうまく運んでいるこのお見合いを、なんとかしたかった。母や伯母から結婚の難しさを学んでいたので、恋愛を求める気はさらさらなかったのだ。彼女は徳蔵に、いつもの率直さで言った。「私は、男の子を産んで、東京大学に入学できるよう、最高の教育を受けさせてやりたいのです。その目標のために、どうか協力してください」。徳蔵はとうとう承諾した。この「キャンペーン」は功を奏し、二ヶ月もしないうちに八重子と徳蔵は婚約し、数ヶ月後には結婚となったのである。

一九四九年、八重子二二歳、徳蔵二六歳。結婚式は伊豆で執り行われ、片口氏の両親が仲人となった。

4　教育ママの夢

教育ママへの道

一年後に男子を出産し、賢と名づけた。数ヶ月後に再び妊娠したが、第二子には早すぎると判断して堕胎を選んだ。堕胎は、多産や病弱に悩む夫婦のために認められるようになった産児制限の方法で、当時さほど難しい選択ではなかった。男の子だったこの胎児は、慣習どおり地元の寺に「地蔵」として供養した。二年後女児を出産し、茉莉と命名した。八重子は女児だったことに落胆し、前回の堕胎をいささか悔やんだ。専業主婦として、家事と子どもの世話に明け暮れる毎日。ただ、もっと何かをやりたいという気持ちは非常に強く、身につけた技術を生かし、洋裁ビジネスを展開したいという野望は捨てなかった。

しかし、賢が小学校に入る頃には、時間も体力も全てを息子に費やす「教育ママ」として、「賢を東大に入れる」という一大事業に取り組むようになっていた。第一歩として、賢を地元周辺で一番良い小学校に入学させたいと考えた。徳蔵が勤務する病院のすぐ隣という便利な場所に住んでいたのだが、その区域の小学校より隣の区域のA町小学校の方が、少しレベルが高いとの噂であった。そのため賢や茉莉をその小学校に入学させようと、住所をその学区に移そうと計画した。まず住所を使わせてくれる人を見つけなければならなかったが、野心的な親がよく使う手段なので、何も言わずに受け入れてくれる人を見つけることはさほど難しいことではなかった。そして有名中学受験のため、さらに奮闘することになる。入学願書は必ず受付初日に受付窓口で、特定の人に手渡しで提出しなければならない。早く出せば出すほど、良い受験時間が割り当てられる。子どもの頭の冴えている早い時間に受験させるためには、早朝から並ばなければならないという受験神話を八重子は信じていた。彼女は前日の夕方に校門前に陣取ると一晩中並び、願書を一番に手渡したのである。

大学へ入学するためのこの熱意とプレッシャーは少し行き過ぎではないかと、多くのアメリカ人と同様私も感じていた。早く願書を出せば早く受験できるというのは単なる噂にすぎないことを、結局私は後で知ることになったのだが、教育ママたちはそれでもこういった神話を信じ、極端な行動に走る人は少なくなかった。すなわち八重子も、子どもにたった一つの夢を託す、ミドルクラスの母親の一人でしかなかったのである。そしてある意味、戦後の六〇年代から七〇年代にわたる日本の急速な発展と八〇年代のバブル経済は、この教育ママたちと二人三脚で頑張った子どもたちにより、支えられていたと言っても過言ではないだろう。

おとなのような子どもを育てること

当時の子育ては、赤ちゃんと幼児には甘くするのが特徴で、厳しい躾は学齢に達してからというのが一般的だった。だが、八重子は違った。できるだけ早い時期から、責任感あるひとりのおとなのような行動を求めたのである。

一九五九年から六〇年にかけ、八重子の親子関係を観察する機会を得た。賢は八歳で小学三年生、茉莉は五歳でまだ幼稚園入園前であった。八重子は、子どもを甘やかしたくないし、子ども扱いもしたくないと言い切っていた。自分のことはできる限り自分でさせ、思っていることやしたいことを明確に話すように促した。そして自分の行動や選択に責任をもたせ、両親や先生に従うようにさせていた。子どもたちが駄々をこねたりまとわりついたりするのは大嫌いで、一日中おんぶする当時の日本の母親たちと比べると、最低限度のスキンシップだった。子どもとの身体接触が好きではなかったし、茉莉が父親の膝に座ることもしぶしぶ許した。子どもたちが成長し、友人のように話せるようになってから、だんだん子どもというものを楽しむことができるようになった。彼らの思考回路が面白いと、その発言に心から興味をもち、身近な問題について時間をかけて議論し、子どもの意見が間違っていると言って叱ったりはしなかった。賢が私たち外国人に対して他の母親なら失礼な質問に当たらないかハラハラするような質問をしても、止めることもなく彼の旺盛な好奇心を楽しんでいる様子だった。茉莉が何かを言いつけて、「嫌」とか「うるさいな」と口答えをしても、怒らず笑って思い通りにさせるような寛大さもあった。

子どもたちは驚く程おとなっぽく、責任感もあった。母乳で育て、茉莉は外出する時に時々哺乳瓶を与えられたが、一〇ヶ月で断乳し、一歳半でおむつはとれた。二人は早くから自分で洋服を着るように、洋服やおもちゃは片付けるようにと教えられた。読み書きも早くからでき自己表現にも長け、母親の手伝いもきちんとした。親と一緒の布団には寝させなかったが、茉莉が淋しいと言って嫌がったので、両親の寝室に接するように二段ベッドを置いて兄妹を寝かせた。賢は毎日宿題をきちんとこなし、バイオリンの練習もした。宿題を自力でやるようになってほしいと思ってはいたものの、八重子が宿題はみていた。怠けていると、「きちんと勉強しないと、クラスの一番でなくなりますよ」と注意したり、「頑張って勉強すれば、週末スキーに連れて行きますからね」と約束したりした。バイオリンのレッスンにも最初の二年間はついて行き、練習の様子をじっと見ていたが、三年目入ってぱったり止めた。賢が一番上手でないことがわかり、我慢できなかったのである。もっとも、バイオリンで生計を立てていくことを願っていたわけでもないし、放っておいても賢の上達は早かったので、これ以上プレッシャーをかけない方が良いと思ったこともある。ともかく賢の学業成績がクラスで一番だということを、何よりの誇りにしていた。

この子たちがどんなに根性があるか、舌を巻いたエピソードがある。賢が、父やその友人たちと魚釣りに出かけた際、八重子はバスの定期券を落とさないようにと、散々注意して送り出した。帰ってくると賢は少しおどおどしていたが、その日の夜遅くになってやっと勇気をふりしぼり、「定期券が無いの」とだけ母に告げた。八重子はきっぱりと言った。「じゃ、学校には歩いていくんだね」。学区外に住んでいるので、歩けば一時間はかかる距離である。遅刻なしの記録も台なしだわ、と内心彼女はがっかりしたが、朝食後、賢は歩いて出かけた。大丈夫かどうか気がかりで、徳蔵に、見てきてほしいと頼んだ。徳蔵はしばらくすると戻ってきて、「ずっと自転車で見て回ったけれど、影もかたちもなかったぞ」と案じていた。心配になった八重子は自分で学校に出かけ、教室をそっと覗いてみた。するとそこには、賢が何事もなかったかのように、自分の席で勉強している姿があった。先生に聞くと、賢は今朝とても早く学校に来たと言う。彼女は、自分が来たことは黙っておいてほしいと先生には頼み、さぞ疲れただろう、「定期をなくしてごめんなさい。新しいのを買ってください」と頼んでくるのだろうと予想しながら、賢の帰宅を家で待つことにした。だが賢は不平も言わなければ、謝りもしなかった。そして一週間、学校へ歩いて、あるいは走って通ったのである。週末になり徳蔵が釣り場にもう一度探しに出かけ、定期券が落ちているのを見つけてきた。週明けから、賢は黙ってバス通学を再開した。八重子は彼が最後まで謝らなかったことにがっかりしたものの、根性と自分の行動に責任をもつ姿に感心したのである。

またある日のこと。八重子は茉莉を連れ、学校の会合へ出かけた。夕飯時まで続く長い会合になりそうなので、放課後賢に、妹を家に連れて帰らせた。「二人で家にいてもいいし、友達と遊びたかったら、茉莉を友達の家へやりなさい」。帰宅して驚いたことには、二人とも家におらず、茉莉は友達の家にもお邪魔していなかった。しばらくして子どもたちが戻ってきたが、茉莉はわんわん泣いていた。泣きやんで、二人が話すところによると、賢は妹を連れて家に戻ったのだが、賢は学校に戻って運動場で友達とボール遊びをしたかった。茉莉がお兄ちゃんと一緒に行くと言い張るので、とうとう賢は、「連れて行ってもいいけど、帰りは歩くんだからね」と念を押し、茉莉はいいよと言った。その約束通り、帰りは歩くと言った茉莉を、賢は決して自分の自転車には乗せなかった。茉莉はあまりの疲れに泣いていたのだ。約束を守るのは自分の責任だとわかっており、兄に怒って泣いているのではないと判断した八重子は、賢に、もうちょっと妹に優しくしなさいね、と諭したのであった。

「自分のことは自分で」というポリシーのもと、茉莉が病気で一緒に外出できなければ、五時間も一人で留守番をさせたり、賢に歯医者ばかりか、電車とバスの乗り換えで数時間かかる伊豆の祖父母の家に一人で行かせたりした。茉莉が一緒に行きたいと言うと、賢は「自分のことには責任をもつけど、人の責任までもてないよ」と言い、連れて行かなかった。

兄への期待、日陰の妹

八重子の子育てには一貫性があり、二人の子どもに極力平等に接するようにはしていたようだが、それでも、賢の方に少し余分に関心を向けているのは明らかであった。最高の期待と要求、そして最高の賞賛が彼には与えられたのである。茉莉が男の子だったら良いのに、とも思っていた。八重子は二人の子どもに、男性性を求めていたように思える。八重子自身、それについてはよく自覚していた。

茉莉が入学するまでは、八重子はいつも一緒に家にいたし、余程のことがない限り、外出する時はいつでも茉莉を連れて出た。かなり大人の口調で話しかけていたためか、茉莉は五歳にしてはかなり言葉が達者で、振る舞いもませていた。茉莉自身、年下の子どもは赤ちゃんぽいと見下し、遊びたがらなかった。茉莉のことについて、大人っぽ過ぎてあまり可愛くないと評した人もあったくらいだった。母親に「うるさい」と口答えし、悪いことをして謝るように言われても、強情に黙っていたこともあった。茉莉は賢を妬んでいるのだと八重子が言ったことがあるが、確かにその兆候はあった。兄と三歳の差があるのに、茉莉は賢のやること全てをやろうとして、できないとみじめな思いに駆られた。賢が褒められて自分が放っておかれると、不機嫌になった。また茉莉は、母親が誰か別の人と話すことも、好きではなかった。放っておかれていると思い注意を引こうとして、よく私たちの会話にも邪魔しに入ったものだ。八重子は彼女の邪魔する回数に応じ、機嫌よく軽くたしなめるか、厳しく注意するか判断した。人の会話を妨害した後は、茉莉はすっとその場を離れて何か食べ物を探しているようだった。茉莉の体重が急激に増加しているという話を、しばらくして耳にするようになった。

Ａ町小学校のＰＴＡ活動は、八重子の日常生活の大部分を占めるようになっていた。賢が宿題を全部きちんとやったかどうかのチェックに次いで、大事なものだった。子どもの勉強をどう手伝うか、良い成績をとるには何が必要かなどについて、母親仲間の経験や先生方のアドバイスから、多くのことを学んだのである。もとをたどれば私たちは、健康な日本人家庭を紹介してくれるよう依頼した結果、Ａ町小学校の校長先生を通し彼女を紹介されたのである。その時校長先生は、常に熱心に活動し児童たちの家族構成なども熟知している八重子に、どの家庭に打診したら良かろうかと、真っ先に相談したらしい。

この頃の八重子は、教育ママとしてかなりうまくやっていたようだ。賢は優秀かつ責任感の強い、両親や先生に従順な少年であった。茉莉も賢ほどではなくとも、優秀な子だった。ただ、スポーツ万能の賢と比べると運動は苦手であり、だからいつも「賢の妹」であった。八重子は茉莉の学業に関してはあまり気にしていないようで、ＰＴＡや他の活動にいそしんでいだ。母親から勉強を強制されなかっただけでなく、彼女自身競争は嫌いであった。

一九六三年、賢一三歳、茉莉一〇歳の時、赤ちゃんが誕生した。女の子で名前は勝子。八重子は、男の子が欲しくてしょうがなかった。八重子は、最初は勝子にもよく手をかけたが、末娘の勉強にはほとんど関心が無く、茉莉と比較しても熱が入らないようだった。煩わしい手続きをしてまでA町小学校に行くこともないと、勝子は最寄りの小学校に入学し、自由闊達、のびのびと近所の子たちと遊んだ。基本的に聞き分けの良い上の二人とは対照的に勝子は負けず嫌いで、日常的に反抗的な態度を示す、昔の八重子そっくりな女の子だった。

5　伊藤家の夫婦のかたち

誰よりも家にいない主婦

日本では妻のことを「奥さん」「家内」とも呼び、どちらも「家の中にいる人」を意味している。伝統的に、専業主婦というものは常に家にいて、家族の必要に応じすぐその世話ができるようにと考えられてきた。私たちが訪問したいと思った時、前もって奥さんが在宅かどうか、電話をする必要はなかった。

八重子も、結婚して最初の一〇年、特に子どもが小さかった時は、専業主婦の役割をしっかり果たしていた。ただその時でさえ、おそらく誰よりも家にいない母親だったろう。ＰＴＡの会合やら買い物やら、出かけてばかりいた。自分自身の楽しみのために映画や遊びに出かけ、家にいたとしても家で洋裁の注文を受けた。自分の社会的地位を向上させることに興味はあっても、家にいて文化的活動にいそしむ主婦の役割は、八重子にとってあまり魅力的とは言えないものだったのである。

来客は好きで、徳蔵の同僚や伊豆の近所の人、お母さん仲間などを迎えて楽しんだ。都会にも漁村にも住んだことがあるため、様々なタイプの人との会話術を心得ていたし、客をもてなすことを負担とは全く思わなかった。台所に立ち働く妻の義務を果たすだけではなく、いつも真ん中で談笑していた。一九六〇年正月、彼女が美しい着物を着て上手に私たちをもてなし、かつ話題の中心にいたことが忘れられない。

寛大な夫――主夫と仕事の両立

子どもたちが学校から戻ってもいないことが多い八重子に、徳蔵は「家にいる努力をしてくれよ」と言っただけだった。母親が家にいない時、賢は鞄を家に置き、父親の働いている隣の病院へ行き、そこで夕食まで遊んだり勉強したりして過ごした。徳蔵は滅多に叱ったり怒ったりせず、八重子のしつけが厳しいと苦言を呈することもなかった。賢の定期を探しに行ってやった時のように、いつも後ろでそっと支える人だった。父こそが、いつもそこにいて愛情を注ぎ、安心させてくれる人だった。だから子どもたちも、父親の方が好きと言ってはばからなかった。賢が六歳の時に一度だけ、厳しく接したことがある。嘘をついているのを指摘したのだが、謝らなかったのだ。そこで徳蔵は賢を墓地に連れて行き、謝るまでそこに置いておくと言った。強情な賢もさすがに素直になり、すぐに謝ったという。

そんな子どもたちは、成長すると母親を厳しく批判するようになった。一九七五年に私は一度、家族会議の場に居合わせたことがある。子どもたちは皆、「お父さんは我慢強い」「お母さんが悪い」と口を揃えた。特に賢は、一日中一生懸命働いた上に、家に帰れば料理や掃除をして、子どもに食べさせなくてはならない父親に、「この前だって、夜俺が帰ってきた時に家にいたのは、親父と勝子だけだったんだ」と、非常に同情的だった。

その時徳蔵は、母親の帰りが遅いことについて、ほんの少し愚痴を言っていた。だが母親が帰宅し、交わされた会話は次のようなものだった。「いろいろやってくださって、ありがとうございます」「かまわないさ」。勝子はお母さんも忙しいし、家のこともやっていると母の肩をもった。この頃は、茉莉が文句も言わず、家族の調整役を果たすだけでなく、母の足りないところを補って家事をして父を助け、お客をもてなすことまでするようになっていた。徳蔵は、「この子は、本当によくやってくれるんですよ」と茉莉を誇りにし、彼女には特に、幸せな人生を歩んでもらいたいと願っていた。八重子自身は、子どもたちのどんな非難も全く意に介さず、気を悪くするでもなく、自由に言わせていた。「そんなこと言っても、私の知り合いの方々から世の中のことについて勉強できるんだから、楽しいでしょうに。私だってね、たまにはお父さんの好きなもの、料理するんだから」。子どもたちは、「本当に、たまにね。茉莉の方が、お母さんよりよっぽどいい主婦だよ」と一笑に付した。戦争のせいで進学を断念した有能な女性として尊敬のまなざしで妻を見ている徳蔵は、相変わらず八重子をかばうのだった。八重子自身が生活を謳歌している時の方が、彼も一緒にいて楽しいのだと認識していた。

自分の好きなものを食べ、好きな時に寝起きする妻のために、徳蔵は子どものおむつ換えまでした。それでいいよ」と言った。一方徳蔵が、友人を家に連れて来て酒を飲もうものなら、八重子は怒り狂った。彼がいくら八重子に寛大であろうとも、彼女は徳蔵に寛大にはできなかった。我慢しようと思っても、酒を飲む男には虫酸が走るのだ。また、夫の飲酒を許す時や、何か彼が好きなことをしてあげようとする時には、八重子に必ず何か理由があり、愛情からではなかった。二人が共に幸せに暮らしていくためには、時々は彼を喜ばせる必要があることを知っていたのだ。

このように親業を遂行してきたのはほとんど徳蔵で、家庭内のことにも責任をもってあたる安定感のある人だった。彼はきれいに片付いた家や、きちんと整えられた座敷を保ちたかったが、八重子がそういうものに価値を認めないため、掃除は当然彼の役目となった。アメリカ人男性の視点で見ても、いくら妻に協力的とは言え、徳蔵は並はずれて受け身で寛大だった。それに対し八重子は元気のいい社交好きな面白い人で、新しいことを家にもち帰る役目を果たしていた。「あの人があした、こう言った」という類の話をするのが非常に得意で、的確な人間描写とその本人になりきり表情豊かに話す姿は、まるでベテラン女優の舞台でも観ているかのようだった。つまりいつもその場を仕切っているように見えるのだが、彼女もまた、周囲の人間の表現や個性を楽しんでいるのである。

徳蔵と八重子の役割分担は、当時の家庭の典型とは逆の部分も多い。父親が子育ての中心にあり、母親が手伝う。彼女がリードし、彼が後ろで支える。外見はというと徳蔵は肩幅の広い、男らしいスポーツマンタイプで、彼女も見かけが男っぽいわけではなく、一五〇センチそこそこの、華奢な女性である。

八重子は喜びに溢れて語ってくれた。洋々たる前途のある息子、妻の外での活動を容認してくれる夫、そんな安定した家庭が私にはあるのだと。

「嫁」の役割回避

徳蔵は伊藤姓を名乗り、公的には八重子の家系を継いだものの、仕事がら別居には同意を得ていた。

千代も、なかなか面倒をみてやることができなかった八重子に、世話をしてもらおうとは思っていなかった。後に漁と家事を手伝ってくれる青年を家に入れたが、養子として籍に入れることはしなかった。

ただ八重子は、両親と離れて暮らし世話はしないものの、実家を訪ねることはあった。子どもたちはもっと頻繁に、学校の休暇中には祖父母を訪れては海を楽しみ、可愛がられた。茉莉は母が果たさない役割を引き受け、優しく思いやり深く祖父母に接した。千代は、「八重子は勝手な子だから親の面倒もみない。結婚したって夫の面倒もみない」と文句を言いながらも、あの子はそういう子なんだと、受け入れているようだった。そして茉莉に感謝し愛情を注ぎ、千代が亡くなった時は、手持ちの金を茉莉に譲ったほどだった。義父武松は、いつでも八重子に温かく思いやりをもって接してくれた。

したがって、上の世代と同居もしなければ、その家のしきたりに合わせるよう教育されることもなかった八重子は、いわゆる嫁（婿）姑問題と無縁に過ごしてきた。徳蔵の実家はと言うと、長兄は亡くなっていたので、朝鮮から引き揚げた後は九州で同居している次兄が、両親に対する責任を負っていた。

しかしそんな八重子夫婦のところに一九五九年、この九州の両親が、七人の子どもの家に順番に泊まりながら、ゆっくり旅行でもしてまわろうという計画をたて、「一年ほどやっかいになります」と徳蔵の家にもやってきたのである。まるで小津安二郎監督の「東京物語」のようだが、永久に面倒をみるという話ではないので、当初八重子は心から歓迎した。私たちも含めて会食をした時も、彼女はとても丁寧な言葉づかいで義父母をたてていた。だが、まもなく八重子と義母の間に争いが勃発した。

義母が八重子のことを、「外のことにかまけてほとんど家にいない。年寄りを大事にしない自分勝手な人」と批判し始めたのだ。八重子は自分たちが子ども第一で、彼らを二の次に扱うことが、気に食わないのだろうと考えた。だが義母は賢と茉莉のことさえ、九州の孫に比べたらおとなしくも可愛くもないと文句を言った。子どもからしてもこれは不快で、茉莉に至っては、「おじいちゃんもおばあちゃんも、九州に帰れ！」と言い放ったので、祖父母は、この家ではそんな暴言も許されているのかと驚いた。賢が、「みんな布団は一枚なのに、なんでおじいちゃんたちだけ二枚なの？」と不思議がるので、「今まで一生懸命に働いてきたお年寄りをいたわり、敬い、大切にする心の表れですよ」と八重子が説明しても、お父さんもちゃんと働いているんだから同じだよと、その考え方を受けつけなかった。高齢者はいたわるべきとか、目上の者を敬えといった戦前の価値観とは、全く違う価値観をもつ世代に移りつつあることは明白だった。

数ヶ月後、「関東の冬は、老体にはこたえるから」（気持ちの温度差の喩えなのかもしれないが）と、義父母はとうとう九州に戻ることに決めた。義母は「あんたは最悪の嫁だね。九州にいる次男の嫁が一番いいよ」と八重子に言い残して帰って行った。この確執の板挟みになりながらも、徳蔵はどちらに対しても肩入れせず、八重子の言い分も理解し、一方で実の両親を心配して我慢強く対応した。夫は自分を裏切って両親の味方をしたりはしない、と彼女は改めて安心した。義父母が去り、八重子も子どもたちも、そして徳蔵も、皆やれやれと胸をなでおろした。

専業主婦の理想の陰で

「私が一番モダン」と、ただ一人洋服を着てまわりとの違いを強調した八重子に出会った時から、彼女のような女性が、どのように当時の主婦としての社会的期待に対処してきたのか、気になってしかたがなかった。彼女が心の中では、他人が自分をどう見ているか密かに気にしていること、自分をどう評価したらよいのか自問自答していることにも、気づいていたからである。どんな社会においても、その社会の規範に当てはまらない、少し変わった人というのは、最も自意識が高い人といえるのではないだろうか。容易に適応できる人は、自分へ問いかけをする必要性が比較的少ないと言えよう。

初めの頃、八重子は他の妻たちと自分をよく比較していた。「私よりずっと大きな家に住んでいるし、ご主人の収入も多いんですよ。社会的にもずっと上。おもてなしもお話も、私よりずっと品がいい」。そう言いながらも、他の女性が慎ましくしている中で前へ前へとしゃしゃり出てきて、自分の意見やアイデアを提言し主導権を握った。また直接的に間接的に、自分のことをどう思うかと私に意見を求めてきた。もちろん人を比較するようなことはしたくないので、彼女の関心の高さや努力に頭が下がるというような言葉を選び、誰に対しても批判的にならないよう努めたものだ。

明治以降、良妻賢母の理想像は家族に対する全面的な献身を求め、利己的であること、ましてや自分の楽しみをもつことなど、もってのほかだった。八重子は、自分はその理想に沿うようには生きられないことも、多くの人から批判の的になるだろうということも、よくわかっていた。「ぶしつけにも程がある」と非難される傾向も自覚しているものの、だからといって、それを変える気はないようであった。

他の女性たちは、八重子の態度について陰では批判していたが、同時にリーダー役でいてほしいことも見て取れた。「謙虚な妻たち」は上に立つことを嫌がるので、進んでグループの決定に責任をもってくれる人も必要だったのだ。

自問自答

八重子夫妻に訪れたちょっとした危機が、「私は夫を不当に扱っているのだろうか。夫はこちらが思っているより、本当はもっと不快に感じているのではないか」と自問するきっかけになったようだ。徳蔵が職場の女性と浮気をしているという噂を耳にしたのである。まずは間接的に迫ろうとして、お互い外に交際相手がいる友人夫婦の話をもちだしたところ、徳蔵は、「そのお友達は自分勝手だね」と批判的に言った。その言葉から彼女は、もしかしたら夫は自分勝手な自分に対し批判的な気持ちがあり、言外にそれを責めているのではないかと疑心暗鬼になった。八重子自身心の中では、自分は利己的で夫を不当に扱っていると、一日一回、もしくは一月一回くらい反省し、「徳蔵さんのためにいい妻になるよう努めなければ」と、自分に言い聞かせていた矢先のことであった。だが、自分の夫が不誠実なのかもしれないと思うだけで、耐えられなかった。疑惑を隠しておくことはできなかった。「ある友達が、あなたが食事に一緒に行った女性のことが好きで、たぶんおつきあいしているのだろうって教えてくれたのよ」。

徳蔵は、会議後その職場の女性と食事へ行ったこと、この女性というのは、職場のスキー旅行に参加する唯一の女性であると説明した。それを聞き、八重子は怒り狂った。「あなたが僕を信じられないならば、何を言っても信じてはもらえないのだろうね」と、徳蔵は釈明を拒んだ。自分が男性と食事に行っても、夫が信用してくれていることはわかっているので、八重子も少し気がとがめた。徳蔵は繰り返した。「あなたに信じてもらうには、どうしたらいいかわからないよ。信用してくれないのなら仕方がない。でも僕は、いつでもあなたのことを信じている」。

一晩中話し合い、徳蔵の信頼と愛情の深さは、自分のもっているものを倍にしても負けるのかもしれないと心を打たれた八重子は、きちんと調べてみる必要があると感じ、病院の別の職員に詳しく話を聞いてみた。すると、職場内の全く別の若い女性職員が徳蔵の噂を流していたことが判明したのである。この女性は、自分が思いを寄せる男性と結婚までこぎつけられるよう、徳蔵に強く推してもらいたかったのだが、徳蔵は彼女があまり仕事熱心でないことは知っていたし、第一そういうことに関わりたくなかったし、その結婚の責任を押し付けられるのも嫌だった。何も彼女の損になるようなことは言わなかったのに、強く後押ししてあげなかったのを恨み、悪い噂を流したのだという。徳蔵はただ、自分に正直な人だった。どんな病院内の争いにも、個人レベルの諍いにも、中立の立場をとった。

このことで徳蔵のことも自分のことも、よく理解できたと八重子は話した。自分の利己的な在り方を完全に認め、徳蔵が心の大きな、信頼に足る人物だと再確認したのである。彼女が揺れ動いていたその数週間、時々「結婚生活スランプなんです」「主婦にはあきあき。仕事でも勉強でも、何かないかしら」「気分が悪い、喉が渇く、ＰＴＡに不満がある」などとこぼし、私との約束の時間もルーズになっていた。これはストレスがかかっている証拠だと見ていたのだが、この問題が解決したことで、彼女はまた元気を取り戻したようだった。

6　地域の女性リーダーとそのジレンマ

働きたい女性

八重子には専業主婦の役割は全く性に合わず、才能は別のところにあるようだった。彼女は上昇志向は強いが、専業主婦の家庭的・文化的要素を人並みに身につけようとは一切しなかった。家事は嫌いで、家にずっといることは耐えられなかったし、賢に優秀な成績を維持させること以外、育児にもそこまで関心はなかった。また、ミドルクラスの専業主婦の象徴でもある、繊細かつ優雅な稽古事にも全く興味を示さなかった。会計士である徳蔵の所得は決して低くなく、経済的に彼女が働く必要は全くなかったものの、新しい人に出会い、新しい挑戦をするのが好きな彼女は、働き続ける願望が強かった。彼女の性格はもちろん、実母や伊藤家が農業や漁業に携わり、基子伯母ら親族も商売を営む家だったことも影響しているのだろう。この家族の大半の女性は、各々の実務を懸命にこなし、文化的な時間をもちたいという動機も余裕もなかった。八重子は当時男性の役割とも言える地域活動や政治的組織、ビジネスに乗り出していった。服を縫うことさえ、幼子を抱え家に居ながらにしてできるビジネスという形に変えたのである。

長年の活発なＰＴＡ活動で、八重子は学校や地域、集団活動などについて多くを学んだ。同時に洋裁の仕事も徐々に拡大していった。一九六三年に第三子勝子が生まれると、伊藤家は二階を建て増しし、その一部屋を八重子の仕事部屋に当てた。上の二人の時より頻繁に、乳児の勝子に哺乳瓶を与えて外出する回数を増やしていった。お得意さんの数も増え、洋服や浴衣などの注文が一人では賄いきれず、三・四人雇って、下請けをさせた。

地域の女性リーダーとして

次には、地域活動へと手を広げた。多様なグループを組織し、動かし、会長の役についた。まず手始めにＰＴＡの母親主催の「地元の女性教師と母親の会」を組織した。この会の目的は、女性教師が地域の中で安心して働き母親たちと意見交換すること、そして学校側の思いを把握した母親が、それを子どもたちの教育に生かすというものだった。当時の献身的な教育ママたちにとって、非常に有意義な会だったのである。

近隣の大学のレクリエーション施設の使用権をめぐる組織にも関わった。大学と地域が良好な関係をもつよう推進すること、昼食会や他の行事を通じて、大学のための基金集めをする一方で、地域住民は大学の施設が使えるという提携案を掲げた。これは功を奏し、八重子は友達と数人で、日曜日の早朝、大学のコートでテニスを楽しむことができるようになった。

一九七五年に再会した時、八重子はまた新たな活動に着手していた。一つは、彼女が組織の土台作りをした、生活協同組合という消費者団体だった。生協は当時一八〇〇世帯からなる団体で、各家庭から会費を徴収し、トラックで選ばれた農家から新鮮な野菜を買うのだった。仲介業者を通さないので安く、汚染されていない有機野菜が手に入るのである。この組織の会員として八重子は、国会議員を目指している社会党員の選挙運動にも没頭した。それまで女性が拡声器を持って応援演説をしているのを見たことがない地元の人々は、駅前で選挙運動をしている八重子を見て、衝撃を受けた。

次に、小学四年生から中学三年生を対象とした、塾経営へと力を入れ始めた。すぐに有名予備校でやっていけるような子どもではなく、並の成績の子や、経済的に恵まれない子を対象とした。退職校長の助けを借り、先生を数人雇用した。中学生の勝子は、母親の経営する塾の生徒であった。八重子は相互支援・相互教育の目的で、教員と母親の会を頻繁に開催した。私もこの会合に二回招かれた。その時は、校長先生が一時間算数の教え方について話した後、子どもの育て方や教育の与え方についてのグループディスカッションがあった。男の子と女の子の違いの話から、当時最新のテーマであった「ウーマンリブ」についての話へと突入した。母親たちや女性教師たちは、男女同権についてこう話し合っていた。「夫にも、子育てや家事を手伝ってもらいたい」「夫が私のことを『おまえ』と呼ぶのに耐えられません」「私たちも家庭外で働く権利や、いろいろな活動のために外出する権利がある。もう家にいつもいる『奥さん』でいる時代ではないのです」。もちろん八重子も、気づいたことや自分の意見を、長時間堂々と話すのだった。教員や母親たちが、頻繁に個人的な問題を相談したいと彼女のもとにやって来るらしいが、相談役を務める姿が、目に浮かぶようなグループディスカッションであった。

探求の日々

八重子の塾も、八年間経営したところで終わりを迎えた。共同創設者の元校長が、もう教えられないと言ったこと、塾が乱立し、多くの子どもたちがそちらに流れたことなどが原因のようであった。その前に、教師一人をクビにしたことで、八重子はどんな組織にもある葛藤に直面せざるを得なかった。この時は徳蔵が出てきて弁護してくれ、皆が彼の冷静な判断に耳を傾け、不満は収まった。生協の仕事に関わって数年後にも、八重子の意見やリーダーシップを拒む会員が現れた。この対立はうまく解決できず、八重子はそれを機に生協からは手を引いた。「僕の職場の中でも、君はあまり良くは言われていないよ。そんなグループの中でうまく事を運ぼうといくら頑張っても、苦労する甲斐はないんじゃないか。もう辞めてもいいんじゃないか」。この時も、適切なアドバイスをくれたのは、徳蔵だった。八重子は、自分が生協の運営に関して、頑固で傲慢だったかもしれない、と後で少し反省したものの、これくらいの挫折は何でもなかった。いつも複数のプロジェクトを同時進行させているか、一つ思い通りにいかなければ、新しいものをちゃんと見つけることができたからである。外で働くことに目覚めた彼女は、今度は店主と喧嘩別れするまでケーキ屋で働いた。その後、有名デパートの中にお客様相談コーナーを設け、一二年間勤務した。ファッションコンサルタントとして、横浜のメーカーから仕入れた洋服を売ったのである。この仕事が八重子自身一番楽しく、最も成功したと思えるものだった。自分自身がボスとして男性と全く同じように稼げるという体験を、初めて味わったのである。徳蔵の介護のために退職を余儀なくされるまで、この仕事を手放すことはなかった。

多くの人が八重子の指導力や組織力に敬意を表し、彼女のプロジェクトに参加し、恩恵を受けていることは、私の目にも明らかだった。しかし、女性のリーダーシップは必要とされながらも、その役割を負った人は「歯に衣を着せない物言いをする」「主婦や母親としては失格」というような理由で批判の対象になることもよくわかった。しかし様々な活動を積み重ねることで、八重子は大きな力と自信を獲得した。彼女自身、その活動がとても楽しいのだと言っていたし、リーダー役も大好きであった。女性に与えられる機会も増えつつあった時代、批判の対象ばかりではなく、自分の活動に敬意を示してくれる人も増えていることを実感できているようだった。活動の多くは伊藤家よりも恵まれない、課題の多い人々に向けられた。

7　息子との断絶・我が道を行く娘たち

従順な息子の反逆

一家の宝でもある人物が衝撃をもたらしたのは、一九六八年頃のことだった。幼少時代から成績優秀で誠実で責任感があり、家や学校の規則もよく守ってきた長男賢は、東大入試の合格率が高いと評判の名門高校に無事入学した。高校三年生まで良い成績を維持し、母親の息子に託す夢がもう少しで叶う、あと一歩のところまで来ているように見えた。

しかし、六〇年代の日米安保条約改定をめぐる学生運動が激しくなるにつれ、賢は少しずつ変わっていった。そしてある日、学校近くの喫茶店で友人何人かとコーヒーを飲み、ケーキを食べ、喫煙しているところ（喫煙に関しては賢は否定していたが）を補導された。賢たちは停学処分を受け、学生証は取り上げられ、親たちは学校に呼び出された。八重子は学校に駆けつけて陳謝し、学生証は返却してもらった。今回同じ停学処分を受けたのは、クラスでも最優秀の成績の生徒たちだったのだが、この親たちが「コーヒーを飲んだり、たばこを吸ったりすることの、何が悪いんでしょう。いずれにしても東大にさえ行ければ、停学だって構いませんよ。まあどうせ東大には入ると思いますしね」と気にしていない様子を見て、八重子は衝撃を受けた。八重子も徳蔵も校則に従うことを当然のことと思って生きてきたのだが、この親たちは、戦後の自由でリベラルな風潮に、多大な影響を受けているようだった。特に徳蔵は、このような「だめなものはだめ」と言えない親には我慢できなかった。

賢が高校三年の時、学生運動は最盛期を迎えた。全共闘および新左翼の学生たちが東京大学の安田講堂を占拠し、多数の怪我人や逮捕者を出した安田講堂事件は日本中に衝撃を与え、世界中のマスコミのトップ記事となった。賢の高校の生徒たちも新橋駅周辺をデモ行進し、賢も仲間たちと共に逮捕された。彼は頑なに自分の名前も親の名前も警察に告げなかったのだが、偶然近辺に居合わせた父の同僚が、賢を家に連れ帰ってくれた。この時はふだん穏やかなあの徳蔵が、八重子よりも怒り狂った。日本の帝国主義時代に生を受け、日本軍に属したことさえある彼には学校、親、あるいは国家に逆らうことなど、断じて許せないことだった。「そんなことをする者は、我が子などではない！　おまえを殺す！」。手にしている日本刀で、本当に賢を殺しかねない様子の徳蔵に恐れおののき、八重子は息子に、お金と身の回りの物を入れた鞄を素早く渡して家の外へ連れ出し、しばらく家を離れているように告げたのである。

賢は戻って来ず、連絡一つなかった。祖父母のところにも行ってはいないようだった。八重子が東京中に電話をかけ続けて数日後、徳蔵の職場に、賢の友人から電話が入った。なんと徳蔵に、賢の友人四人の保釈金を支払ってくれないかと頼んできたのだ。かわりに、賢が親友の藤田君のアパートにいると教えてくれた。放課後クラスメートたちが親に気づかれないようにそこに集まり、デモに繰り出していたのである。母に見つかった賢は言った。「帰らない。俺の名前を籍から抜いて、親子の縁を切ってくれよ」。

開催が危ぶまれた賢の高校の卒業式も無事執り行われることになり、八重子と徳蔵は会場で息子を待っていたが、賢は卒業者名簿に名前は記載されていたものの、姿を見せなかった。この年、大学紛争の影響で東大の入学試験は中止された。賢は藤田君のアパートに住み、藤田君の父親が経営している藤田工業で働くようになってからは、工場の寮に移り住んだ。

一年後、賢は大学は出たいと思うようになった。藤田君は翌年東大へ入学したが、賢は宣言した。「俺は東大には行かない。今まで俺の人生は、上昇志向の強い母さんのものだったんだ。でもこれからは、自分のしたいことをする」。そして、芸術大学に行きたいと言い、両親を驚かせた。母は息子が弁護士か政治家になることを夢見ていたのに、今になって「ディベートは得意じゃない」と言うのである。賢の控え目で穏やかな物腰は、父親そっくりであった。八重子が、代わりにディベートは私がやってあげるからと言うと、「母さんはそうやって自分の名誉のために、俺のことを使ってきたんだ」と返した。

賢は芸術大学の学科試験はパスしたものの、絵画の実技で不合格となった。実技のテストでは、コーラの瓶が入った絵を描けという課題が出された。トイレに立ってもよいかと尋ねたところ、我慢するように言われ、白紙を提出してしまったらしい。それ以降、賢はコーラの広告まで嫌いなんだと、八重子は笑いながら話した。そして中央大学法学部に入学し、四年後優秀な成績で卒業した。東大以外の学費は払わないと言ってきたので、賢は在学中も工場でアルバイトを続け、学費と生活費を自分で捻出した。賢が卒業証書を見せに戻ってきた時、自分自身に責任をもつ大人になった息子のことを、両親は誇りに思った。もちろん母は、「八重子の東大への夢」を果たさなかったこと、ボストンのヴォーゲル家に住みながらハーバード大学に行くという選択にも全く興味を示さないことについて、その先もずっと根にもつのだが。

大学卒業の頃、賢は高校時代に知り合った初恋の人と結婚したいと申し出た。その女性は一人娘で、賢が婿入りすることを望んでいた。彼女の母親は、八重子が姑になるのは娘にとって辛かろうと、伊藤家への嫁入りには断固反対していた。学生紛争の頃、この女性と母親は、八重子も参加していた「高校生・大学生の子をもつ母親と東大教授三人による討論会」をテレビで見ていた。教授陣が「大学のデモへの対応をどう思うか」と母親たちに意見を求めると、そこにいた他の母親たちは、大学に同情的な言葉を言葉少なに答えただけだった。しかし八重子は、「大学はしっかりしないと」と、堂々と意見を述べた。それが八重子は普通の母親ではない、異常にタフな人だという強烈なイメージを植えつけたのである。八重子と徳蔵もまた、その結婚を許さなかった。賢が婿養子になることは、伊藤家の跡継ぎがいなくなることを意味するからだ。賢はもう、それ以上何も言わなかった。その女性はまもなく、他の人と結婚した。

長男が家を飛び出してから約五年経ち、徳蔵も八重子も自分たちの周りを改めて見回し、世の中が急速に変わりつつあることを、認めざるを得なかった。その中で、徐々に徳蔵の怒りも和らいでいった。若かりし頃「アメリカ人は敵」だと教わったことに関しても、アメリカ人もそんなに悪い人ばかりではない、と思うようになってきていた。そして賢は、伊藤家に戻ってきた。二階の小部屋を自室にし、友人数人と小さなビジネスを始めた。次は何をすべきか自分の頭を使い考えることの楽しさを語り、お金をつくるために試行錯誤する彼の姿は、八重子を彷彿とさせた。彼らはレコードやテレビ、映画のコマーシャルを作ったり、母親の塾を手伝ったりしながら、しばらくいろいろなことをやっていた。特定の食品の注文を受ける仲介業者や、デザイナーのようなこともした。卵から水分を絞り出し固形にして、多様な美しい装飾にできるという特製の小さな機械を見せてくれた時はその独創性に感心した。いずれにしろ常に、創造的・芸術的な色合いの濃い仕事を求めているようだった。ビジネスはうまくいっているとは言えない状況で、約一〇年間家に家賃や食費は一銭も入れなかったが、なんとか仕事は回っているようであった。

しかし、なかなか仕事が思い通りにいかないストレスからか、だんだん酒量が増えていった。一度は公園で寝込んでしまい、もう一度は酔って自転車に乗り車にはねられ、二度も交番にやっかいになった。ついに階段から転げ落ちたり、物を投げたりするようになり、自分を抑制することができなくなってきたのである。我慢の限界を超え、八重子は賢を家から追い出した。こうして賢が八重子と断絶する、第二の時期へと入る。妹たちとは稀に連絡をとっているようであったが、親には何も言ってこず、居所さえわからなかった。

我が道を行く娘たち

二人の娘も、八重子が敷いたレールに乗ることは拒んだが、もともと賢ほどにはプレッシャーを与えていなかった。自分の意志をしっかりもつ、芯の強い娘たちだった。プレッシャーをかけなかったということは、母親が女の子を気にかけていなかったこともあるが、二人の自由と自立心を信じていたからとも考えられるだろう。

八重子と茉莉の関係は、長男との間ほど情緒的に絡み合っていなかったので、表面上は穏やかであった。ただ、母から兄に注がれる特別の関心を羨む気持ちから、茉莉は自分を支え育ててくれるものは、父親と食べ物であると捉えるようになった。料理をすることも食べることも大好きだった彼女は、小学五年生の時点で、もうその体型はひときわ目をひいた。一度二七歳の頃、減量しようとしてみたがうまくいかず、二度と試みていない。地元の公立中学校に通い、兄と同じ高校の学科試験には合格したものの、体力テストで失敗した。明らかに体重のせいらしい。近隣の私立高校へと進学し、数学だけはいつも満点だった。中学までは、賢と同様バイオリンを習ったが、その後は三味線のお稽古を楽しんでいた。大学は、新宿エリアにある美術大学を選んだ。茉莉は、塾でとても上手に算数を教えていたので、八重子は「いい私立大学へ行って教員になりなさい」と勧めたが、彼女は陶芸の道を選んだ。自分の道は、自分で選びたかった。母が憧れるアメリカへの語学留学、バイオリンや現代西洋美術の勉強ではなく、伝統的な日本の美術工芸、特に民芸品を好んだ。茉莉は、自分を大学にやるお金があるのか、無理に進学する必要はないと父に伝えたが、経済的な心配はいらないと言われ、その美術大学を選んだのである。三味線の稽古を続けながら、日本の陶芸、彫金、藍染めなどの伝統工芸を学んだ。とても充実した四年間を過ごし、そこで多くの友人も得た。

徳蔵も八重子も、茉莉の体重が大きなハンデになりはしないかと案じつつも、誰かいい結婚相手を見つけてやりたいと願っていた。ただ、茉莉は自分の人生は自分でなんとかしたいと考えているようだったし、八重子も自分の仕事で忙しかったので、そのことに時間やエネルギーはあまり費やすことはなかった。茉莉が二四歳の時、ある保育園の先生から「息子の嫁に茉莉さんを」という申し出があった。家族ぐるみのつき合いをしていた人たちで、「太っていることは全く問題ではない。ありのままの茉莉さんを、お嫁さんに」と言う。茉莉の成長をずっと見守ってきたその女性は、賢く何でも出来て優しく思いやりがあり、信頼に足る女性だと知っていた。息子さんの方も、ぽっちゃりした女性の方がいいと言っているようだった。だが、その青年のアメリカ赴任が決まっていることを知った茉莉は、「私は引っ込み思案だから、海外生活には馴染めないと思います。それに、アメリカの若い女の人は、細くて引き締まっている（明らかに彼女の思い込みだが）でしょうから……」と、この縁談を断ったのだ。兄同様茉莉も、何事も自分で決定したい、他の人には決められたくなかった。成功や名声に執着する母親には、従いたくない。しかしだからといって、自分が納得できるような別の女性モデルを見つけることは、たやすいことではなかった。

茉莉の肥満は、結婚あるいは「女性としてあるべき姿」に対するプレッシャー回避のための、無意識の在り方なのだろうか。ありのままの自分を、世の中に受け入れてほしいと主張するひとつの手段なのだろうか。いずれにしろ、彼女は大学を卒業すると数年間家に入り、母がデパートで働いている間、家事や父の世話をした。三味線を弾き陶芸をし、徐々に珊瑚専門の装身具を作る会社で働くようになった。家での茉莉はいつでも優しく快活で、皆を笑顔にする包容力のある人だった。

八重子は、茉莉が想いを寄せていたというよりは、おそらく面倒をみるのが好きだった木村君という青年の話をしてくれた。彼は生協で八重子が採用した、少しおどおどした線の細い青年であった。八重子が内部のトラブルにより、生協から完全に身をひこうと話をしている時に、彼が偶然居合わせた。すると木村君はなぜか八重子を支持し、そんなことをする必要はないと止めるのも聞かず、一緒に退職してしまったのだ。その後まもなくして、彼から八重子に電話が入った。「今、僕は九州にいます。死のうと思っているんです。この世で僕が役に立つことなんて、もうありませんから。でも生協での三年間が、一番楽しい時でした。いつも励ましてくれて、本当にありがとうございました」。八重子はすぐさま、どこにいるの、いくらお金を持っているのと切り返し、東京に戻る汽車賃を借りる方法を教えた。「ここに戻ってきてから死になさい。電話で感謝の気持ちを伝えるのはよくないわ。直接顔を見て、ちゃんと私に礼を言うべきでしょう。逃げるなんて、男のすることじゃない」。

言われた通り、木村君は戻ってきた。徳蔵が駅で彼を迎え、病院の手伝いをさせることにした。彼は看護助手として働きながら看護学校へ通い、今やベテラン看護師として活躍している。そんな木村君のことを、病院に勤め始めてからも、茉莉がいつも励ましていた。しかし彼のことを微塵も哀れまず筋を通して接し、しかも一つの命を救った八重子の力は本当にたいしたものだと思う。

勝子は、自立心旺盛で反抗的な「八重子の少女版」だった。男の子でなかったことで母を再び失望させた勝子は、母乳で育てられたとはいうものの、八重子が外の活動に早く復帰するため、哺乳瓶と、徳蔵と茉莉の世話になることが多かった。勉強に関してはほとんど何も言われることなく、気楽にのんびりバスに乗らなくても行ける近くの公立小学校に通い、多くの友達と楽しく過ごした。大きくなればなるほど父や兄姉の味方になり、母に従おうという気持ちは、微塵もなかった。八重子自身、勝子と自分の関係は、自分と千代の関係にそっくりだと、この反抗的な末娘の態度をほぼ受け入れているようで、絶えず口げんかをしていても緊密な関係を保っていた。

勝子は近隣の公立高校に進学し、数学と化学が好きだった。クラス二番の成績で卒業した勝子に比べ、交際していたクラスメートの松波昌樹君は、クラスで中くらいだった。医療系の技師か薬剤師になりたいと言う勝子に、八重子は「千葉大学医学部を目指してみたら」と勧めた。勝子は「自分の成績では難しいので、確実に入ることができる私立大学に行きたい」と言った。だが八重子は、「千葉大の授業料なら払うけれども、高い私立大学は払えない」と言い渡した。努力なしで何かを手に入れるのではなく、自分の希望を実現させるために、もっと努力をしてほしかったこともある。息子ほどには娘の教育にはお金を使わないものだ、とも考えていたこともある。娘を国立大学に入れた名声が欲しかったことも否めない。だが勝子はいつものように母に耳を貸さず、今度は大学進学ではなく、就職することに決めた。当時の文部省で四年間、秘書として勤務した（話はそれるが、後に総理大臣になった森氏は当時の文部大臣だった。勝子の子どもたちは、母親がそんな有名人のもとで働いていたことを誇りにしていた）。官庁に勤める未婚女性は自宅通勤が採用条件だったため、自宅から通勤した。高校時代からのボーイフレンド昌樹は、農業大学で経済を専攻していた。

昌樹の大学卒業が近づいてきた頃、勝子と彼との将来は曖昧なものになっていた。彼が大学で、別のガールフレンドを作っていたのだ。茉莉が勝子に、昌樹のことをどう思っているのかと尋ねたところ、彼に対する気持ちはまだ変わっていないというはっきりした答えが返ってきた。茉莉はふと思いつき、知り合いのつてで「高校卒業後も友情をはぐくむ地元の友達」と、あくまで友人同士として二人のことを地方紙に記事を書いてもらった。それがきっかけで再び二人は会うようになり、まもなく結婚を考えるようになった。昌樹も大学のガールフレンドより勝子がいいと明言し、彼の両親も同意見だった。慣習にならい松波家の両親が伊藤家にやって来て、勝子を長男の嫁としていただきたいと正式に申し込んだ。農業を営む昌樹の両親に、八重子はまず尋ねた。「勝子は、頑固で勝手な子なんです。農業なんて、とてもじゃないけどできやしませんよ。なのに、なぜあの子が欲しいのですか？」昌樹の両親は、「勝子さんの、自分にも厳しいところに感心しております。高校生の頃、家に遊びにきていた時、礼儀正しくて素晴らしいと思ったのです」と説明した。八重子は、自分の最初の質問は娘に農業を期待しないでほしいという意味だと説明し、松波家の両親も同意した。二人は両親の敷地内に住み、長男として家を継ぐことになっていた昌樹は、その敷地にスポーツクラブを建てたいと夢を語っていた。

8　闘いの日々

何ごとにも動じない女性

一九七八年からの一〇年間は、私はしばらく日本に行くことができず、私は勝子の結婚式にも参列できなかった。だが一九八〇年の私の長男デイヴィッドの結婚式に、八重子ははるばるやって来てくれた。彼のことを二歳の頃からよく知っていたからだ。この温かさに、私は本当に胸を打たれた。

私たちのやりとりの中で憶えたほんの少しの英語を頼りに、八重子はたった一人で飛行機に乗り、ニューヨークで乗り換えて、ボストンまで辿り着いた。なんとニューヨークの空港で迷子になり、搭乗予定のフライトには乗り遅れたのだと言う。それでもなんとかアフリカ系アメリカ人空港従業員に助けられ、次のボストン行きに乗り、予定より数時間遅れたものの元気いっぱいで到着し、初の海外旅行に満足げであった。こんな旅行を一人ですることを想像したら、恐怖に陥る日本人は多いのではないだろうか。

結婚式と披露宴で、八重子は元来の社交家ぶりを発揮し、全ての物事、全ての人を観察しながら、ゲストのなかを歩いて回った。パーティー後、「伊藤さんとのおしゃべりを楽しみましたよ」との、たくさんの声が上がったことに私は感嘆した。どんな言語、どんな伝達手段があったのか知らないが、八重子がボディ・ランゲージでどうにかして伝達していたこと、そしていつもの何事にも興味津々の明るく陽気な社交家の彼女でいたことは明らかだった。

苦難の年

一九八八年九月、伊藤家を訪ねた私を出迎えてくれた八重子は、曇った顔をしていた。そして次に徳蔵に会った時、衝撃が走った。この一〇年で、その容貌は激変していた。年をとり、腰が曲がり震えもあるようだった。挨拶を交わした後、徳蔵が長く闘病生活をしていたことを知った。いつものように私の好物の刺身をご馳走になり、徳蔵がゆっくり椅子にくつろいだ後で、八重子が説明をしてくれた。前年の六月、徳蔵は職場で脳卒中をおこした。突然身体がだるくなり、震えがきて、麻痺症状が現れたらしい。二週間入院し、これは回復したように見えた。だが職場復帰するやいなや、すぐにまた調子を崩し入院した。入院してみるとまた実際気分も良くなってきて、医師も職場復帰へ太鼓判をおし、本人も仕事に戻ることを切望した。しかし職場に戻ると、上司に「働くには今の調子では無理だから、帰宅するように」と言われた。働くエネルギーも意欲も喪失し、「もう僕は役立たずだ」とふさぎ込み、時々散歩に出ようとする以外は、ほとんど何もできずに家にいるのだと言う。そして「心が真っ白で、何も考えられない」とつぶやくのだとも。徳蔵は六六歳で、一二月までには退職するかどうか、決定をくださないとならなかった。

病院の事務長である徳蔵はこの数年、病院経営をめぐって問題を抱えていた。創立者の前院長が約八年前に亡くなった後、息子と甥の間に後継者争いが生じていたのである。徳蔵は自分が尊敬し、また自分のことを信頼してくれていた前院長に、非常に恩義を感じていた。そして好人物であり腕の良い医師でもある、息子である島田医師を支持したいと感じていた。だが甥の方が経営手腕はあり、病院経営を実質的に切り回していたのである。会計士として事務長のポストにいる徳蔵は、ある時この甥が、プライベートの旅行や車の費用などに、病院の金を使いこんでいることを知ってしまった。そして徳蔵は、これを秘密にしておくよう命じられた。最初は少額だったこともあり、秘密を堅く守らざるを得ないと感じていたが、どんどんエスカレートしていく事態に徳蔵の葛藤も膨れあがった。息子の島田医師が従兄弟のしていることに気がつき、徳蔵に何が起きているのか尋ねた時、徳蔵の苦しみは頂点に達した。島田医師は出張にも自腹で行くような人だったので、公金の不正使用を聞いた時の衝撃はあまりに大きかった。病院の財政はもはや危機的状態にあり、破産か売却に追い込まれるのではという状態だった。そしてちょうど先週、島田医師が徳蔵のところへ財政の危機的状況についての相談と、病院再建のための保証人になってくれるように頼みにきたのである。徳蔵はただわなわなと両手を握りしめ、一言も言葉が出て来なかった。八重子はそれを見て言った。「必要とあれば、私が病院に行って保証人になりましょう」。夫がもし病院に行っても、ただびくびくしてもう何も言えないだろうと思ったのだ。徳蔵は職場の問題について、八重子だけには打ち明けていた。病院に悪い評判がたち、患者に迷惑をかけることを恐れていた。「でも正面切って甥っ子と戦えば、もう僕は干されるよ。そして病院は倒産か売却に追い込まれるに違いない。我が家について詮索され、土足で踏み荒らされるかもしれない。島田先生は患者さんにとっては素晴らしい先生だけど、あの腹黒い従兄とは渡り合えないよ……」。

徳蔵はモラルにこだわり、誰でもそうできるはずだし、そうすべきであるという考えの持ち主であった。まわりの人全てに仲良くやってほしいと願う、とても心優しい人柄でもあった。侍のような彼は、義理と人情のジレンマ――「上（直属の上司である甥・病院）への忠誠」対「潔く在りたいという理想」と「自分をひきたててくれてきた島田家への恩義」――に押しつぶされそうだった。茉莉は、お父さんは意気地がない、病気に逃げていると批判した。「二〇年前、病院の取引先の不正事件の時には、お父さんは事実を証言したのよ。本当は強い人なの」と、八重子は夫を弁護した。すると徳蔵は言った。「たとえ死んだとしても、出ていって真実を言おうと思っている。でも家族にどんな影響が出るのか、それが心配で心配で……」。心労のあまり本当に思考が停止し、何も決められない状態であることが、八重子にはわかった。

その状況を聞き私は、精神科医の土居健郎氏に、徳蔵の診察をお願いしてみたらどうかと提案してみた。彼の状態には、抗うつ剤が有効だと判断したからだ。精神科を受診すると言うより、私に会いに行くと言って連れ出した方が受け入れやすいだろうと、八重子はこれに賛成した。私は予約をとっておくことを約束した。

今年はとにかく色々なことがあったのよ、と彼女は話を続けた。賢は飲酒問題による四年前の勘当から家に寄りつかなかったのだが、勝子が自宅に賢を招き、家族全員で集まったのだという。賢は今、築地のアパートに独りで住み、デザインや広告関係の仕事をしていた。茉莉の暮らしは変わらず落ち着いていて、ジュエリーの仕事をしながら、父親の世話や家事をこなし、三味線を演奏したり、教えたりもしていた。

勝子は夫と別居し、離婚寸前だった。結婚後、義父母の近くに住んでいた勝子は、しばらくして姑さんと衝突した。八重子が加勢したあげく、喧嘩が余計に大きくなったらしい。徳蔵がまるく収めようと出かけて行き、残りものの食事しか出てこないという侮辱を受け、勝子は「もうこれ以上我慢できない」と家を出たのであった。小さな第一子を連れ、A町の小さなマンションに引っ越した。それは、八重子が「賢がいつか結婚して住むかもしれない」と購入していたもので、茉莉が時々使っているものだった。松波家では、相続問題が起こっていた。昌樹の祖父と父親は、長男昌樹が家の農地など、全てを相続することに同意していた。しかし祖父が亡くなると、祖母とその兄弟は、平等な相続権をうたう新しい法律に従い、松波家の兄弟四人が平等に相続することを望み、父親をうまくまるめこんでしまったのである。ある叔母に至っては、勝子をなじった。「勝子さんが、全部の土地が昌樹のものになるように、裏でやっているのよ。絶対それもあの厚かましい母親が、そうさせているんでしょうよ」。八重子は反論した。「とんでもない濡れ衣ね。その叔母さんは妄想に取りつかれているのよ」。昌樹は、父親が他の親族の思惑に屈したことに腹を立てた。土地が四等分されてしまうと、自分の取り分は、彼の長年の夢のスポーツクラブ建設には、小さ過ぎるからである。昌樹は、長男としての自分の権利全てを農業が好きな次男に譲り、勝子と幼い息子を追いかけてきた。もともとそんなに農業が好きでなかった彼は、夢もかなわぬ今、農場の権利を放棄してももう構わないようだった。そもそも八重子は、離婚には断固反対だった。唯一結婚している子どもの結婚を、応援したかった。「親があんなに言いたいことばかり言う人だから、娘さんもうまくいかないのよ」とかなんとか、自分のせいにされるのもまっぴらだった。さらに八重子は、昌樹のことを気に入っていた。勝子からすると、夫にはもう少しガッツが欲しかったが、母親似の勝子には、それくらいのんびりした人がいいのだと八重子は考えていた。占い師に聞いてみても八重子と同意見で、二人はうまくいくと太鼓判を押してくれた（日本のミドルクラスには、占い師に相談する人がかなりいる）。八重子の助けで勝子たちは、伊豆半島のリゾート地で、昌樹の希望にかなり近い仕事を見つけることができた。また八重子は二人に、高級車を購入してやった。

このような勝子の問題で年が明け、それに続いて徳蔵の問題が到来したのである。

茉莉の爆発

二週間後、私が八重子に電話をしてみると、徳蔵は診察を拒否しているらしかった。「土居先生みたいな、そんな偉い先生を煩わしたくはないよ。そもそも僕には、精神科医なんて必要ない」。マッサージが効くのだと彼は主張しているようだったが、八重子は、とてもマッサージで十分とは思えないようだった。徳蔵が受診する気になったらまた電話することを約束し、電話を切った。

その後、八重子からは全く音沙汰が無かった。片道一時間以上の通勤時間をかけて週三〇時間デパートで働いているので、郊外に住む家庭の実情としては珍しくはないものの、かなり多忙なことはわかっていた。クリスマスプレゼントを贈ったところ、一月三日の夜に家に来ないかと招待を受けた。だが三日、いざ出かけようとしたちょうどその時に八重子から電話が入り、いきなり来ないでくれと言われたのである。八重子は曖昧に何か、伊豆の勝子の家に集まったこと、仕事で忙しいこと、夫の具合がまだ悪いこと、茉莉とのことで何か問題が生じたこと、などと矢継ぎ早に説明した。こういうことは今までなかったので私は当惑したが、さらに当惑したのはその後二ヶ月近く、八重子が何も言ってこないことだった。とうとう私は、「お元気ですか、私はあなたが気を悪くなさるようなことを、何かしてしまったのでしょうか」という手紙を送った。返事は、すぐに電話できた。何も気を悪くしていることはないと私を安心させ、三月の第一週に会うことになった。「私たちは、こんなに長くおつきあいしてきたのですよ。デイヴィッドの結婚式にまで行った仲なんですから。もし私たちのことで何か問題があったとしたら、当然きちんと直接言います。問題は、家のことなんです」。

今度の問題は、茉莉とのことだった。それまで本当にトラブルを起こしたことのなかった茉莉と、八重子は今や全く口をきかなくなっていた。正月元旦を、伊藤家全員で伊豆の勝子の家で迎えたらしい。八重子は勝子の長男淳一を膝に乗せ、自分の皿からスプーンですくい食べさせた。これは、全て個々に分け、特に子どもの皿・スプーン・食べ物は別にするという勝子の育児ルールに反するものだった。八重子の食べさせ方を見かねた茉莉が、それをやめさせようとして、なにかの加減で強く押してしまったらしい。その拍子に支えるものが何もなかった八重子は、後ろに倒れてしまったのだ。体は何でもなかったものの、娘に叩かれた、侮辱されたと激怒し、すぐさま自分の荷物をまとめて家を出て、かなりの距離だがバス停まで歩き帰路についた。賢が追いかけてきて戻るように説得したが、「今までこんな扱いを受けたことはない」と、脇目もふらず歩いた。八重子は意見の不一致は我慢できても、侮辱は決して許さなかった。面子をつぶされることは、耐えられなかったのだ。茉莉と徳蔵は、翌日戻ってきた。

二ヶ月たっても、茉莉と八重子は一言も口をきかなかった。茉莉は賢の使っていた二階の部屋にいたが、二人が仕事に出かける時間は違っていたので、家の中で顔を合わせることもなかった。茉莉が父親の夕食を作り、八重子は偶然その場にいあわせたとしても決して彼女の料理に箸をつけず、自分の分を料理した。ある日勝子がやって来て、茉莉がなぜああいう行動に出たのか理解できるかと尋ねたが、八重子は無視して話し合いを拒んだ。しかし実際のところ、あれやこれや一人で思いをめぐらせていて、茉莉の気持ちもかなり理解するようになっていた。いつも我慢強く思いやりのある茉莉。我慢の限界を超えてしまった瞬間、これまで溜め込んできた怒りを噴出させたのだろう。あの時茉莉がぶつけてきた感情は、育児における勝子の考えを支持するためだった。勝子が別居を始めてからずっと二人の面倒もみてきた茉莉は、勝子親子を同一視していたのだ。八重子は私に、はっきりと言った。「もし私の面子を失うことなく仲直りできるのであれば、茉莉との関係をもう一度やり直したいと思っています」。八重子は勝子の気遣いを冷たくあしらったものの、彼女の心の琴線に触れていたのである。

ただ、別の一因もあった。勝子一家がA町のマンションを出て伊豆に引っ越すと、八重子はそれまでよく使っていた茉莉に一言も相談せず、ただちにその部屋を売却してしまったのである。茉莉には、家にも自分の部屋はなく、四年も戻ってこない賢の私物でいっぱいの二階の部屋にいるしかなかった。八重子は、賢の遺留品をどうしてよいのかわからないのだと言う。私が、「彼の物なんだから、選り分けて捨てるなりなんなり、彼に責任があるのではないかしら」と言ったところ、八重子が驚いた顔をしたことに、私の方が驚いた。母親なのだから、大人になっても子どもは子ども、いつになっても息子について責任をもたなければならない、と思い込んでいるのである。戦後の母親が子どもに与えた、より大きな自由と甘えは、親が永久に面倒をみるという意味だったのだろうか。そもそも賢が欲しくなることもあろうかとそのマンションを所有していた母は、売却すべきか賢には確認していた。彼が「全く関心が無い」と言ったため、実際にそのマンションを使っているだけでなく、一家の支えでもある茉莉への相談なしで、売却を決定したのである。それを知った時、茉莉はただ「仕方ないわよね」と言っただけだった。ただそれは全く配慮の無い母親への憤りを隠した、諦めの言葉だったのだろう。何もせずとも兄は、今でも八重子にとって「大切な人」として扱われ、自分はいつも蚊帳の外という深い憤りが心の底にあったのではないだろうか。そんな茉莉の思いがようやく理解できた八重子だったが、それでも決して、自分から仲直りしようとはしなかった。子どもに親が頭を下げるべきではないと、信じていたからである。プライドにかけて、自分が娘を不当に扱ってきたことを認めなかった。徳蔵もこの事態をなだめようと努力し、大事な娘と妻がもう話さないと言うのなら、自分はもう死んだ方がましだとまで言った。それでも八重子は「あなたが死んだところで、何も変わりませんよ」と、彼の思いを無視するのであった。勝子が少しずつ二人を引き合わせ、自然な関係に戻ったのは二年後のことだった。

9 海辺での再出発

夫が退職を決意したとき

徳蔵は一二月末で正式に退職した。八重子は、「うちの人は、頭をたれてぼうっとしている、うつ病の患者さんとは違うんですよ」と言いはっていたが、徳蔵が立派なうつ病であることは明らかであった。少なくとも震えは減ったものの、一日中何もせず、窓や玄関も閉めきって外出もせず、誰にも会いたくないと言って人が来ても応対しなかった。よく眠れず朝早く起き、ほとんど布団の中で一日を過ごしていた。見当識障害があるわけではないものの、心ここにあらずの状態だった。年金はあっても自分の収入が無くなったことで、必要以上にお金のことを心配し、お米が配達されると茉莉に支払わせたりした。八重子は、さすがに夫の看病をしないといけないと思い、とうとう二月半ばに大好きなデパートの仕事を辞めた。同時に、時間をもっと柔軟に使えるに違いないと、占い師という仕事に興味をもち、本を読んだり、然るべき人にそのキャリアについて相談したりしていた。

そして三月末、ようやく徳蔵は聖路加国際病院を受診した。土居氏もやはりうつ病と診断をし、職場の隣にいつまでも住んでいるより、彼が職場でのできごとと距離をとることができるよう、しばらく遠い所に行ってみたらどうかと勧めた。「これまでご主人が、ずっと奥さんの面倒をみてきたのですから、これからは奥さんがお世話する番です。うつになるのも無理はないでしょう。ずっと、言いたい放題の奥さんと暮らし、自分の本音を抑えてこなければならなかったのだから」。八重子はその言葉に気を悪くするどころか、笑いながら「さすが先生、ご明察」と、その単刀直入な提言を喜んでいた。土居氏を尊敬する八重子は侮辱されたとも思わず、笑ってこれらの事実を受け入れることができたのである。

回復と悲しみの言語化

翌年の一九九〇年夏に私が来日した時、八重子と徳蔵は、新しい家でのんびりと暮らしていた。太平洋が見渡せるマンションの三階で、通りを渡ればもう海だった。さすがの八重子も仕事を続けたいという思いを断ち切って、長年住んだ家を売り、海岸沿いの街に引っ越してきたのである。海を眺めて癒やされ慰められるだけでなく、土居氏の推薦する総合病院のある町にも遠くなかった。まだ徳蔵自身は、身体が弱った、エネルギーが無い、どこにも行きたくないなどと訴えるものの、周囲から見ると焦燥感やいら立ちも落ち着き、よく食べよく眠り、海辺を散歩できるようにもなっていた。「やっぱり、引っ越したのが良かったみたい」と、八重子は安堵している様子であった。だが夫の回復に伴い八重子の方がだんだん落ち着かなくなり、徳蔵が「一日二日なら自分のことは自分でできるから大丈夫」と言うので、時々バスで二時間かかるA町や伊豆にも出かけるようになった。茉莉はA町で一人暮らしをし、自分の仕事場も持っていたが、両親のもとにもよく訪ねてきた。東京に住む賢もよくやってきて、徐々に父母との関係は修復されているようだった。勝子一家も訪ねてくるが、徳蔵と八重子も、孫たちに会いに時々伊豆に出かけた。

二年程たつと、徳蔵はすっかり調子を取り戻したように見えた。すっかり安心した八重子は、バスで一時間かかる町のデパートで働くことにした。だが、ある夜家に戻った八重子は、ガスが部屋中に充満しているのを発見した。いつも先に床につく徳蔵が、閉め忘れていたのだ。これを明らかな警報として受け止め、八重子は再度働くという気持ちを捨てた。

そういうことはあったものの、順調に回復に向かっている徳蔵は、家庭の諸々のことにも関心を示すようになり、前の職場でのことについても、自分の気持ちを言葉で表現できるまでになった。

徳蔵は数十年にわたり、創設者の元院長先生の恩義に報いようと、誠心誠意病院のために尽くしてきた。その最終章が、感謝されるわけでもなく「不協和音」と「憎しみ」に満ちたものだったこと。そして息子である島田医師に何も恩返しをしてあげられなかったこと。それに徳蔵は、深い悲しみを感じていた。八重子は夫のこの思いに共感し、私も同じように感じていた。長年にわたる病院への献身は、感謝と祝福を受けて当然のものだったのに、なぜ義理と人情の板挟みで身動きがとれない状況に陥らざるをえなかったのか。彼の最大の強みであるはずの寡黙で我慢強い「侍」のような姿勢が、最大の脆さだったのか。

少なくともその時の徳蔵には、自分の価値観に優先順位をつけること、複数の理想の衝突に対応し、一つを失う可能性を認識しながらもう片方を選択するということは、難し過ぎることだった。実直を貫き長年の恩義に報いることは、権威者（上司）への反逆、失業の危険性、今は保証されている家族の幸せの喪失を意味していた。もしかしたら彼の静かなるストイシズムは、理想を貫くという意思に基づくものだけではなく、葛藤を回避したいという願いの一表現だったのかもしれない。確固たる姿勢や、誰とでも仲良くやっていく力に自信をもっていた一方で、葛藤の対処に自分は適していないという潜在的な不安も存在したのではないだろうか。

ようやく訪れた平穏な日々

一九九一年頃からようやく伊藤家にも、平穏な日々がやってきた。家族全員で頻繁に集まり、ビールを飲みながら楽しい、のんびりとした時を過ごすようになっていた。八重子と徳蔵、三人の子ども、義理の息子や孫たちも集まり、それに私も加わった。家族が皆おしゃべりなこともあり徳蔵はあまり話はしないが、とても心地良さそうであった。

賢は月に二回ほど、父母を訪ねてくるようになっていた。お互いを理解し、受け入れられるようになってきたのだと、八重子は非常に嬉しそうだった。今になって、いつでも東大東大としか言わなかったこと、そしてそれが反抗を招いたことに気づいたと言う。一方賢は酒に溺れ、一旦自信を喪失したものの、その後映画の編集やテレビコマーシャルの仕事が軌道に乗り、自信を取り戻すことができた。彼は、結婚を急いではいないようだった。女性の好みはいわゆる美人なのだが、「だいたい、美人はばかって相場が決まってるんだよ。俺はばかな子どもは嫌いなんだ。それに、たとえどんなにちゃんとした人と結婚しても、その人は母さんにいじめられるんだろ。それが気の毒で。だから、母さんが生きている間は、結婚しちゃいけないと思っているんだ。それに俺は、父さんみたいないい父親にはなれないから」と、母と未来の妻の確執について懸念していた。八重子は笑って、「それもそうね」と同意した。

それから二年程すると、賢はさらに表舞台に登場するようになった。日米のみならず世界中で上映された映画のスタッフとして、雑誌に取り上げられ絶賛されたのだ。彼は母に「今の自分なら認めてくれるか」と尋ね、八重子は「認めざるを得ない」と答えた。その後私が、「我が道を行くところは、あなたたちそっくりね」と言うと、「結局は私の息子なんだってことは痛いほどわかってるって、次あの子に会ったら言うわ」と返した。

茉莉はというと、A町に住み珊瑚細工の仕事をしていた時に、同僚の三輪氏という男性と非常に親しくなった。彼は離婚経験者で二人の成人した子どもがおり、母親と同居していた。茉莉と三輪氏は共に会社を辞め、自分たちでビジネスを始めた。初めは色々な宝石を作っては販売していたが、後には医者や歯医者に医療器具も売るようになった。三輪氏が営業で跳び回り、茉莉が会計管理・得意客との連絡・商品づくりをした。彼女には、本当に商才があるようだった。全く結婚の意思が無い茉莉について八重子はずっと気にしていたが、結婚も同居もしていなくても、この二人がビジネス上でもプライベートでも良いパートナーなのだと、認めるようになってきていた。徳蔵もなんとか茉莉を支えてやりたかったたし、それは八重子も同じだった。そこで茉莉へのお金と考えて、パートナーである三輪氏のビジネスに出資した。彼もまた、茉莉と一緒に私を車で送迎してくれるなど、家族の一員のようだった。

勝子の家族は、夫と二歳ずつ年齢差がある三人の男の子がいる大家族となっていた。昌樹は二度会社を変わったが、いずれもレクリエーション・スポーツ施設での仕事を選んでいる。勝子と義理の両親との関係も良くなり、子どもを連れて定期的に訪問するようになった。勝子夫妻は共働きする若い世代の典型で、収入を得るために努力し、子育てには互いに協力し合っていた。勝子は時にはパート、時にはフルタイムでいろいろな仕事をした。二人とも働きに出ている間八重子が一人、あるいは二人の子どもの世話をすることもあったが、たいていは勝子か昌樹どちらかが、家事も育児もこなしていた。ただ三人の学齢前の子どもの世話というのは、八重子だけでは難しく、この時期だけは勝子も仕事をやめ主婦に専念した。勝子一家は、伊藤家の子どもで唯一の法律上認められている家庭だったので、常に多くの関心と愛情に恵まれた。勝子と長男・淳一がA町にいた時は、茉莉が母親のように面倒をみたように、賢も勝子夫妻と仲が良く、淳一を我が子のように可愛がった。

溺愛型祖母問題

「勝子世代の母親」について、勝子は次のように話してくれた。見合い結婚より恋愛結婚の方が一般的になってきているので、たいがいのカップルは「ずっと一緒に」と願い結婚する。だが子どもが生まれると、子どもが最優先になる。どこの夫も、一五〜二〇年前より確実に家事もこなすようになってはいるが、育児にベビーシッターは使わず、祖父母に子どもを預けることが多い。同世代の母親の中には、絶えず夫の不満ばかり言っているグループもあるのだが、勝子は昌樹に不満はないし、いまだに素敵な男性だと思っているくらいなので、こういうグループには馴染めない。強いて言えば、いつも一方が働き一方が子どもの世話をしているので、夫婦で過ごす時間がほとんどないのがやや淋しい、と。

八重子と勝子の意見の対立は、日常茶飯事であった。八重子も徳蔵も、勝子が淳一に厳し過ぎると言ったが、勝子は「母さんだって厳しかったわよ」と言い返した。勝子は、自分たち世代の子育て方法に疑問をもっていた。前の世代に比べると子どもの数が一人か二人と少なくなったので、子どもを過保護なまでに守り、甘やかす。子どもたちが親の目がないところで自由に、同年代の仲間たちと遊ぶ機会が全くない。時間があれば勉強するように言われ、他の子と同じように集団の中に同化することが期待される。喧嘩が起きると、母親は相手を責め我が子をかばう。一方勝子の信念は、「自分で責任をもって行動し、過度な世話を必要としない子どもに育てる」ことにあった。他人を思いやり、迷惑をかけないことを強調し、子どもが何か悪いことをしたら、目をまっすぐに見て心から説いて聞かせ、謝らせた。「ありがとう」をきちんと言える子どもにもしたい。そう生き生きと育児への意気込みを語る勝子。彼女は八重子そっくりに、自立と責任に重きをおく母親であった。

だが当の八重子はと言うと、もはや厳格な母親ではなく、孫を溺愛する「甘いおばあちゃん」になってしまっていた。勝子の厳しさを批判し、度々そのことで言い争った。最悪の喧嘩は、第二子・純二の出産直前に起きた。八重子夫妻は、伊豆に出産の手伝いに行った。お腹も大きく予定日も間近で、勝子は緊張と不安の中にいたのだという。ある日の午後、淳一のいたずらに怒った勝子は罰として彼を追い出し、四時間ドアの外でずっと泣かせたままにした。八重子はこの厳しさに腹を立て、入院中子どもと家事の面倒をみてくれる人に払うお金を置くと、徳蔵を連れ自宅に帰ってきてしまった。もちろん徳蔵は間に入り、喧嘩は止めてくれとなだめたのだが。純二が生まれて約二週間後、勝子は赤ん坊を見せにやってきて、出産前の癇癪をわびた。親の決めた子育てルールを無視する「溺愛型祖母」は、二年前の八重子と茉莉の大げんかの引き金にもなっていた。この終わりのない母と娘の闘いは、新しい時代特有のものと言えるだろうか。

初孫の試練

一九九二年、私と八重子は、伊豆の松波家で数日過ごした。ちょうど淳一が、小学校に入学した時である。淳一は、幼稚園まで順調にやっていた。しかし、小学校一年生の担任教諭は驚く程子どもに厳しく、淳一のことを何でもスローペースで忘れ物が多く、宿題もせず、本も読めないと評した。ある日淳一が学校から戻り、こう言った。「先生が僕のこと、『ばか』って言って、鉛筆と小さな旗で叩いたんだよ。『自分で文なんか書けないんだから、先生の文章を写しなさい』って」。勝子が事実を問い合わせると、先生は淳一が嘘をついていると怒った。そして淳一に、先生に対する謝罪の手紙を書くように要求したのである。そこで勝子がいろいろ調べてみたところ、淳一が過剰に反応した部分はあったかもしれないが、確かに担任教諭にばかと言われ、少なくとも旗で叩かれていた。そこで勝子と昌樹は、淳一に対する温かい理解と学校の最善の努力をお願いしたいと、その教諭と校長に会いに出かけた。「まだ一年生ですから、まずは学校に慣れ、楽しく通学できることが一番重要だと思っております。勉強はそこまで完璧にできなくてもよいのでは……」。しかし教諭は主張を曲げず、校長も担任の指導を徹底的に弁護した。逆に、勝子たちの子育てについて指導までされたのである。夜、勝子がウエイトレスとして働き、昌樹がその間子どもの世話をしていることで、子どもに無関心な親だと学校側は決めつけているようだった。この担任教諭は戦前のような理念を踏襲し、それが全てと信じていたのかもしれない。この面談で勝子たちは、できるだけ早く淳一を転校させようと決めた。一方八重子は賢の友人を通し、教育委員会にこの問題を訴えた。担任は知らぬ顔を通していたが、ある日真っ赤な顔になり、翌日病気と言って欠勤した。そして再び学校に出てきた時、ＰＴＡ・保護者・教員・児童の前でスピーチをし、「学校はお楽しみの場ではない、嘘つきは絶対に許さない」と強く訴えた。帰ってきた淳一は、あのスピーチは僕に向けたものだねと言った。勝子は、幼い息子が事の成り行きをよく理解していることを知り、彼の学校生活がこんな風に始まったことを、かわいそうに思った。学校と松波家の関係は、もう取り返しのつかない状態だった。

この試練の時の松波家の姿に、私は非常に感銘を受けていた。勝子と昌樹は同じ価値観をもち、励まし合い、息子の潔白を信じて二人で淳一をしっかりと支えた。実際、淳一は極めて正直な子であった。勝子夫婦は、自分たちも成績が特別良かったわけではない、淳一の運動能力と友達と仲良くする力は素晴らしく、何も勉強で抜きんでる必要はないと考えていた。この時、勝子は初めて自ら語ってくれた――小学校時代、成績が良くなくて嫌な思いをしたこと。母は勉強しろとも言わなければ、教えてもくれなかったけれど、賢が時々宿題をみてくれたこと。母はいつも家にいなくて、学校から帰ると父が迎えて夕飯を作ってくれ、健康と「幸せだなと感じること」が一番大事なんだよと教えてくれたこと。高校までは学校嫌いだったこと。高校で初めて動物など興味あるものを見つけたこと。そして成績が二番になったこと――。母が常に不在で自分の勉強に無関心だったことを、淋しく思っていた勝子。彼女は淳一に幼い日の自分を重ね合わせ、息子がもうこれ以上屈辱を受けないよう守らなければと必死だったのだろう。その思いを知った八重子は後に、そんな勝子の高校での頑張りを評価してやらなかったことを、とても申し訳なかったと話した。上の二人は大学に行かせたのに、勝子の希望した私立大学にはお金を出さなかったと。

しばらくして松波家は、伊豆の海岸沿いの比較的大きな町に引っ越した。そこで淳一は新しい学校に快く受け入れられた。勝子自身、その前に住んでいたコミュニティーに受け入れられていないと感じていたため、その選択になんのためらいもなかった。その小さな町の母親たちは因習にとらわれ、田舎独特の了見の狭さがある、と彼女はこぼした。姑と嫁が絶えず互いに不満を言い合いながらも、若い夫婦は大抵そのまま夫の両親と同居し、慣習に順応する。母親が働きに出かけることや、先生との例の面談も非難の対象になる。「松波さんのところは何かおかしいわよ」と後ろ指を指されているのではないかと、いつも気にしなければならない。中には肩をもってくれる人もいたが、「なぜ夜バイトしてまで車を二台も買うのかしら」と言う人もいれば、勝子の怒り方はヒステリックだと批判する人もいた。いずれにしても勝子は、ここに親しい友達はいない、家族以外では初めて学校の問題を打ち明けるのだと、私に言った。

そして次の夏私が日本を訪ねた時には、松波家は八重子と徳蔵の住むマンションの一階に移っていた。昌樹が近郊のゴルフコースのマネージャーという、新しい職を得たためだった。勝子はデパートでフルタイムで働くようになったが、勝子一家が徳蔵をみてくれるようになったため、八重子は週三日だけ午後に楽しく子守りをし、他の日はどこにでも出かけられるという、大きな自由を手にした。それから数年間、この生活形態はかなりうまく機能しており、八重子はこれを非常に喜んでいた。一緒にいる安心感と楽しさ、適度な刺激を与えてくれたからである。もちろん八重子は全ての孫に愛情を感じていたが、子守りの日でなくてもいつもおばあちゃんにくっついている、次男の純二のことが特に気に入っているようで、「純二は学校が好きで勉強も良くできる」と嬉しそうに話すのであった。時々口喧嘩をすることがあっても子どもの面倒を見てもらえるので、勝子にとっても母のそばに住むメリットは大きかった。淳一は、楽しく学校に通っているようだった。やはり勉強は好きではなかったが、そこそこ宿題もして先生ともうまくやって、スポーツに夢中になっていた。ただ昌樹は、通勤時間の長さと経済問題に頭をかかえるようになっていた。不況でゴルフ場経営では利益を出すことが難しくなってきた上に、勝子が三男出産を機に共働きをあきらめざるをえない状況だったからだ。

たくましく育つ体育会系の孫

二〇〇〇年、八重子が二週間ケンブリッジの私の家に滞在した時、中学生になった淳一も連れてきた。淳一は、学業成績はなんとかついていくという程度だったが、スポーツでは抜きんでており、大人っぽく責任感のある若者に成長していた。八重子は彼に広い世界を見せ、私の一〇代の孫たちと引き合わせたかったのである。私たち家族は、淳一の柔道の話を楽しんだ。ただ「勝てる」と気持ちを集中することで、良い結果が生まれるのだと教えてくれた。帰国した淳一は大きな試合で勝ち、中学校唯一の黒帯保持者となった。両親は高校入試に合格できるか心配していたのだが、彼の運動能力をかってくれた県立高校に推薦で合格した。

高校に入ると、柔道づけの毎日が始まった。秋になった頃、柔道部の監督からの体罰問題が浮上した。監督が淳一を殴り倒し床に頭を何度も打ちつけるので、耳へのダメージが大きく、大量出血が止まらず医者に来てもらわないといけない程だった。聴力に問題はなかったが、顔のかすり傷と耳の大きな傷跡は残り、診察した医者も含め、誰もがこれは体罰であると言った。憤った勝子はいつ何が起こったのか証拠を集め、学校の管理職のところへ行こうとしたのだが、淳一が母に頼んだ。「文句を言いに行ったって、俺に余計に返ってくるだけだよ。お願いだから、行かないでくれよ」。昌樹は、「淳一の人生、淳一の選択だ、学校には何も言うな」と息子を支持した。男性たちがこの体罰を、激しい訓練の一環であり、生徒を鍛える指導法の一つと捉えているのは見て取れた。他の柔道部員二人は校長へと訴えたものの、ただ「仕方がない」と言われ、柔道を止めたと言う。翌年になると、淳一は試合に勝つことが多くなり、監督も有望選手である淳一にはひどいことをしなくなった。この監督や淳一のようなある種の人間の中には、「侍」であることが今だ良きものとされていることに、私は気づかされたのだった。

10　最大の支えの喪失

思いがけない葬儀

一九九五年の春、徳蔵が亡くなった。静かに苦しみもせず、眠っているうちに亡くなっていた。脳出血であった。八重子はささやかな家族葬を伊豆の漁村にある伊東家の菩提寺であげようと考え、徳蔵が長年勤務してきた病院にさえも知らせなかった。しかし徳蔵の亡骸を伴い伊豆に到着すると、驚いたことに寺は花と客で埋まり、香典の長いリストがあった。賢が同僚や同業者たちの協力を得て、立派な葬儀を執り行ったのである。八重子は圧倒されながらも、賢の一人前の姿に、今まで一度もなかった感動すら覚えたのだった。

徳蔵の死を悼み、家族皆が多くの涙を流した。父の死に対する賢の悲嘆は特に大きく、最初は、徳蔵の面倒をあまりみなかった八重子のことを責めた。茉莉が母をかばった。「お母さんを責めてもしょうがないよ。お兄ちゃんだって、お父さんには苦労かけたもの。お母さんだって、引っ越してからは、よくお世話するようになったわよ」。

徳蔵のいなくなった部屋はこれほど淋しいのかと、八重子は痛感した。数年たっても、彼女は外から帰って来ると、いつも窓を見上げてしまうのだと語った。いつもそこから夫は波を眺めたり、八重子が帰ってくるのを待ったりしていた。もう一度、窓から覗く「お帰り」の顔を見たい、と。徳蔵が自分の夫でいてくれたことが、どんなに幸運なことだったことか。道義にこだわる本当に強い人、自分の理想に従って生きた希有な人であった。家事や育児ばかりか、あらゆる批判から妻を守り、彼女を一生変わることなく支えてくれた。戦争という状況下でなければ様々な可能性をもっていた「できる女性」と妻に敬意を払う、よき理解者であった。子どもたちが「父がかわいそう」と母親を責めた時は、こう言った。「それはいいんだよ。父さんは家にいるのが、一番好きなんだ。職場も近いしね。おまえたちと一緒にいるのも、花や植木の世話をするのも、私には素晴らしい時間なんだよ。母さんとの結婚を、後悔したことなんてない。こんなに毎日を楽しく過ごせるのは、母さんのお陰じゃないか」。その言葉は、八重子の支えだった。仕事を辞めて海辺に引っ越してからの六年間は、存分に夫婦の時間を大切にできた最良の年月であった。徳蔵も八重子も、のんびりと穏やかに暮らすことができた。

いつも穏やかで謙虚な夫を、どこか見下してしまう八重子がいた。もっと強い野心家だったらなあ、と。そんな彼女の心をしっかりと見透かしていた夫に、今になって申し訳なく思うのだった。賢が三歳の頃、八重子夫婦の仲介役である片口氏から電話があった時、徳蔵は八重子に、結婚前片口氏と男女関係にあったのではと尋ねた（結婚前、徳蔵も八重子も異性関係は全く経験がなく、徳蔵は服を脱ぐのももじもじしてなかなか事が進まず、本を買って情報を得、積極的なのはいつも八重子の方だった）。この質問に彼女は癇癪を起こし三日間口もきかず、食事も用意しなかった。その時、ただの友人関係を誤解して悪かったと謝ったのは、やはり徳蔵だった。また一度、酒の入った徳蔵は、「本当に僕のことを尊敬し、愛情を感じているのか」と尋ねてきたこともあった。その時は彼女が「尊敬もしてますし、愛情もありますよ」と答えて話は終わったが、今になり夫は結婚以来、ずっとそのことを訝っていたのだと、悲しい気持ちになるのだった。婿養子の役割に関わる葛藤もあったに違いない。婿養子になるということは本来より低いステイタスを受け入れることを意味していたが、元来権威を振りかざすことのない彼は、柔軟かつ従順にその役割を担った。だからこそ八重子は、彼女を優位においてくれる徳蔵に価値をおいていたのであるが、それは同時に、彼を過小評価し、軽視することにもつながった。徳蔵がもっと自己主張する人であったなら、八重子は夫にもっと敬意を示し、そのことで徳蔵自身、自信をもつことができたかもしれない。ただそうなると、意見が一致しないたびに喧嘩をすることになる。喧嘩の頻度が増すにつれ、夫婦関係は危機に陥っただろう。忠誠と寡黙を貫く侍のような徳蔵は、自分の中にこのような攻撃性が芽生えることを、許すことはできないに違いない。今なお美徳とされる忍耐強い人として、まさに尊敬に値する人物だった。

ひき続く母子葛藤

父の死に対する怒りを最初は母親にぶつけていた賢であったが、まもなく成長したのか同情したのか、以前より頻繁に母のマンションを訪れるようになり、その回数が増えるにつれ母親を受け入れるようになっていった。二人は時々、夜更けまで話し込んだ。八重子が賢の怒り、特に東大へ行けとあんなにも押し付けたことへの怒りがよく理解できる、今なら彼のことも彼の怒りも全て受け入れることができると言った時、賢は、この時を待っていたような気がすると答えた。

松波家がまた遠くに引っ越すことが決まり、八重子に「一緒に来ないか、そうすれば淋しくないし、子どももみてもらえるし」と提案してくれた。ただ賢は八重子の転居に反対し、勝子と喧嘩した時に行き場がなくなるだろうからと、海辺のマンションを確保しておくべきだと進言した。もう生まれ育った家はないのでこのマンションを実家にしたいし、そのためのお金は喜んで払うとも言った。勝子は怒り心頭だった。賢が干渉してきたことはもとより、自分ではなく賢の言うことをきく母親に、さらに立腹した。茉莉も勝子に同調した。「私たちの方がいろいろなこと、してあげているのに。お母さんはお兄ちゃんの言うことばっかり」。

そんな指摘をされなくても、女性よりも男性を信頼し敬意を払うという日本女性の観念から抜けられない八重子は、長男より大切なものはないと、当然のように思っていた。この一件は、母と息子が今までの葛藤を整理し理解し合い、隠れていた強い絆を肯定的に補強していく契機となった。賢は、母の強さと不屈の精神に、畏敬の念さえ抱くようになっていた。「母さんは、何でも自分がその道の専門家みたいに話すから、ただのほらふきだと思っていたんだ。でもようやく、読書とか長年の経験から、そういう知識を得てきたんだってわかったよ」。

しかし翌年になって、八重子と賢が再び断絶状態であるという報告を、三輪氏の運転する車の中で、茉莉から受けた。

賢が、「一緒に住もうと思っている女性がいる」とやって来たのだと言う。結婚式をする気はなく、子どももつくらない。ただその女性の両親が、家族での食事会を希望していると言う。「皆が知っている人なんだ」と賢は説明した。その女性は、勝子と同年齢でA町界隈に住んでいたことがあり、八重子が経営する塾に来ていたことがあったらしい。ただ、当時彼女とその母親は八重子に何か言われ、悪い印象をぬぐえないでいた。だから賢は、このことを母親に伝えようとしたのだ。姑の立場になる母のことを思ったからだろうが、「性格を少し変えてくれたら」とほのめかしたのである。これに完全に気分を害した八重子は、その女性に会うことも食事会に行くことも断った。八重子を孤立させないため、茉莉も勝子も食事会を断った。賢が一度勝子の家に彼女を連れて来た時、勝子自身失礼な女性だと感じていたせいもある。少し考えれば、そういう言葉に八重子が一番反応することはわかりきっていることなのに、判断を誤った賢を茉莉は批判した。「お兄ちゃんはもっと自分の母親について、わかってなきゃいけないんですよ。そんなこと、黙っておくべきだったと思います」。八重子は賢の結婚に反対しているのではなく、侮辱されたことに我慢できないのであった。数ヶ月たち、なんとか食事会は開かれ賢は結婚したが、三年たってもまだ、行き来も話もしていなかった。

八重子自身が私にこの話をした時、悲しそうでも怒っている様子もなかった。若干神経質な笑みを浮かべながら事実を述べ、次の明るい話題に進もうとした。賢のビッグニュースを告げる前に、旧友片口氏に会う機会があったことを、まず報告した。心の傷を認めたくないのだろうか。一番大切な息子とまた距離をおかなくてはならない苦痛は、なかなか受け入れられないものなのだろうか。とにかく彼女は、前向きに生きたいと強く繰り返した。

それでも幸せ

夫の死後、一人になった八重子はしばらく腑抜けた状態であった。ただ、娘と同居したいと願うほど、孤独に苛まれるわけでもなかった。愚痴を言ったり、自分の弱さを認めたりする人ではない彼女はしばらくすると、前向きに生きると再度宣言した。自由に、自分のしたいことができるわと。まだ七〇代の彼女は非常に健康で、エネルギーもあり余っていた。

しばらくの間は、毎日近くの大きな公衆浴場に通い、そこで様々な女性たちとおしゃべりした。日本では公衆浴場は、人々が思ったことを包み隠さずに話すことができる集会場の役割を果たしていた。そこで多くの女性が八重子に、自分の人生相談をもちかけるようになったのである。彼女は全ての話に関心をもち、分別あるアドバイスをしていたようだが、一方で「本物のカウンセラーになれないものかしら」と思案していたので、あなたはある意味すでにそういう仕事をしていると言っても過言ではないし、こうして大浴場にクライアントもたくさんいるじゃない、と私は言った。だがいつでも専門家として認められたい彼女としては、ライセンスをもっていないのが不満なようだった。

やがてその浴場が閉鎖されてしまうと海辺の町にも飽きてしまい、地元の人々のことを教養のない田舎者、尊敬できない、誰からも何も学べないなどと言うようになった。都心やA町、一時間ほどの距離のところに住む勝子の家族を訪ね歩き、二ヶ月にわたり茉莉の仕事に同行し、三輪氏と共に、山形の大きなショッピングセンターで販売係をしたこともあった。茉莉が軽い脳出血で入院した時は、看病を引き受けた。国内旅行ばかりか、孫の淳一を連れてボストンに来て、専門書を読み私のために調べ物をし、この原稿を書くにあたっての準備をしてくれた。このことで「自分も書きたい」という思いが湧いてきたらしく、日記もつけ始めた。滞在中はまるで、人や家、植物、木々の間の鳥やリスなど、ボストンのあらゆるものについて綿密なリサーチをしているかのようで、彼女のその好奇心と張り巡らされたアンテナに、またもや私は感心したのである。

八重子は海軍時代の親睦会で、片口氏とも再会した。その日みんなに会えて嬉しかったばかりか、後日片口氏と二人で話す機会をつくることになったことをとても喜んでいた。聖路加国際病院で待ち合わせて歩きながら、今までの人生について語りあった。片口氏は結婚して家族をもち、ある官庁で輝かしいキャリアを築きあげた後、今は退職していた。彼は、自分が仲介となった従弟徳蔵との結婚に満足していたか、強制的に結婚させられたと感じていないかどうか気にしていた。「徳蔵さんは私にとって、最高の夫でした」と八重子が言うと、片口氏は心から安堵したようであった。

最近の八重子に会うと、活発で都会好きなこの女性が、あまりすることもない海辺のマンションで一人暮らしをするのは、充たされないのではないかと案じてしまう。しかし、八重子にとっては、自分の足で生きてゆくことが最も重要なことなのだ。自分自身の人生、自分の死は、自分で管理したいのだろう。死期の迫っている友人が、好きなステーキやビールを医者に禁じられている状況を、八重子は心底嫌がっていた。彼女は決して主導権を手放さず、新しい状況や友人、活動を見つけていくに違いない。

11 時代を先取りした主婦として

二〇〇四年、七七歳になった八重子は、自分の人生を振り返った。自分の感情というものにはあまり関心を払わない同世代の日本人女性が多い中、彼女は明確に客観的に、自分自身について説明できた。頻繁に話を止めては、自分の行動、動機、人間関係、個性を評価し、それら全ての意味をじっくり考え、「八重子の世界」を繙いていった。また、自分の家族を含め多くの批判者が存在したことも、その批判内容もよく理解していた。自分の興味や喜びを追求したいという本質的な動機とそれを追求できる能力が、八重子に幸福感や達成感、新たな挑戦へのエネルギーをもたらし、この点でも時代を先どりしていた彼女は、とかく批判の的となった。自己批判も含め彼女に対する批判の大半は、「主婦・母親の役割を果たしていないこと」に対するものであった。

健康に恵まれ、やりたいことをしてきた自分の人生を幸運に感じつつも、もっと「えらく」なりたかった、もっと何かを成し遂げて有名になりたかったと、叶わなかった夢を語る八重子。大学に行っていれば、結婚しなかったならば、戦後のフェミニスト・リーダー市川房枝氏のようになれたかもしれないのに、と。しかし現実はそうではなかったから、自分が属した社会で、様々な活動に携わってきたことを誇りにしていた。

八重子が私の退職記念パーティーで、スピーチをしてくれた時のこと。私たちが初来日した際、アメリカ人研究者のためのインタビューに協力してほしいと打診された母親たちが皆最初、「家族を巻き込みたくない」「外国人と腹をわって話したくもない」と断ったなか、彼女は参加したくてたまらなかったと話した。「あら探しをする姑がいる」などの口実を使った他のお母さんのことや、校長と彼女が他の五家族を探すまでの苦労についての、エピソードを交えたユーモアたっぷりかつ饒舌なスピーチ。ゲストの多くが絶賛し、最高のラジオアナウンサーになるのでは、との声まで上がった。

八重子は自身について、好奇心旺盛な、白黒はっきりしないと気がすまない現実的な人間と評した。何か問題が生じたら、「関係ない」と宣言し、次に進む。不安で身動きがとれなくなることもなければ、悲観するあまり何も手がつかなくなることもない。彼女のポリシーは、「問題には早いうちに正面からぶつかってみて、できる限り現実的に状況をつかみ、即行動に移す」である。それで失敗した場合は、攻撃に晒されてやめざるを得ない状況に追い込まれるのでない限り、真っ向から向き合って、別の選択肢を考えるのだ。一旦侮辱されたと感じた時の反応は誰もが知るところであり、頑固者と思われがちだが、八重子自身は、自分の柔軟性を主張する。どんなことがあっても理想を守りたい堅物のイデオロギー信奉者ではないし、物事の限度をわきまえており、やり過ぎて戻らざるを得ない経験もしたことはないのだと。彼女は自分の思いを通すために嘘をついたことは一度もなかったし、実際八重子に欺かれたというような非難は受けたことはなかった。彼女が人とトラブルを起こすのはそのまっすぐさゆえであり、不誠実さからではないのだ。

八重子には、すぐに知人ができるという能力はあったものの、徳蔵と私を除き、長く関係を維持することがなかなかできずにいた。いつでも彼女の友情は、競争心から諍いが勃発して壊れるか、彼女が飽きてきて、自然消滅になるかのどちらかであった。いずれにしろ、関係が壊れればすぐ他の人に移る、というパターンを形成していた。彼女のことを求めて近づいてくる人というのは、彼女のアドバイスやサポートを求める人が多かったので、しばらくは自己流カウンセリングを楽しむものの、結局飽きてしまうらしい。例外的に夫や私とは長くつき合うことができた理由として、彼女の出した答えは、「あの人のことは信頼できたし、あなたからは学べるから」だった。私に関して言えば、主婦仲間ではなく外国人の専門職だということで、最初から私を比較対象から外していたこと、そして飽きるほどまで頻繁には会っていないこと。これが、長い友情の秘訣だったようだ。

だが、ひとつの友情は、多くの知人より重要と思える日がやってきた。ある保険の外交員の女性が、伊藤家に営業に訪れたのである。親しく話すようになるうちに、彼女が大変な離婚を経験していること、一〇代の子ども三人を抱えて苦労していることを知った。しかも、息子の一人が成績優秀で、東京大学進学を希望していると言う。八重子はその男の子ともよく話すようになり、二人で、高校を卒業したらボストンに来て英語を勉強し、アメリカの大学を受験することに決めたのである。彼は一年間私の家に住み、五年後優秀な成績でボストン大学を卒業した。この若者の大志は、八重子の夢にぴったりだった。成人の日に彼は、三人の母――彼を生み育てた母、八重子、そして私――に感謝の意を表してくれた。ついに彼女は、血は繋がっていなくとも、自分の夢を託すことのできる息子を見つけたのだった。

賢と疎遠になってはいるものの、八重子は子どもや孫と程良い関係を保っていることに、心から満足している。子どもたちが父親の方をより慕っているという事実も認め、それぞれとそれなりにうまくやり、彼らを受け入れ、自分もまた受け入れられていると感じていた。いずれにしろ誰かと結婚しなければならない時代、徳蔵という伴侶を得たことも大変幸運だったと痛感している。妻と子どもをしっかりと支えてくれた夫のお陰で、家庭の外であんなにもいろいろ活動できたのだ。八重子のお気に入りで、三人の孫の中で一番勉強好きの純二が伊藤家を継ぐことになっており、伊藤の姓は安泰である。そして今、私たちが皆待ち望んでいることは、母と息子の和解である。人生で一番困ったことについて質問した際、彼女は「賢とのいざこざよね」と即答した。賢への想いに優るものはないのだ。実父に対し「関係ない」と最後まで拒絶した八重子も、子どもたちに関しては、厳しい態度の下にも現実的な理解をしている。またそのうち、誰も謝らなくとも氷のようにわだかまりが解け、自然に会える日がくるのではないだろうか（そう書いていた二〇〇七年、淳一のおかげで、賢とのコンタクトがとれたという吉報を受けた）。

どの子も皆八重子そっくりと私が言うと、彼女はとても驚いていた。有能で独立心旺盛、現実的で強くて、自分の道を追求する強固な意志をもつ。そのために対立も起こるが、その闘う姿勢こそが、彼女の特徴そのものなのだ。自分自身と自分を取り巻く現実の世界を知ること、納得できる道をとことん追求すること、外からの圧力に負けないことを母親から学んだ彼らは、日本人とは思えない程、自分の感情を言葉で表現する力をもつ。

あえて八重子がもたらした、子どもに対するネガティブな影響を考えてみると、賢と茉莉の結婚に対する葛藤を挙げることができるかもしれない。賢は、自分の母が姑となる恐怖を理由に、結婚を先送りにしていた。ただそれは自分が何者なのかわからないという、自己をめぐる葛藤に起因するのではないだろうか。それゆえ、アルコール依存のうつ状態に陥ったこともある。茉莉も、結婚というかたちを選択しないでいる。これも、八重子の主婦・母親役割への抵抗に巻き込まれて生きてきた茉莉の、女性性に対する葛藤的な感情と関係しているのではないだろうか。また幼少時からの、母親からの関心の欠如と兄への嫉妬も、彼女の過食と肥満に、無関係とは言えないだろう。一方勝子は、自身の女性性にも、結婚生活にも適合しているようだ。彼女の結婚生活は、モダンな平等主義に基づく協力的な関係である。勝子は誰よりも自由に母親と喧嘩しながら、自分らしく個性を伸ばした。

「良妻賢母」の専業主婦役割に真っ向から闘いを臨み、自分流に事を運ぼうと執着することで、八重子はどれだけの犠牲を払ったのだろう。戦後、万事が開放的になったとはいえ批判を受け、諍いを巻き起こしては、多くの人間関係を壊してきた。しかし本質的に彼女は、昔も今も人生を楽しんでいる。いつでも自信に満ち溢れ、決して折れることはない。その突出したエネルギーと自己主張の強さのおかげで、自分自身の道を歩むという充足感と共に、様々な活動や人々との出会いに満ちた、豊かに彩られた人生を得ることができたのである。今日ならば少なくとも米国では、彼女の自己表現力もその協働的夫婦関係も、拍手喝采を受けるであろう。どこにいても誇り高く頭を上げ前へ向かって歩き続ける、時代を先取りした女性。そんな八重子に、また会える日を心待ちにしている。

第五章　三人の専業主婦とその家族

1　個々のストーリーから見えてきたもの

ここで、前章までの三人の専業主婦の生涯をもう一度ふりかえりながら、一九五〇年代から五十年以上にわたる社会変動との関連性について、二つのアプローチから評価していきたい。まずは本章において、田中華枝・鈴木美恵子・伊藤八重子という、当時の異なる、しかし典型的な三タイプの専業主婦たちの個々のストーリーに焦点をあて、日常生活における私的・社会的充足、そして苦労や挫折を、各ライフステージや時代ごとに捉えなおしていきたい。そして次章において、新しく多様なライフスタイルと、新しい問題が出現した日本社会の変化について探っていく。この二つを重ね合わせた時初めて、社会変動が与えてきた家族、そして主婦役割への影響が浮き彫りになるのではないだろうか。

私が初めて来日した一九五八年、「良妻賢母」の専業主婦という社会通念はまだ強く、ミドルクラスの大半の主婦も、それを当然のことと受け入れていた。家と家族をフルタイムで面倒みる専業主婦たることに誇りをもっていたのである。しかし個々は、その役割をめぐってそれぞれ違う経験をしている。彼女たち三人の生涯を晩年まで、もしくは亡くなるまで追ってきたことで、次の問いに対する答えを導き出すことができるだろうか。――専業主婦という役割に、どのように適応してきたのか。そのライフスタイルは、彼女たちを充足させることができたのだろうか。「専業主婦役割」と女性との関係性は、社会の変化に伴い変わってきたのだろうか。何が、専業主婦としての三人の在り方の違いを決定づける要因となったのだろうか――。

2 「幸せな専業主婦」の共通点

ミドルクラスの「健康な家族」の主婦たち

三人は一九五八～六〇年に東京郊外に家族と暮らす、ミドルクラスの日本人専業主婦たちである。外でのキャリアはもたずフルタイムで家と子どもたちの世話をし、家族内とコミュニティにおいて活動的・健康的に役割を果たす、いわゆる「ふつうの」主婦たち。伊藤八重子は二人よりも幾分若かったが、みな同世代である。戦前に生まれ戦前もしくは終戦直後に結婚、専業主婦という社会通念に強く疑問をもたない時代に育ち、教育を受けている。精神科治療が必要な子どものいる家族グループと区別するため「健康な家族」と呼んでいたこのグループの六人の妻たちは、私が出会った頃、戦後の日本社会の発展と成功を追求する都市部のミドルクラスとして、安定した「勝ち組」の女性たちと言えた。同じミドルクラスと言っても、鈴木家は、高度成長のさなかの製造業に夫が携わっていたので、裕福さでは断トツであった。富を得るという過程において、夫の中学校卒という学歴は全く問題にならなかった。田中家も、鈴木家ほど裕福ではなかったものの、貧しい農家の出自で、自分の力で高い専門性を獲得し、高収入と敬意を得るようになった田中医師は、地元での尊敬を集め地位を確立していた。華枝は商家の出ではあるが、東京都心で富裕層を相手にする呉服商であり、同胞も皆戦前の生まれとしては比較的高い水準の教育を受けていた。伊藤家も、夫の会計士という職業は社会的には高く評価される専門職であった。八重子は他の二人の妻たちと同等の教育を受けたが、軽蔑してきた両親の生き方を埋め合わせるために、さらに高い社会的地位を求めてもがいた。彼女の自己主張の強さや欲求は、「エリートの家」の優美で女性らしい専業主婦よりは、むしろ下町で店を営んでいた彼女の伯母との共通点が圧倒的に目立つ。

いずれにしろ、彼女たちのような恵まれたミドルクラスの妻たちは、男性や上の世代に従属しているにもかかわらず、強く自信に満ちており、アメリカの妻たちよりも、子どもたちや家族をコントロールしていた。その大きな基盤となっている理由のひとつには、第一章で述べた労働の分担がある。家事全般を担うことで、家庭を支配する権限が与えられた。こうした意味で類似した家族が私たちの調査に選ばれたのは、選考した校長に、健康でうまくいっていると思われる家庭の母親と家族をという気持ちがあったのかもしれない。戦後の日本あるいは日本人の体面を保つには、その方が無難だからだ。

「幸せな専業主婦」のかくれた条件

「健康な家族」グループの母親たちが家庭内で強い立場を築いていた理由として、義理の両親と同居していなかったことが挙げられないだろうか。インタビューには、「三世代を対象にできる家族が望ましい」と依頼した。にもかかわらず、核家族が決して一般的ではなかったこの時代に、この「健康な」六家族のうち、誰一人として舅姑と同居していなかったのだ。

まずこのうち、実に三分の二は婿養子の家庭であった。対象数が少ないこのリサーチの中であっても、これには大きな意味があるのではないか。なぜなら日本の社会全体で考えても、婿養子家庭は比較的少ないからである。これは何を意味しているのか。婿養子を迎えた妻は、夫の両親と住まずに自分の家族と住むことができ、彼女の生家が主流となるために初めから強い立場にあった。六家族のうち、婿をもらった妻の一人は実父と住み、一人は実母と、もう一人は実家の隣に住んでいた。美恵子と華枝は、嫁に行ってはいたものの、義父母とは暮らしていなかった。婿をとった上に際立って自立心旺盛な八重子は、いずれの両親とも同居しなかった。

夫の両親と同居する家族が、なぜあまり含まれなかったのだろうか。推測するに、このプロジェクトに参加するよう母親たちを説得するのに、学校長は大変な苦労をされている。夫の両親と同居する母親たちは、家庭のプライバシーについて、そんなにぺらぺら他人に話してもよいものかと懸念し、腰がひける人が多く、私たちに紹介できなかったのである。こうしたことから私たちは、いわゆる「健康な家族」にも存在するであろう、嫁姑問題というものに接する機会は得られなかった。一方、精神科治療を受けている子どもを抱える家族グループからは、同居する義理の両親、とりわけ姑との関係について、不満の声があがっていた。そう考えると、「幸せな専業主婦」になるためには、妻が義理の両親と同居しないことが、ひとつの条件になりはしないだろうか。若い女性が、家を継ぎ両親の面倒を見なければならない長男との結婚を望まないというのも、不思議ではないのである。

3　夫婦関係におけるパターン

権威の逆転した夫婦関係

三人はいずれも自立し、主婦・母親として十分な権限をもち、主婦のなかでも比較的満たされていたはずである。ただその力をどう行使したか、どのように家事を分担していたかなどは、三者三様だった。

婿をとった伊藤八重子も、典型的な専業主婦だった。家のことは一任されており、夫に相談することはあっても、家庭に関わることの決定は全て彼女が行った。夫は家長としての立場にはあったが、妻の決定には常に肯定的であった。彼女は標準的な主婦に比べ、ミドルクラスとしての家族の生活を守ることよりも、外の世界に関心をもっていた。伊藤家には「表向きにも妻の方があきらかに強い」という、権威の逆転した夫婦関係でもあった。後年になって彼女は、外部でのトラブルに対処するため、夫の明断な判断によるアドバイスに従い解決できたケースについて、いくつか話してくれた。家にいる時間が長い夫は、食事を家族とともにし、妻や子どもたちとスポーツをすることもよくあった。彼女が一方的に話し、彼はそれを静かに聴いて頷いていることが多かったが、会話をする機会は多かった。

徹底された夫婦の役割分担

鈴木家では夫婦の役割分担が徹底されており、互いへの干渉はほとんどないと言ってよい。彼らは当時の夫婦、特にエズラ・ヴォーゲルが指摘したような「サラリーマン」夫婦の代表とも言える。すなわち、夫は一日中夜遅くまで働くか同僚と呑み歩き、唯一家にいる日曜日にはだらだらして、笑いばかり、食事は黙っていても出てくるものだと思っている。夫である隆は他人の気持ちに鈍感で、妻に対してもそうであった。妻の美恵子が嫌悪感をもち「性生活とは提供すべき義務である」と感じた理由も、そこにあったのかもしれない。美恵子が、自分の気持ちを理解してもらえた、考えてもらえた、と感じたことは一度もなかった。子どもたちは「父は母に愛情をもっていた」と語ったが、彼女は「夫婦関係は互いにとって、愛ではなく義務である」と考えており、夫婦の愛情は希薄であった。それでも美恵子は妻として母として、役割にふさわしい言行を貫いた。これが土居氏の言う、日本人が表と裏を使い分ける感覚の極端な例なのかもしれない。美恵子は「裏」の気持ちを事実上隠し、決して知られることがないようにしようと決意を固めていた。

美恵子の場合表向きはともかく、事実上、家事と育児については完全に支配していた。つまり、夫が家にいる時には夫の権利を認めて彼の要求に応じたが、夫が権威をふりかざそうとするとしても、へそくりを使ったり、相談せずに解決してしまったことを黙っておいたりして、うまく回避した。家事と育児については、自分の判断が最善だと確信していたからである。「男性は、会社で書類に判子を押して自分が偉いと思っているが、私たちは次世代を育てるという本当の責任を担っている」と言ったのは彼女だったし、「負けるが勝ち」という言葉を教えてくれたのも彼女であった。つまり、取るに足りないことはおだてておいて夫に任せ、より重要な問題については彼の意見を聞かずにいれば、すべて彼女の思うようにできた。この隠された支配権の確保は、より「上流階級」の主婦において一般的であった。隆は自分のことを紛れもない権力者と信じて疑わなかったし、美恵子は、それを常にうまく利用していた。

父親が権威をもつ家庭

田中家は、より権威の所在が明確な夫婦関係である。華枝は尊重され、家事と育児を任されていた。ただ、むしろその分野に妻よりも詳しい夫は、子どもの教育や食習慣を含む健康についても、決定に深く関わった。職場が自宅の敷地内にあり、家族状況もよく把握し子どもとの絆も強い父親が強く意見を言えば、皆が従うのが常だった。留守がちな父でもなければ、権威主義の父でもない。夫婦ともに物腰が柔らかく、寛容であった。かといって華枝が自分の意見を押し殺しているわけではなく、夫の意見に反対する自信と自立心もあった。夫婦で夕食後一緒に散歩をし、共に楽しい時間を過ごした。

強さと依存欲求

誰も、夫に精神的サポートを期待していないという点において、典型的なアメリカの妻たちと比較して、圧倒的に自立していると言えよう。だが、彼女たちの人生を追っていると、華枝が夫ともっと理解し合いたいと望んだこと、八重子が夫のサポートをあてにしていたこと、美恵子が夫の死後、深い無力感と自身の「依存」に直面し衝撃を受けたことなど、「甘え」のかすかなサインが見えてくるのである。

4　母親業の在り方

幼児期のしつけ

子どもたちとのスキンシップに関しては、どの家族も類似している。通常、家族一緒に風呂に入り、一緒の布団に寝て、背中におんぶをしながら活動した。伊藤家は、他の家族よりやや早い段階で、自分の布団で寝る練習をし始めた。そして適切な行動が求められるようになる学齢期までは、子どもは比較的自由で気ままに過ごすことができた。それ以前の子どもたちに関して言えば、身体的にも精神的にも、最も身近にいる母親からの影響が大きいとされていたので、母親は、お辞儀などのきちんとした礼儀作法を身につけさせようと、どのようにすればよいか分かりやすく明瞭に説明し、子どもたちに理解させ、お仕置きや叱責はあまりしなかった。

ただ八重子に限っては、学齢前から躾には厳しかった。子どもを抱きしめることもあまりなく、自立と責任を持たせるよう促した。我が子とゲームや読書、会話をし、自発的に活動しようとする意欲が芽生えるのを見守りながら楽しむ一方、自己責任を求め、その結果として具合の悪い状況を招いても、彼らを直接助けるようなことはしなかった。このおかげで、伊藤家の子どもたちは外向的で会話も多く、自分の世界で起こる大抵のことに対処できるように育った。父親は職場が隣ということもあり、いつでも育児に協力的で、子どもに厳しくするのは「嘘をついた時」と筋を通していた。伊藤家の子どもたちが、正直で信頼に足る人間へと成長したのは、自然なことと言える。

受験をめぐる男女差

三人の子育てに、戦後の風潮が色濃く映し出されている。極端な厳格さや懲罰というものはなりを潜めた。学歴重視の風潮に比例し教育ママが増え、強い社会的勢力となっていた。だが当時はまだ、一人または二人以上の子どもがいる一般家庭において、「甘やかし」や「過保護」問題は目立たず、その後数十年で、母親たちの姿勢が極端に変化していった。一家の大黒柱である男性たちが仕事を通じて国の発展を担い、専業主婦は働く夫に協力的な家庭を提供するだけでなく、いずれ国の発展に貢献する教育水準の高い子どもを育てることを求められた。子どもが学業に打ち込むことはある意味義務で、学業成績こそ将来の社会的成功の重要な物差しとされ、競争に拍車をかけたのである。育児がフルタイムの仕事になるのも当然である。

女の子に関しては、少し事情が違う。田中家や鈴木家のようなミドルクラスでは、女の子というものは概して、名門女子校から有名な短期大学に入るよう望まれた時代である。仮に優秀であっても男子学生に互して一流大学に入るより、良妻賢母を育成する学校に行くことが、良家に嫁ぐための最善の準備、すなわち将来の専業主婦にふさわしい選択であるとされた。もちろん当時も兄弟と同じくらいに一生懸命勉強して、高度な専門的キャリアを獲得しようとする女の子もいた。特に多様で豊富な社会的資源（経済力や人脈など）が不足している場合は、高い成績を収めて有名大学に入学することが、成功への確実な唯一の方法であった。もっとも日本では、学費のあまりかからない国立大学が、同時に一流大学でもあった。

もちろん、受験をめぐる温度差はある。田中家では、子どもが必ず宿題をするように気にはしたが、必要以上にプレッシャーはかけなかった。息子が望むならば医学部に進学できればよい、くらいに思っていたし、娘には、女子校に行き教養のある専業主婦となることを望んでいたからだ。親として必要とされる援助や家庭教師は提供したが、基本的に子どもの自発性を信頼し、子どもたちもそれに応えた。

鈴木家では、きちんと宿題をこなすこと、よい結果を出すことは期待したが、クラスのトップになることは要求しなかった。五人の子どものそれぞれの選択を尊重し、それぞれが異なる道を歩んだ。長女は名門女子短大に進学しお見合いで結婚、長男は高学歴で父と同じ職業という、一般的に好まれる道を選んだ。次女は、貿易を学んだ後、結婚し離婚した。三女は有名な私立大学を卒業し、結婚相手を見つけた。末の息子は高校を中退し、シャンソンで生計を立て、結婚はしなかった。

伊藤八重子は、少なくとも息子に対しては、その後続出する「教育ママ」の先駆けであった。賢が生まれる前から「息子を東京大学に入れる」と決めており、その実現のために全力を尽くした。しかし、二人の女の子の勉強に関してはむしろ無関心であった。

田中華枝も鈴木美恵子も、現在の社会的地位に安定感を抱いていたことから、子どもたちも順調に安定した生活を確保するだろうと予測し、必要以上のプレッシャーをかけなかったのであろう。子どもの将来のためには、本人の希望や個性を尊重する方が良いと考えたのである。一方伊藤八重子は、その競争心の強さから、頂点にたつか、さもなくば全く何もしないかという「白か黒か」の極端な育て方であった。息子に、学業面での成功を期待していることを明確に伝え励ましたが、娘たちには、何も期待しないばかりか、主婦業のような、女性としての生き方を提示することもなかったのである。

5　第二・第三世代

多様化する生き方

三家族の第二・第三世代を眺めてみると、かなりの程度で家族のパターンを踏襲していることがわかる。田中家では第二世代の八〇パーセントが、医師になったか、医師の配偶者を得ている。第三世代になると、ますますそのパターンは強化され、男性も女性も医師となり、そのうち大半が同業者と結婚している。その場合、妻も夫と共に働くかたちをとっている。第二世代では、妻は外で働いていても、家事と育児については伝統的な役割分担を踏襲している一方で、第三世代の夫婦は協力体制を築き、第二世代の祖母に頼っている。この若い第三世代の夫婦も上の世代と同様、自宅の敷地内で働くという利便性を享受して家族間の絆を深め、妻が医師として働きやすい環境を維持している。

鈴木家の第二世代はどうだろう。上の三人は豊かな経済的基盤を享受し、夫妻の従来の役割分担を維持した。次女は離婚し、子どももなく、仕事を続けている。末息子は未婚でエンターテインメント産業に身を置き、家族のパターンとは異なっている。第三世代を見てみると、ある女性は、母や祖母と似た道を選んでいる。高学歴の彼女は仕事をもちたいと願い、家事にも協力的な夫を望んだ。しかし夫は裕福で家族を大事にはするものの、仕事や遊びで家をあけることが多く、その結婚に幸せを感じることはできなかった。ある男性はやはり高学歴で、親も予想だにしなかった政治の道に進み、同僚と結婚した。この世代は他の女性たちも、一流大学を卒業し、家族に認められて現代的な恋愛結婚をし、家庭を築く過程にある。

伊藤家の第二世代は、母同様個人主義で、反発することも多かった。長男は結婚と職業生活について長年葛藤を抱えつつも、映像の仕事で成功を収め、所帯をもって落ち着いたのは五〇代になってからである。次女はジュエリー作家である。やはり結婚に対して両価的感情を抱え、長く独身であったが、親友であり恋人でもあるビジネス・パートナーがいる。末娘は適齢期に結婚し、共働きで、子どものことや家事は協力しあった。第三世代については、まだ青年期前期のステージにあり、将来は希望に満ち溢れている。

「専業主婦」の踏襲

どの家族においても、上の世代の母親たちが「専業主婦の在り方」を、積極的に娘に叩き込む様子はあまり見られない。むしろ娘たちは、母親の姿勢や取り巻く社会の期待を通じて、女性としての自分の役割を自覚していくようである。例えば、田中家の女性は、両親に影響されて女子校に進学することを選んだ。主婦に似つかわしい、芸術的な趣味について後押しはされたが、押しつけられたことはない。一方長男に関しては、華枝は、長男が父親同様、家事に関わらないことを認めていたが、美恵子は、長男には父親のようにならないよう、妻を理解し尊重するよう育てる努力をした。八重子は、息子には凄まじい教育ママだったが、男女の役割に関しては放任していた。

三家族のメンタルヘルス

そしてこのように、戦後当初の抑圧から来る精神症状や、近年問題視されている過保護や過干渉から生まれる問題は、調査対象の「健康な家族」には、多世代の視点で眺めてみてもあまり見られない。鈴木家の末息子も高校は中退しているが、いわゆる現在の不登校パターンには当てはまらず、自分の通う一流高校が合わないと判断し、別の道を考えた。じっくりと考え、しばらくの間母親と話し合った上で自ら選んだ道を進み、その道を貫いた。心身症やアルコール依存、うつといった問題は表出しているが、こういった神経症的な症状はいずれの社会でも起こることで、日本社会だけに限った特徴とは言えない。多様性や家族のパターンからの逸脱は存在しても、皆それぞれ「健康」の標準の範囲内である。皆、マリー・ホワイト氏（ハーバード大学）の言う「完全なる日本人」（perfectly Japanese）にほかならないのである。

6　主婦役割と自己実現

充足感とひきかえの社会的批判

専業主婦業を全うした彼女たち。このことによって、どんな「報い」があったのだろう。一九五八年当時三人はいずれも幸せそうな専業主婦で、「健康な家族」グループの他の母親たち同様、家族をケアする役割を立派にこなし、離婚を考えることなどなかった。主婦・母親の役割が、家庭内での確固たる地位と心の安定をもたらし、育児という仕事は、大きな充足感を与えてくれるものだった（八重子は若干異なるところはあったが）。しかし彼女たちのその後の半生を見ていくと、子どもたちが巣立った後の人生には、驚くほどの違いある。

伊藤八重子は、主婦役割から外れることに関し、複雑な内的感情を抱えていたとしても、躊躇はなく決して立ち止まらなかった。彼女にとって結婚は、自ら決めたことではあるものの、社会への適合のために必然なものにほかならなかったのだ。もし時代が違えば、独身キャリアウーマンを選択しただろう。ただ当時の彼女に、他の選択肢はなかった。PTA活動に従事し、子どもたちが少し大きくなると、すぐに外での活動に携わった。「私が男だったら」という気持ちが、専業主婦としての役割を担うことを邪魔し、さらには軽視することに繋がった。リーダーシップをとりたいという強い意欲は、彼女の知性と才能を開花させもしたが、専業主婦の枠には収まらないというサインでもあった。そしてその代償が、周囲や子どもたちからの強い非難と確執であった。そして上の子ども二人は、結婚に対するジレンマを抱え、賢の一時期のアルコール依存症や、茉莉のストレスによる身体症状の大きな要因ともなった。

伊藤夫妻の結婚生活の根底には、常に両価性が渦巻いていた。双方の生き様が、その時代の男女の規範と適合していなかったためである。そのため、妻は繰り返される子どもたちや社会からの非難、夫は妻からの尊敬の欠如という痛みを常に抱えざるを得なかった。だがそのジレンマをも内包する関係性のおかげで、彼らは最も優先したい心理的欲求の均衡を保つことができたのである。そしてその充足感がまた、夫婦関係の維持に貢献していたのかもしれない。

二〇〇八年になっても、八二歳の八重子は強く健康な未亡人として、背筋をぴんとのばし、新しい友人をつくり、様々な関心事を追求し、子どもや孫たちとほどよく連絡を取り合っている。自分と子どもたちとの潜在的な葛藤についてよく認識しているため、子どもとの同居は考えていない。人生を楽しむためには、批判をも恐れず、いつでも新しい活動と、新しい出会いをもつことができる。専業主婦という生き方は、長男に対して教育ママであったこと以外彼女には全く合わなかったし、それを隠そうともしなかった。八重子は戦争を経験した世代の日本のミドルクラスの女性たちの中にも、自己表現を高らかにする女性が存在し、専業主婦として生き抜いてきた、生き証人と言えるのである。

役割への適合——主婦という自己実現

田中華枝は、専業主婦を体現しているような人で、妻として母親として優れていたばかりでなく、芸術的素養も兼ね備えていた。彼女は「役割」に適合していただけでなく、それこそが生き甲斐であった。五人の子どもを育てあげ、夫に愛情を注ぎ、結婚生活を楽しんだ。家事をすべてこなし、夫の意見を進んで取り入れ、子どもたちについて話し合った。夫を早くに亡くしたものの、その際に見せた彼女の柔軟性と判断力は見事であった。長男家族とは同じ建物に住んでいたが、全く彼らには口出ししまいと、最初から決めていた。対抗意識むきだしの口うるさい姑になるのではなく、嫁とよい関係を維持したいからである。その点においても彼女は家族皆が心地よくいられるよう、伝統的慣習に従いながらも建設的な手法を用いた。また華枝は絶えず趣味を探し深める努力を怠らなかった。もしかしたら主婦にふさわしい行為ではないのかもしれないが、彼女にとってこのドライフラワーデザインという趣味がその後全てとなる。そして大きな成功を収め、一個人の満足にとどまらず、芸術の域にまで達し、周囲の尊敬を集めるまでになるのだ。

全く異なる個性をもつ八重子と華枝には、一つ重要な共通点がある。二人とも、責務を果たしながら、自分のしたいこと、自分の性分に合うことをしてきたことである。自分の生き方を楽しみながら、長く充実した健康的な人生を歩んでいる。ただ、華枝が専業主婦業を自身も満喫した上に、周囲からの称賛を得たのに比べ、八重子の選択した活動は、それほど世間の注目を集めることはなかった。

分岐点

美恵子の場合、自己実現という点においては、他の二人とは対照的である。葛藤を抱え続けた彼女の人生は、夫の退職が明確な境界線となる。夫の退職前は自分の人生を自分でコントロールし、子どもたちをきめ細かに育て、充足感を得ている時代であり、健康であった。しかし、子どもが自立し夫が退職すると、彼女の支配できる範囲は限定され消化不良感は増し、精神症状も出現する。そして遂に、自分の人生をコントロールしようとすることさえ断念したのである。全ての子どもに公平にと、それを信条としてきたにもかかわらず、最終的には長男夫婦に従うことを選択した。

夫の退職以降、坂道を転がるように落ちて行った美恵子。もしこれが華枝の場合、どうだったのだろうか。華々しい高齢者生活を送る華枝だが、これは彼女が、自由な未亡人という身になったからなのだろうか。近年、多くの年配の主婦たちが、夫との退職後の生活へ不満の声を漏らす。そのライフステージにおける離婚率も、急増している。しかしやはり華枝は、たとえ退職した夫が家にずっといたとしても、幸福感を感じていただろう。彼女は夫との旅行や、一緒の時間を過ごすことを心から楽しみにしていた。今と同様、家族や友人との時間、趣味を満喫するライフスタイルは変わらないに違いない。「夫と旅行することが好きではなかった」という美恵子の言葉に象徴されるように、鈴木夫妻には、共に楽しめるものが非常に少なかった。ふたりは「支配と服従」の中でバランスを保ち、むしろその中で強力な絆を結び、互いを家に縛り付けたのである。

7　ライフステージの移行と主婦役割の変化

華枝は、個性と専業主婦役割が見事に合致し「良妻賢母」を柔軟に体現したモデル、美恵子は、夫の退職によりバランスが崩れていくまでは、「支配と服従」をめぐる葛藤を抱えながらもそれを決して表に出すことはなく、見事に役割を全うしたモデルである。八重子は、日本における社会規範の厳格さが失われつつある中で、本来の主婦役割へ挑戦し、自分の本質的な欲求に従うことを選択した専業主婦のモデルと言えよう。三人の家族内での役割そのものは、ほとんど変わらないと言ってよい。彼女たちの人生の変化は、各々の専業主婦役割に対する姿勢の変化ではなく、子どもの自立、夫の退職、夫の死といった、家族構成・ライフステージの変化によってもたらされたものだ。「専業主婦の役割」をめぐる価値観の変化は、彼女たちよりも、その子どもや孫たちに色濃く表れている。

はたして、誰が正しかったのだろう。つまり、誰が「有意義な専業主婦業」を擁護できる存在なのだろう。生活の安定と社会的地位を保証された専業主婦という役割は、華枝をはじめとする多くの女性に、大きな力を与えてきた。そして、その役割は社会的な力を与えると同時に、女性を抑圧する存在でもあった。美恵子の育児期の在り方はミドルクラスの典型だと聞いていたが、役割の重責は時として、彼女たちをあっという間に追い込んでしまう。美恵子の人生において、特にそれが顕著であったと言えよう。一方八重子の人生は、批判を受けようと何だろうと、果敢に挑戦し自分の人生をコントロールすることで、最終的には充足感を獲得できる可能性を示している。

第六章　選択できる時代のクライシス

1　戦後の社会変動をふりかえる

第一ステージ――終戦直後

今なおそうなのだが、私は一九五八年に出会った専業主婦たちの生き様や視点、感情にどっぷり浸かってしまった。その中で私は、より深く日本人のメンタルヘルス分野の研究に携わるようになり、社会の変化に伴う感情の痛みや精神症状について、目の当たりにするようになっていた。

一方日本社会は、急速かつ大規模な社会・経済的変化を遂げた。地方から人々が大移動し、都会の狭いアパートやマンションで生活を始めた、第二次世界大戦直後のこの時代を第一ステージとしよう。家族は多世代で同居し、男女間の厳密な労働区分があり、女性は全家族のケアを担い、夫と姑に従うミドルクラスの専業主婦として拡大家族のヒエラルキーの一部に組み込まれていた。経済成長にともない就労状況が安定し始めると、サラリーマンの夫と「プロフェッショナルな」フルタイムの主婦という「新中間層」が増加した。一九六四年の東京オリンピックを機に工場での雇用が広がり、家事や子育てのスキルを学ぶため、地方から出てきていた住み込みの若い女性、「女中さん」は消え始めた。ミドルクラスの女性たちは大学進学を選び、花嫁修業をやめた。そして日常生活も全く姿を変え、「汲み取り屋さん」は水洗便所の普及により姿を消した。田中華枝、鈴木美恵子、伊藤八重子の物語からもこのステージが、伝統的な家制度が「新中間層」へと変化を遂げる過渡期だったことがわかるだろう。

第二ステージ——高度成長期からバブル崩壊まで

一九六五年頃~九〇年代という第二ステージは、精励と立身出世をおおいに奨励していた時期でもある。会社で長時間勤務する男性と、家事と子育ての責任を負う妻。彼女たちは子どもをエリート官僚や大企業に就職させるためにしっかり勉強させ、最難関大学の入試突破に責任を負っていた。拡大家族にかわって増加した核家族の圧倒的多数は、郊外に家を構えるよりむしろ都会でマンション暮らしをする方を選んだ。この時期日本の経済は右肩上がりで、変化し続けてはいるものの、家族や社会システムは比較的安定していた。八〇年代のバブル期でさえ、脆弱性と不安が雇用システムに入り込んできたものの、安定感は維持してきたのである。

バブル経済がはじけた後、全く違った時代がやってきた。九〇年代末になると女性も男性と同等の教育を受けるようになり、その多くが外で働く場を求めるようになった。若者は見合いではなく、自分で結婚相手を見つけるようになった。アメリカでは、まだ女性が政府・ビジネス・その他専門職のトップになることが困難で、キャリアと家庭のバランスをとろうともがくキャリアウーマンが多く存在した時代であったが、日本では多くの女性が、「理想の専業主婦」と現実の家庭内での役割に葛藤をもつことなく、旧来の役割を果たしつつもさらなる新しい役割を獲得し、自らを向上させることができる仕事や活動を探していた。そしてその努力の裏には、大きな代償も存在した。二〇世紀に出現した、新たなメンタルヘルス諸問題は、そのひとつなのかもしれない。

第三ステージへの移行——革新的な変化の表と裏

私が初めて来日した時代、道を行き交う女子高生は、非常に標準的な制服を着ていることが多かった。四〇年後の渋谷を訪れ、驚愕した。短すぎるミニスカート、ハイヒール、ルーズソックスやハイソックス、カラフルな髪など最新流行のスタイルで闊歩する女子高生たち。このコントラストに、私は大きな違和感を覚えた。「これって、単にやりたい放題をやっているのかしら？　それとも、母親世代ができなかったことをしようと、自由を表現しているのかしら？」

メリー・ホワイト氏は八〇年代に、「ブランド服がどうしても欲しいという強い欲求から、それを買う金銭ほしさに女子高生が中年男性と会い、彼らの性的欲求をかなえる現象」について記述している。もしこれが親や他の大人に知れることさえなければ、彼女たちはその後なんの問題もない「きちんとした」結婚をしていくのである。一九九〇年、ハーバード大学の日本人研究者の妻の中に、完全に夫に依存し家事の仕方はほとんどわからず、いつも楽しいことだけを探し求めて過ごしているような主婦もいた。このように、主婦の役割を担うための準備を何一つせず、「専業主婦」になる場合も増えている。これは確実に従来のパターンにはない。

マイケル・ジーレンジガー氏は著書「ひきこもりの国」の中で、「太陽をシャットアウト」し、「ロストジェネレーション」を生み出した二〇〇〇年前後の日本について考察し、単一民族の伝統と文化を維持しようというラディカルな変化に向かってはいないだろうか、いまだ「出る杭は打たれる」という、画一化を求める男性社会が、根強く残っているのではないだろうかと問うている。九〇年代に、日本のひきこもり――厳しいジャッジをくだされる世界から逃れ、家や自室という安心なスペースに、何年にもわたって閉じこもる若者たち――の増加は世界的に知られるようになったが、彼はその現象を育む日本社会を理解するための手がかりを示している。一方ベロニカ・チャンバース氏は、日本人女性が世代をへて、より高い個別性・主体性・ジェンダーの平等性、家庭における現実的な関係性を求め、確実に前進していると記している。革新的な変化を求め、じわじわと社会に影響を与える女性たち。ジーレンジガー氏とチャンバース氏の提示する二〇世紀末の日本のイメージは、正反対のものと言っても過言ではない。しかし、どちらも真実なのである。たとえそれがポジティブな変化であろうとネガティブな変化であろうと、急速な社会変動は、必ず大きな問題を引き起こすからだ。

2　消えた問題・新たな問題

新旧価値観の衝突

従来の価値観をどのくらい保持しながら、新しい価値観を取り入れていくか。いかにそのふたつを絡み合わせていくのか。文化的態度について数量化したり、カテゴライズしたりすることは難しいことだが、それはいかなるメンタルヘルスのアプローチにも潜在する重要なテーマである。新しい行動パターンが、従来の価値体系との間で葛藤を生じ、問題が発生する。新旧の文化の間に生じるバトル、これが急速な変化の中で日本社会が抱えるようになった課題であろう。

最近報告された、深刻なうつ状態の若い日本人女性のケースがある。彼女は大手企業に勤務していたものの、からかわれ批判され「いじめられた」のだと言う。両親共に高度な専門性をもつ、非常に成果主義的ともいえる家庭に育った。しかし就職した会社は男性社会で、集団の目的のためにみんなで頑張ろうという、トラディショナルな体質の組織であった。彼女が自己とステータス向上を求め、自立心に溢れて新しいものを学びたいと常に邁進することは、団結力に価値をおく同僚たちにとって、受け入れがたかったことは明らかである。今日本で、こういった価値観の衝突はめずらしくないのではないだろうか。

強くなったのは、女性と靴下

戦後初期の第一ステージにおいて顕著であった心理社会的問題と、第二ステージで出会うようになった問題とは、明らかに質が異なる。

第一ステージさなかの東京のとあるクリニックで、母と祖母間の葛藤に苦しむ神経症の子どものケースについての報告を受けたのをよく憶えている。当時、うつ病や心身症に苦しむ女性のケースは、現在より圧倒的に多かった。要因の多くは、抑圧された怒りや、夫やその家族からの「虐待」や搾取による心の傷である。そして逃れられないという諦めから、誰にも助けを求めないという悪循環に陥るのだ。仮に彼女たちがそこから逃げ出したところで、通常少し休んだ後には、夫のところへ戻るようにと、実家や親族から背中を押される。他に行き場も居場所もないからだ。それなのに概して、妻に対する精神的・身体的暴力は「家族内の問題」として捉えられ、外部の介入はなかなかされてこなかった。九〇年代に入り、ようやく妻への暴力も社会的・精神的問題として認知されるようになった。シェルターが作られ、カウンセリングが提供されるようになってきたのはその頃からの話である。

耐えきれないような重圧はかからなくなり、「戦後強くなったのは女性と靴下」という言葉さえ流行った。年を経るごとに女性の立場は強くなり、社会の中でより意見が通るようになった。その後はむしろ、団地に住む若い妻の社会的孤立について、話に聞く機会が増えた。彼女たちは一日中家に一人でぽつんとおり、ご近所の評判を気にして常に身なりに気を遣い、本当に安心して信用できる人は周囲に全くいないのだった。

七〇年代に入ると、若い女性の多くが舅姑との同居を拒み、別居（隣の家や同じマンションの違う部屋なども含め）がふつうになり、両親をみる責任がある長男は結婚相手探しが難しくなるほどだった。農家は、東南アジアから妻を迎える場合もあった。未婚女性や晩婚化が進み、「産まない」生き方を選ぶ女性も増えた。六〇年代、私が知る限りでは、大概の家に四〜五人の子どもがいたが、二〇〇五年の日本全国の合計特殊出生率は、一家族あたり一・二六、東京に至っては一・〇と過去最低を記録している。一九九〇年の「一・五七ショック」は政策策定に関わる人たちを悩ませ、少子化に歯止めがかかるよう対策を検討し、大学を含めて多くの学校は、学生集めに躍起になっている。離婚率も、さすがにアメリカのそれに追いつくことはないが、徐々に上昇している。そして現在離婚した女性は、伝統的な「子どもは父親とその家族に属す」というルールと反対に、ほとんどの場合親権を得ることができるようになった。

3 核家族の強みとジェンダーギャップ

夫婦の絆の重要性

二世代同居というかたちが大幅に減少するとともに、家族関係の在り方も、徐々に変化してきた。夫婦と一、二人の子どもから構成される、より小さな核家族においては、より緊密な繋がりとコミュニケーションが可能となったのである。

一九六〇年頃の日本において、男女が譲り合ったり、支え合ったりする関係性を構築することは少なかった。異性間の友情や交際、核家族の夫婦といった横並びの関係に慣れない多くの日本人は、それにどう対応すればよいか右往左往した。だから言葉通りの意味での「周囲が決める結婚」は消えたとはいえ、交際を通じてパートナーを選ぶという機会は、そんなに多くなかったようだ。従来の男女が役割分担をする伝統的な家族構造内では、自分たちが社会化する必要はそれほどなく、他の家族構成員やコミュニティに「夫婦」として認められた社会的な関係性というだけで、十分成り立っていた。しかし、価値観の変化と核家族の出現が、夫婦間のより強固な結びつきを可能にしたのである。安定した家族構造よりむしろ夫婦間の絆が、核家族の強みなのだ。

変化に対するジェンダーギャップ

男女間の「変化」に対する姿勢の違いも、浮き彫りになった。どちらかと言えば男性の方が、従来の構造の消滅に順応できないでいるようだ。七〇年代から女性たちは、着々と進化を遂げてきた。配偶者との平等かつ協働的な関係性構築だけでなく、より多い選択肢と自由を求めて前進し、主張すべきことは主張する力を身につけてきたのである。そういったジェンダーの特徴からも、女性は男性に比べてひきこもりになる率が低いと小谷敏氏は述べている。いずれにしろ、女性が変化し続けている間に男性は、ステータスと自尊心、安定した収入の保障されたサラリーマンシステムの中で、ぬくぬくと生きてきたのである。そしてその社会構造が崩れた時、どうやって次のゴールを設定し直したらよいのか、わからなくなった。この見解の相違が、ジェンダーギャップとして表れたのだろう。妻は、家計のために仕事をしながら、家事と育児全般も請け負わざるを得ないことを不満に思い、夫は、妻が自分をないがしろにすると言う。関係の立て直しを必要としながらも、どう対処してよいかわからずに戸惑い、中には破綻をきたす夫婦もある。八〇年代に出現した「成田離婚」（数として多いわけではなかったが、大きな話題となった）は、ハネムーンに出かけた新婚夫婦が成田空港に戻ったのと同時に、この結婚は間違いだったと判断し解消するのである。結婚をめぐる伝統的儀式のなかで互いを本当には理解していなかった典型例であろうが、この世代はもはや建前を優先した形式的な夫婦関係を続けることは望まなかった。

高齢者層にも、日本にはかつてなかった夫婦間の問題が出現した。退職すれば、残りの人生は妻にかいがいしく世話されるものだと思い込んでいた夫たちが、離婚を突きつけられる熟年離婚。夫が長時間働き家を空けている間、自分だけの活動を続けてきた妻は、会話もろくにしていない夫と二人、ずっと家にいることは望まないのだ。こういった可哀想な夫は、「ぬれ落ち葉」もしくは「粗大ゴミ」と蔑まれるはめになった。

八〇・九〇年代、ハーバード大学メンタルヘルスセンターにおける臨床のなかで、私はこの意識の相違によく直面した。そこで私は、多くの日本人留学生・研究者やそのご家族とも面接をしてきたが、海外で生活し働くという極度なストレスに直面しなければ、何の問題もなかったと思われる夫婦も多かった。異なる言語・文化のなかで、学んだり研究を進めたりする夫には、当然尋常でないストレスがかかる。そしてひとりで来院し、抑うつや不安症状を訴える場合もある。妻は抑うつ、拒食や過食、万引きといった症状で来院することが多い。そんな女性の大半は、夫のストレスを認識し支えようと努力している一方で、妻自身のニーズが夫には理解されていないと感じている。生まれ育った日本にいる時は仕事も家事も両立していたような、特別依存的ではなかった女性たちだ。しかし海外では勝手が違い、夫に頼らざるを得ない状況に陥る。これは通常、夫の方が英語を使って銀行口座に関することや買い物、自動車の運転といった生活に必要な多くのことをこなすことができることに起因している。日本での仕事を手放し、異国で友人を作ることが難しく孤立し、家に幼い子どもたちと取り残される。忙しい夫を煩わせたくない気持ちから、愚痴をこぼすこともできず、孤独感は一層増していく。万引きで捕まったある日本人女性は、それまで一度もそんなことをしたことはなかった。その行為は、助けを求める声のようであった。私に呼ばれて面接に来た夫は、妻の口から「いかに惨めな思いをして過ごしていたか」という思いが溢れ出すのを聞いて、驚愕した。妻がそんなに支えを必要としていたとは、それまで全く気づいていなかったのだ。むしろ逆に、彼は妻からの支えを求めていた。それ以来彼は妻に対し、より理解を示すよう努め始めた。

4　空虚なジェネレーション

家族、結婚、雇用、社会的ルールが明確かつ幅広く受け入れられていた時代にはなかった、現代社会における新たな問題。エリート一家に生まれ一流大学を卒業する。しかしもし向いている仕事だと思えるものが手に入らなければ、大学卒業後、何年も就職せずにだらだらする。入試のために時間を全て注ぎ込み、友人の作り方を知らない。異性とのデートの仕方なんて、もっと知らない。パートナーと楽しく過ごすことはもちろん、ベッドの中で自発的に行動するなんてありえない。昔はデートの機会は少なく、「見合い」という公式な紹介だけで結婚し、新妻は「ベッドの中では夫に導かせるように」とだけ教えられるものだった。今日、そういった制限はなくなったものの、若者たちは従来のような社会的サポートなしでは感情的・性的な親密性を築くことがなかなかできないでいる。ある日本人留学生は、私のところへ、「先生方やクラスメートと、どのように話したらよいのでしょうか」という相談をしにやってきた。「アメリカ人の行動ルール」という、存在しない外的なガイドラインで状況が予測できないと次の行動がとれず、立ちすくんでしまうのである。

二〇〇八年にある精神科医が、自分自身の感情がわからず、他人の気持ちなどはさらにわからない、まるで「自己」がない「空虚」な患者が近年増加していると教えてくれた。これは「K・Y」（「空気読めない」が語源、対人間の気持ち・雰囲気が理解できないこと）という新しい造語にもつながっているのかもしれない。五〇年前に私が非常に感銘を受けた、日本人の「察する」スキルは、もはや消えつつあるのだろうか。セラピストたちは、「対人葛藤に対処できない人が増えている」と口を揃える。人生に迷い、行ったり来たりふらふらする人、そのプロセスを開始することさえ不安で、立ちすくんでしまう人。自分自身では何も決断できない人。「両親・夫・雇用主の決定にしたがうべし」という重荷を背負わされた過去のジレンマは、よるべのない迷いと、優柔油断な感情へと変貌したのである。

そんな状況では、他者と親密な関係性を構築することは、ある意味不可能と言ってもよいだろう。セックスレス・カップルの増加も、日本社会の激変の象徴である。この現象については、カップルセラピーに携わる精神科医たちから聞いていたが、その後専門誌や有名情報誌にも掲載されるようになった。そしてそれは、オタク文化や空想の世界に没頭し、リアルな人間との三次元の関係性は求めない、「二次元恋愛」の増加とセットになっている。セックスレス・カップルとの面接を行う精神科医は、親密さのみならず、接触を恐れる人が多いと言う。痛みに対する恐怖心をもつ女性もいるらしい。無意識下でも過保護な母親が大きな存在として支配し続ける勃起障害を抱えるエリートビジネスマンに、彼は「親はベッドから出すこと」を提言した。日本の三〇～三四歳男女を対象にしたごく最近の世論調査において、四分の一は性的経験がなく、約半数は異性の友人をもたないという結果がでた。恋愛関係のみならず、友人関係を深めることさえもできない青年が、いかに多いかがわかる。

文化人類学者のアン・アリソン氏や社会学者の川西結子氏は近年の著書において、孤独感や見捨てられ感が高まり、「喪失感」の域にまで達する苦しみを抱える日本人について警鐘を鳴らしている。喪失感からくる傷つきは、ひきこもりで経験する痛みよりずっと大きく、あらゆる帰属意識ばかりか、将来や自分に対する希望も失ってしまう。居場所がなくネットカフェ難民となるもの、安価な宿泊施設になんとか転がり込むもの。この主体性や存在価値を見出せない実存的空虚こそが、今日の日本の若者が直面する最大の恐怖なのではないだろうか。自殺や、他者への暴力行為に繋がる要因ともなる。二〇〇八年の秋葉原無差別殺傷事件の加藤智大被告も、そういった若者のひとりだと言えよう。アリソン氏の指摘する社会的空虚感、すなわちケア欠如の螺旋階段。かつて人は家族を頼り、発生する問題をケアするために協力し合うものだったが、個人主義の波からそれは難しくなってきた。そのギャップを埋めるためには、公的扶助やソーシャル・セーフティネットの強化が、早急の課題となっているのである。

5　ひきこもり

雇用問題とドロップアウト

近年のメンタルヘルス問題を深刻化させている要因のひとつに、雇用問題がある。長くひき続く不況の中で雇用の構造は蝕まれ、雇用主は、雇用と解雇に付随する諸問題に対応する裁量権を付与された。終身雇用と年功序列システムはゆらぎ、失業者は増加、フリーター（free worker が語源）も含む非正規雇用者は、全労働人口の約三分の一を占める。三五歳以下でフルタイムの職に就いていない男性は、厚生年金・保険や雇用保障なしで自由契約し、親と住むことでやっと生活している場合も多く、結婚して家庭を築くことは極めて困難な状況である。若くして働くことに挫折感を味わいそこから抜け出せなくなると、後の人生をも危険にさらすことになる。近年"No Employment, Education or Training"の頭文字をとった、「ニート」もよく知られるようになってきた。映画「トウキョウソナタ」は、不況の時代にリストラされ、妻にそれを告げられず仕事に行くふりをせざるを得ない、日本のサラリーマンの屈辱と苦悩を中心に描いている。社会学者マヒュー・マー氏は、東京とロサンゼルスのホームレスの比較研究のなかで、東京のソーシャルワーカーがホームレスの男性のために、とにかく仕事を見つけようと支援するのに対し、ロサンゼルスでは仕事を見つけるだけではなく、親族との結びつきを図ったり、安定した生活状況を探求したりする相違を指摘している。日本人男性のなかには、職業や安定した報酬がないと家族内で自分の役割を果たせないと感じ「自分には帰る家がない」など、家を去ることを選択する人さえいる。つまり日本人男性にとって職がないことは、社会的立場のみならず、人間としての尊厳さえも失わせ、孤立や抑うつ、自殺の原因ともなり得るのである。

思い描いていたキャリアの道からはずれると、新たな挑戦が必要な仕事は望まない若者も多く、あえてニートでいることを選択する人まで存在する。私自身、家庭環境も学歴も万全なのに、長期間何もしていない若者を何人も知っている。大学卒業後、「希望している職が得られなかった」、または「思っていたようではなかった」と簡単にやめてしまった人たちである。「仕事の現実と自分の性格が合わなかったからやめた」と、理由を説明するのが難しい人もいる。

その最も究極的なドロップアウトのスタイルが「ひきこもり」である。その増加は八〇年代には既に懸念されつつあったが、九〇年代に増加し、日本のメディアのみならず、国際的に顕著な注目を集めてきた。ひきこもりの原因は多岐にわたっているが、病院に出向いて診断を受け、治療につながることは少ないのが現状である。思春期で学力・社会的についていけず、失敗や拒絶、社会からの非難を回避するために、家にひきこもってしまう場合が多い。親までも家の恥を隠したいという願いを共有していることから、進んで庇い続ける。ボストンの私のオフィスには、その子は全く興味がないのに、両親が家の体裁を保つため留学させているという日本人クライアントも来る。難関校進学へのこだわりなど、競争心が執拗かつ激しい過保護な母親がストレスの原因となり、ダメージを負っている子も多く存在する。母親と共に家に潜むひきこもりは、今や三〇代四〇代になり、さらにまたもっと高齢化することだろう。

侍であることのリスク

建前を崩さず所属する集団との同一性を重んじ、決して「我」は出さないという侍タイプの文化基準は、健康的なメンタルヘルスと社会的関係性を追求していくには弊害となりうると、ボロボイ・川西両氏は指摘している。特に川西氏は"Mental Health Challenges Facing Contemporary Japanese Society: the Lonely People"の中で、感情の言語・非言語コミュニケーションスキルの欠如が、より一層深刻化していると強調する。沈黙の中でもわかり合えることへの憧憬は、「一体感」や「察し合い」のような言葉で表現され、できるならば他者と言葉を介さずともわかり合いたいという願いは、今だ日本に根強く存在する。ただ、努力しなくても相互理解は自然にできるものだと、感情を言語化し伝えることに重きを置いてこなかった文化に生きて来た人々は、そうしたコミュニケーションに失敗した時、途方に暮れてしまう。暗黙の了解を期待しているものの、「社会的に認められる」という共感を得る経験に乏しいため、寂しく恐れおののき、萎縮し、社会的に孤立してしまうのである。しかし周囲に対する体裁だけは非常に気になるので、関係性をうまく作ることに一旦挫折してしまうと、コンピューターやゲーム、ファンタジーの中の恋人と一緒に、部屋の中で過ごすことになる。

彼らがドロップアウトに対する「恥」の感覚や、「ひきこもる必要性」をなくしていくことが、何よりも重要であろう。ボロボイ氏は、〝Japan's Hidden Youths: Mainstreaming the Emotionally Disturbed in Japan〟で、ひきこもりの人たちが集団に復帰していくために、彼らが真の安心感や快適さを感じられるようサポートすることが、いかに効果的であるか述べている。日本国内にも徐々に、居場所として誰でも自発的に立ち寄ることができる集会場ができている。そこで全ての人が認知され、受容される感覚を培い、見せかけではないありのままの自分でいられることが、心のコミュニケーションを本物にさせるのだ。そして自分は何者なのか、周囲の人間はどんな人なのか知るようになる。空虚感を抱える人々にとって、「知ること」を許してくれる場所を見つけることは、自己受容と健全な関係性の最初の一歩となるに違いない。この一歩を踏みしめて人ははじめて、現実的な理解や協力に基づいて関係性を発展させていくことに、希望を見出すことができるのではないだろうか。

6　良妻賢母すぎることの精神病理

責任を一身に負う母親たち

ひきこもりの青年が「母親と」家に閉じこもる姿は、日本の母子関係を象徴していると言ってもよいだろう。ボロボイ氏は"The Too-Good Wife"のなかで警鐘を鳴らす。日本の母親が、その育児能力を高く評価され称賛されていることは、同時にケアテーカーの役割の性質上、危険も伴うのだと。

不登校でひきこもり、家庭内暴力もある思春期の子どものケースをとりあげてみよう。「できすぎる母親」は子どもとの結びつきが極めて強く、子どもの暴力は自分の責任と感じているため、「変化」に激しく抵抗する。子どもが問題を起こせば起こすほど、甘えが満たされなかったことの結果ではないかと考える。そして、自分の責任だと感じてしまう。一方子どもの方は、自分の要求が通れば通るほど、家庭内での独裁者ぶりに拍車がかかる。母親が自分の要求に全て応えることを求め、要求が通らなければ攻撃する。大抵日中には眠り、夜中に活動する。暴力を恐れ脅しに屈した母親は、子どもの言いなりになるしかなくなってしまう。

長谷川病院で、私はそういった一〇代二〇代の入院患者のケースに数多く出会った。回復すると通院治療に切り替え、学校やデイケアなどに通うようになる。前面には、うつや不安神経症、摂食障害や反社会的行動が出ているが、その裏には人格障害があるのだろう。特別な治療法と長期的な関わりを要することから、他の病院はそういった患者の救急の受け入れに積極的でない。そうした状況から長谷川病院の患者には、こうした思春期の子どもの割合が非常に多い。「境界性人格障害」は戦後まもなく登場した診断名であり、その後急増した。日本でもアメリカでも、この診断名に対する抵抗や動揺は、厳格な道徳的社会からオープンで柔軟な社会への変遷に伴う混乱と矛盾に類似する。より厳格かつ明確に構造化された従来の社会における診断名は「精神分裂病」「神経症」など、非常に明確であった。今日の人格障害のケースは社会の矛盾や家庭内の課題にも影響を受け、非常に多面的である。日本では先駆的な存在であったが、長谷川病院では数十年間にわたりソーシャルワーカーがチーム医療の中核としての機能を担い、個人・集団・家族療法も行ってきた。九〇年代、私は以下のようなパターンを頻繁に耳にした。

おとなしく内気で母親と緊密な関係にある少年が、中学校入学後に社会・学業的困難とぶつかり、不登校になる。中学を卒業するまでは義務教育とされているにもかかわらず、登校することを強いる者もない。それまでの育児が十分でなかったと感じる母親は、学校がスクールカウンセラーや保健室登校といった援助を提供しようとしても、子どもが拒否すれば言うなりにする。子どもの問題は長引き、母親に対する暴力へと発展する場合も多い。そして登校していなくても、通常子どもは中学を卒業してしまう。母親が近医に赴いても、大抵子どもは受診を拒否する。わが子が「精神的問題を抱えている」という烙印を押されることを恐れ、両親はわが子を家に隠すことに手を貸す。そして母親ばかりか父親に暴力が及ぶようになるまで、病院にきちんとかかることはあまりない。そこまでくると、疾患は入院治療しか選択肢がない程深刻になっている場合が多い。薬物治療か抑制により、少なくとも一時的にコントロールしなければならない状態になっている。入院してしばらくは父親は仕事で忙しいと言って、母親だけが面会にくる。そのためソーシャルワーカーは、母子とだけ面接を始める。母親は「この子を育てたのは母親である私の責任です」と言うことに何も疑問も持たず、しばらく膠着状態が続くが、面接のプロセスの中できっかけを得た母親が、父親の無責任さに対する怒りを言語化できるようになる。それを受けた父親がようやく重い腰を上げ、病院での家族面接に参加する。その時こそが、患者と家族の関係が好転するチャンスなのだと、あるソーシャルワーカーが教えてくれた。

子どもの欲求に対し母親が屈することで、事態はエスカレートする場合が多い。暴力はなくとも家で人目につかないようにひっそりと、勉強するでも働くわけでもなくひきこもるケースも見られる。ホワイト氏の"The Japanese Educational Challenge"によると、受験勉強のプレッシャーをかけるのと同時に、常に先まわりして子どもに尽くすという教育ママもいる。そしてこの傾向は、日曜日ですらほとんど家族と過ごすことのない、働く父親の不在によって強化されるのである。父親の不在問題は報道でもよくとりあげられ、学問的にも注目を集めた。「仕事の都合」という大義名分を掲げ、事実上家庭内における権限を放棄した父親たち。家庭における父親の積極的な参加こそが、家族機能の回復につながる鍵となる。

「甘え」の誤解

親や教員、カウンセラーでさえも、子どもが好きなように振る舞い、欲しいものを与えられて当然と考えるようになってしまった二〇世紀末。この一因に、「甘えの理論」の歪んだ解釈はないだろうか。かつては、好きなように行動することが許されたのは、学齢期前の幼児までであった。日本の経済成長による豊かさが、極端な寛容さを後押しし、かつての自律やしつけ、厳格さというものに対する拒絶につながったのかもしれない。実際八〇年代には、日本のカウンセラーが両親に「お子さんの望むようにしてあげてください」と助言するのを、私は目の当たりにしてきた。専門家でさえ、子どもに本来必要不可欠な「限界設定（リミット・セッティング）」を促さなかったのである。戦後どんどん親の権威は失墜し、子どもたちに「自由」を与え、勉強のプレッシャー以外は、ルールに縛ることなく育てるようになった。しかし土居氏は、『続・甘えの構造』において「甘やかし」は「甘え」ではないこと、つまり「甘やかし」は健全な子育てではないことを明確に指摘している。母親が子どもを甘やかす時、子どもを過剰に同一視することにより、母親自身のニーズを子どもに投影しているのである。言いかえれば、「教育ママ」も子どもの本来のニーズに応えているというよりむしろ、母親自身の達成感のために、子どもに勉強させている可能性を示唆しているのである。こうして母親が、子どもの真の「甘え」に応えられない時、子どもの要求はエスカレートし、母親への攻撃へと変わっていく。母親の本当の理解、情緒面での親密さ、子どもを守る「限界」や「きちんとした構造」といった子どもの心の奥の本当のニーズ、すなわち本来の「甘え」は、表面的な要求に覆われている。わが子が人生に後悔しないために母親が与えられるものは、強さや分別であり、従順さではない。母親は、子どもにとって「現実の人間」でなければならないのだ。子ども自身が「母親は自分の延長ではない」ことが真に理解できた時、自分自身の感情と母親の感情を区別できるようになる。同様に母親にとっても、「わが子は自分自身の延長」である必要は全くないのである。

あえて夫にしたがわないというプロセス

ボロボイ氏は近年、東京のクリニックにおける「アルコール依存症の夫をもつ妻」のグループミーティングに定期的に参加してきた。無自覚に夫のアルコール依存に加担しているいわゆる「共依存型」もしくは「イネイブラー」と呼ばれるこの女性たちは、「だめなものはだめ」と言えずに、夫に好きなようにさせ、家庭内のいかなる問題も自分に責任があると思ってしまう。そのグループミーティングは、アメリカで発展した自助グループであるアルコホリック・アノニマス（ＡＡ）やアラノンに基づいたものであったが、夫のアルコール依存に対する妻の反応は、アメリカ人の妻とは異なるという。日本の妻は、離婚や「自分の人生」の権利を主張することも、主婦役割に対する反発もしない。むしろ、自分の抱える葛藤の苦しみと、夫や家族を救うための活路を見出すためにディスカッションをする。そして何よりも、家族の安定を維持する重要性、妻自身の社会的立場、夫の収入といった主婦の役割をめぐる理由から、「変化」に対する抵抗が圧倒的に強い。それでもソーシャルワーカー等セラピストの講義――アルコール依存症は病であること、要求されるがままに酒を買うことも含め、夫の思うようにすることが長期的な悪影響をもたらすことなど――を真剣に聴く。そして自分が、夫と情緒的に絡み合っていることに気づくと、夫の要求全てに応じることをやめようと努力する。次第に夫との間に適度な距離をおくことを学び、「夫の問題」について自分が罪悪感を覚えなくてすむようになる。そのプロセスの中で彼女たちは、自分の役割を真に全うするには、「何かしてあげる」のではなく「あえてしないこと」も、時には必要なことに気づくようになる。夫が自分でも「これはまずい」と気づき始めた頃には夫のもとを去る、「ノー」を表現できるようになった妻もいるという。

7　依存と個の選択をめぐる東西比較

依存欲求をめぐる行動の違い

限界設定ができずに、子どもや夫の全ての要求に応えなければならないと感じる日本の「できすぎる母親」の破綻ケースについて述べてきたが、これは、個々人を診断しどう治療していくかに焦点を当てる傾向の強い、個人主義の文化に立脚したアメリカの臨床とは対照的である。

情緒不安定なティーンエイジャーの日米比較をすると、根底にある問題は類似していても、行動面においては大きな違いが見られる。日本では先述したとおり、自室にこもり孤独に過ごす傾向が強い。アメリカでは対照的に、そのエネルギーは外に向かい、非行グループに加わり暴れ回る。日本では学校からドロップアウトしても、不登校児として結果的に学校外（家）にいることを許されている（いずれにしろ卒業もする）が、アメリカでは、一七歳頃まで学校に登校して州が課した学力の必要条件を充たすことは義務であり、それをさせることはコミュニティの義務でもある。学校をドロップアウトなんてことになれば、即大問題として扱われ、親子でカウンセリングに行くように通告される。仮に学校に不満があれば転校するか、別の友人グループに入るか、気の合わない生徒同士で喧嘩をする。一七歳以降ようやく合法的に学校生活におさらばしたら、非生産的かつ危険に満ちたストリート・ライフに踏み込んでいく可能性はあるだろう。仕事を探す場合もあるかもしれないし、そのうち学校に戻ってやりなおそうとする若者もいるかもしれない。ただいずれにしろ、日本で見られる不登校、ひきこもり、家庭内暴力といった、長期にわたる親への依存という問題行動は、アメリカでは稀である。八〇年代後半のことであるが、日米の心理学者が、「家庭内暴力」をテーマに話し合っていた。三〇分も経ってから、アメリカ人は「親から子への虐待」について、日本人は「子どもから親への暴力」について話していることに気づいたという。この行動パターンのイメージからも、過剰な依存心は日本において、過剰な自立心はアメリカにおいて、問題の典型として捉えられていることがわかる。アメリカの子が自分の依存心の存在に目をそむけ、自立心を誇示しようとするのに対し、日本の子は依存心をむき出しにして、家族の完全なケアを要求する。いずれも子どもじみた反抗である。前者が、自分のなかに「強烈な甘えの衝動」が存在するという現実を否認し続けているのに対し、後者はそれに溺れているのだ。

土居健郎氏は、「甘え」を基本的かつ普遍的な欲動と解説したことでよく知られているが、別の視点をも提供してくれた。アメリカ人の行動は言うまでもなく、欧米の心理学理論にすら、依存感情に対する否認の痕跡が見られるというのである。アメリカ人は、自分の中の依存心をなかなか認めることができない。日本人が幼少期を理想化する傾向にあるのと対照的に、アメリカ人は概して常に成長したいと切望し、少なくとも大人のもつ特権を獲得したいと願う。特にアメリカ人男性は、自分の自立心に疑いをもたれたら、全力で否定してかかるだろう。男性たるもの、強く徹底した個人主義にのっとり、誰にも頼らず、必要とあらば命がけで闘うことすら辞さないウエスタン・カウボーイへの賛美と憧憬は偶然ではない。ただ、この神話はあまりに非現実的であると、土居氏は指摘している。

我々人間は誰しも生きていくためには、周囲の人間や集団、制度に頼らざるをえないからだ。近年にはアメリカの心理学者たちも、特に男性の身体的・精神的ドメスティック・バイオレンスは、依存欲求を認め対処することに対する拒絶反応であると指摘するようになってきた。テレンス・リアル氏も著書『男はプライドの生きものだから』において、男性の暴力と抑うつは、「自分自身認めることができない依存欲求」が充たされないことに密接に関係していると述べている。これは女性にもあてはまるが、女性の方が自分の依存心を認めることに対して、いくらか抵抗が少ないのである。

選択の自由をめぐる違い

「選択の自由」をめぐっても、文化による相違がある。選択肢から何かを選ぶということは、葛藤と向き合うことを意味している。一九五八年に私が出会った主婦たちは、結婚をするという選択肢しかなかったため、それに関して内的葛藤を経験することはほとんどなかった。今日の若い女性たちには、選択の自由がある。だから、葛藤を抱えざるをえないのである。若い女性たちが、仕事か結婚か決断できず悩んでいた九〇年代。たいてい両方得ることを望むのだが、そこには実際の障害だけでなく、「母親は家族をフルタイムで世話すべき」という専業主婦の理想もまた、障壁となっていた。今や女性や家族が、「専業主婦の理想」に縛られることはほとんどなくなったが、それは常に判断基準として存在しており、最終的に何を選択しようとも、全ての日本人女性が、その影響を多かれ少なかれ受けるのである。多くの男性もまた、女性のキャリアプランに同意しつつも母親がそうであったように、妻が全ての面倒をみてくれることを望んだ。女性は、その理想に歩み寄ることに抵抗を覚えても、社会的非難を浴びることを懸念したり、子どもをないがしろにしているのではと罪悪感を感じたりした。高い理想をどう充たしたらよいのかわからず、結婚や子どもを諦めるキャリアウーマンもいる一方で、相手の男性が見つかるまでは、仕事に力を注ぐわけでもなく親もとで暮らし、自分の給料を旅行や高価な買い物、夜遊びに充てる「パラサイトシングル」もいた。あまりにも葛藤なく、完璧に「ケアする役」を果たし続ける女性と、そうした役回りを全て回避しようとする女性の二極化も著しい。これも、問題の多様化の要因ともなっている。

女性の一般的な反応も大きく異なる。日本人の妻は、家族の世話をするにあたっても常に控えめで、日本の主婦観にしばられているように見える。逆にアメリカの妻たちのケアは、日本の妻たちから見れば、雑で身勝手に思えるだろう。ただどんなに窮屈そうに見えても、日本の妻にとって主婦の役割は、安定、立場、自尊心を与えてくれ、夫がいなくなる心配から解放してくれるものである。だから「私は『ただ』の主婦です」と本当に肩身が狭そうに口にするのは、いつでも確実にアメリカ人の方である。

アメリカ人は「個人の選択」の理想に、強迫的にとらわれる国民である。そして、選択肢があるということは、そう単純ではないということを忘れがちなのである。アメリカの離婚率の高さ（婚姻関係全体の半数近くに及ぶ）は、自由な選択とパートナーに対する高い期待値に関係している。アメリカ人は結婚を、恋愛感情に基づく二人の関係が、真に満たされるためのものであると考えており、家族をつくるための仕事であるとは思っていない。結婚で「完璧な関係性」を目指してしまうのだ。期待は実現可能な域を超え、幻滅がすぐにやってくる。一旦夫婦関係に問題を抱えると、もう我慢できない。日本でよく見られるような「家庭内離婚」はできないのだ。そういう訳で離婚はめずらしくなく、夫婦にも子どもにも、心の傷となることが多い。かつて日本人が「結婚は恋愛感情に基づいてするには、重大なことすぎる」と言っていたことを、私たちアメリカ人は、もう一度考え直してみた方がよいのかもしれない。

8 自分を大切にするために

子どもの健全な発達のために必要なこと

専業主婦の理想に沿うことは、なぜ難しくなったのだろう。「女性は子どもや家族のために、フルタイムで家にいなければならない」という、実際には聞こえない声のせいかもしれない。その感覚を抱えきれない「不幸な母親」たちが、人との関わり方を知らない「不幸や問題児」の問題の片棒を担ぐようになった。

ボロボイ氏は日本の主婦たちが家族のケアと育児について、どこからが行き過ぎでどこからが必要なものなのか、見定めることの重要性について訴える。だが万国共通のこの普遍的ともいえる葛藤について、多くの人は、どこで線引きすればよいかを習得しつつあるのではないだろうか。「自分のことを大切にすること」で、家族のこともケアできるのである。自己犠牲は、心の奥底にある怒りを生み、そのことで相手の気持ちが本当には理解できなくなる。自己犠牲の心は崇高で不可欠のものかもしれないが、時に非生産的なものでもある。いまだに女性の多くは、外での趣味や仕事を持つ前に、家庭でやるべきことをやっているか確認する。私も日本での最初の数年、専業主婦の素晴らしい育児を目の当たりにし、感服したものだ。だが今日、こういった当時の育児方法を貫くことは、非現実的としかいいようがない。そしてそれだけでなく、専業主婦という道を選択せずとも、子どもの健康的な発達という同じゴールに到達できるのである。

母親が常に赤ちゃんを身体接触しながら連れて歩き、いつでも子どものニーズを肌で感じるスキンシップに代表される、日本の親子間コミュニケーション。三歳頃までの、こうした赤ちゃんのニーズに対する敏感さは、子どもの健全な発達にとって鍵となる。ただ多くの経験から、そうやってニーズに応じるのは、常に同じ人間である必要はない。この多様化の時代、早期からの言語コミュニケーションは、非言語コミュニケーションと同じく重要なことである。母子の関係に父親も加わるのはもちろん、長期的にほぼ毎日赤ちゃんのニーズや表現に完全に気づくことができる他人がその輪に入ることも、助けになるだけでなく健康的な発達を促す。三歳以下では特に、「察すること」を身につけるために、よいベビーシッターをつける方が、保育所に預けるよりも効果的である。その時期の子どもは、グループ体験からよりも個々の関係性から、ずっと大きな力を得ることができるからである。

今の母親たちは、仕事や地域活動を通した友人づくりや活動に強い関心をもっている。拡大家族のもつ親戚づき合いの希薄なこの時代、「ママ友」同士、悩みや解決方法について情報を共有する場を求めているのだ。家の中に母子で孤立することは、母親にとっても子どもにとっても健康的なことではない。過剰に自分を犠牲にする母親はどうしても不満をかかえ、たとえそれを口に出してはいなくとも、自然に暖かみがなくなってしまう。母親が子どもを連れ外出するのもよし、よいベビーシッターを見つけるのもよし、予防策は存在する。だが、アカの他人を家に入れることに抵抗があり、子どもにとって望ましいのは、血縁のないベビーシッターや託児所よりも祖母であると感じている女性もいまだに多い。もし保育所に預けようと決めても、まだ施設の数が不足している上に多様化したニーズに対応するには、保育時間があまりに短い。

キャリアと母親業の両立への道

家事と育児を担ってきたミドルクラスの女性も、職を求め外で働くようになってきた。政府は少なくとも一九八五年の男女雇用機会均等法制定（ＥＥＯＬ）に向け、女性に雇用とより高い報酬、地位獲得のための、均等なチャンスを与えようと努めてきた。「今後の子育て支援のための施策のための基本的方向について」（エンゼルプラン）では子育て支援施設増設を謳い、児童福祉法により、出産後男女ともに休暇をとりやすくなった。一九九四〜九五年の雇用保険法では、一〇ヶ月までの出産および育児休暇制度が認められ、二〇〇一年には、育児休業給付が二五％から四〇％にひきあげられた。こういった法制化が、女性の雇用と家族の拡大を促進したことは言うまでもない。

一方、日本の人口は急落し始めた。厚生労働大臣の柳澤伯夫氏の、女性のことを「子を産む機械」と甚だしく無神経な発言も記憶に新しい（*New York Times International*，二〇〇七年一月三〇日）。二〇一〇年、政府は、出産した女性のために「子ども手当」を設けることに合意した。日本において子どもを養育し教育するために必要な、高いコストを埋め合わせるためという。だが実際のところ、「女性は出産率に対し責任があり、よりよい妻であり母であるために頑張るべきである」という裏メッセージもあるのでは、と感じざるをえない。このようにさりげない日常の中でも、子どもを産まない女性は、「自分勝手で怠慢」と、出生率低下について責められ続けるのだ。女性にそういったプレッシャーを感じさせるような政策は、あまり効果はないだろう。職業や結婚、子どもに関して自分自身で選択ができ、多様な選択や組み合わせができるよう、公共的にバックアップできるような条件を整えることが必要だろう。女性たちが充足感を感じられる時、出生率は上昇しそれを維持できるという報告もある。

また、パートタイムの労働は、働きたい、もしくは働く必要があるけれども子どもとの時間も最大限にとりたい母親にぴったりだが、その労働形態をとることが雇用主にとって、単に低賃金と利益の少なさを提示する言い訳になってはならない。アメリカでも長年同様の問題を抱えていたが、パートタイムで働く女性たちも、フルタイムで働く女性たちと全く同じ問題に直面せざるをえないのだ。さらにフルタイムの仕事に比べ、意欲が増すような報奨制度や、育児のニーズへの柔軟な対応にも欠ける。そのためか厚生労働省の五年間（二〇〇二〜〇七年）の調査では、子どもをもつ女性の非正規職員は、子どもをもつ正職員の半数である。そして女性の管理職は一〇％。子どもをもつ女性はシングルの女性に比べ長時間勤務ができないので、労働者として劣るものとして批判を受ける傾向にある。そのため一旦退職すると、前職に戻ったり新しい職を探したり、より高いレベルのトレーニングを受けたりすることができなくなる。私も、高学歴かつ高い専門性をもつ女性たちが、出産後は、セールスや事務職をせざるをえない状況を多く見てきた。離婚、もしくは夫が解雇されたら、どう責任をとってくれるのだろうか。社会的地位の高い仕事を継続することと、子どもをあきらめないノウハウと粘り強さ、そして明確なゴールをもつ女性も確かに存在するようだが、多数派とは言いがたいようである。したがって、雇用状況により大きく柔軟性をもたせることで、女性の「母親業とキャリアの両立への道」を開拓できる可能性は広がるであろう。夫が家事や育児に、より積極的に参加することもひとつである。仕事をもつ妻も、そうでない専業主婦も、皆夫の貢献を歓迎するだろうし、特に子どもにとって、父親の存在は大きな利点となろう。夫自身の人生にも彩りをそえ、充実感をもたらし、過労死の心配もなくなるかもしれない。

本章では、社会変動とそれに伴って現れたメンタルヘルスに関する問題について考察し、僭越ながら現代の日本社会への提言をさせていただいた。では、この不確かな時代を個々人が力強く生き抜いていくには、いったい何が必要なのだろうか。次章は今を生きる日本の方々へ、私からのメッセージとして書いたつもりである。

終章　不確かな時代を生き抜く力

チャンスをひきよせる力を

終身雇用システムと、強固に構造化された家族システムが機能していた頃、個人も家族も根本的なところで安定し、必然的な社会的つながりの中で生きていた。概して無意識のうちに、所属する集団の行動規範や要求に従い、基本的な社会生活が営まれていた。集団への帰属意識と忠誠が最優先され、他の組織や別の考え方に興味を示すことはそもそも奨励されていなかったし、正しい礼儀や確立された社会的規範にさえ収まっていれば、人間関係を維持するのには事足りていたのかもしれない。しかし今、子どもたちは入試は突破しても、その先に終身雇用を約束されるとは思えなくなった。さらに一旦大人になってしまえば、両親に物事を決定してもらったり、配偶者を見つけてもらったりすることもなくなった。両親との同居も望まないし、親たちも子どもとの同居は望まない。夫婦の役割も、ずっと流動的なものになった。関係性を保つ普遍的な手段である、伝統的に受け継がれてきた言語スキル（敬語等）さえも、忘れ去られてきている。

もはや強い家族システムも、頼ることができる雇用構造もない不確かな時代。しかし、これは決して崩壊を意味しているのではない。むしろ、特定の社会的体制に従うプレッシャーが軽くなったことで、新しいシステムを探求する自由を手に入れたと言ってもよいのである。こうした開放的な社会や新しい自由と相性のよい人々も、少なからず存在する。多くの社会的関係性やあまり組織化されていない雇用状況の方が、新しい関係性や新しい活動、新しい制度、新しい起業活動を生み、より個性を発揮しやすいからだ。日本社会の変化は、不確実さだけを連れて来たわけではない。より大きな選択肢と、機会にあふれた時代に突入したのである。両手を広げて待っているチャンスを、しっかりと摑み取るために必要なもの――それは、変化に柔軟に対応できる適応力、必要なリスクは自分できちんと負える責任感、創造的で大胆な自己決定力、そしてアサーティブネス（自己表明）なのではないだろうか。

新個人主義とは

笹川氏、落合恵美子氏、メアリー・ホワイト氏らは、自分自身と「大切な誰か」のために自己決定できる人間のことを、「新個人主義者」と呼ぶ。チャンバース氏も、「自分のスキルや好み、自己実現の要求に基づき仕事や家族を選ぶという近年の日本女性のあり方が、日本の伝統を壊し、社会のルールを変えた」と述べている。子どもや夫に自己犠牲的に献身するという従来のルールには、もはや従わない女性たち。どのようなライフスタイルを好み、どうやって自分にとって重要な交友関係を発展させたいのか、自己充足感を最重要視するのである。結婚し子どもを産み、家にいることを選ぶ女性も、それは社会的圧力や、倫理上の義務を感じたせいではない。外での活動や趣味を楽しみ、家庭と仕事の両立という複雑なことは避け、子どもや夫とフレキシブルな時間を楽しむことに満足を感じているのだ。もちろん、自分が関心をもつ道を進み続けることが最も大切で、結婚や子どもは二の次だと考えている人もいる。そしてやはり、家族と職業生活の両方が欲しくて、それらを兼ね備えることができるよう、納得できる道を探す人もいる。

　こういった女性たちは、現代の日本社会の健全な発達モデルといえるだろう。自分自身に向き合う姿勢、そして社会の規範における変化を象徴している。以前に比べ、「自分自身のために生きること」が認められ、支援も増えた。雇用の現場における制限も、より少なくなった。この中で求められるものとは、決定に際して周りの人に依存せず、もしその決定が間違っていたとしても、甘んじて非難を受け容れられるかどうかである。自分が希望したその行動の結果が否定的なものになった場合に、親がどうにかしてくれるだろうと期待するのは、ただの子どもである。決断するにあたっては注意深く考え、現実的に良い結果と悪い結果を見通し、試行錯誤しながらも前進し、仮にうまくいかなくとも、次には少しでもよい結果をおさめることができるように努めることが、現代社会の大人と言えよう。つまり、選択の自由に溢れた新個人主義世代のキーワードは、「責任」なのである。

察する力

　だが、社会的なガイドラインが明確でなくなってきた今日、男性も女性も「決定すること」、さらにはそれに責任をもつことに不安を抱えているようだ。迎合的かつ従順に育てられた人間は、ものごとの決定も、その結果もたらされる他人の非難も人のせいにするし、変化に耐えることも難しい。健全な判断力には、自分のみならず他者に対する幅広く深い意識と情報が必要である。昔、土居氏が真の感情、欲求、本音、建前の違いについて説明してくれたことがあった。この区別は日本において一般的に受容され、あって然るべきものとされてきた。しかし近年になって、自分自身「苦痛」と感じるストレスは、治癒や成長の支障となることがわかってきた。真の状況や感情について、正当に表現できないこと。直接ものごとに対峙できないこと。それにより、外的資源をうまく使いこなせないばかりか、その人自身の内的資源を活用することさえも、できなくなってしまうのである。ダイナミックに変動する社会において鍵となるのは、対面的なものではなく、自分の真の感情なのだ。

アメリカ人であろうと日本人であろうと、自分の感情を理解していない人が、その本音を理解することなんてさらにハードルが高い。表には出ていない感情やニーズを理解し応じる親に育てられると、健康的に人に「甘え」、自分のニーズをきちんと認識、表現できる子どもが育つのだと、土居氏はかつて語っていた。子どもと親が、日常生活や自分の気持ちについて、きちんと言葉を用いて話し合うこと。周囲に耳を傾け、同年代と関わる中で人生や問題解決について学び、自己表現ができるようになること。自分の力で考え、分析すること。柔軟性をもって自己選択決定する能力を高めるためには、こういったことが有効なのではないだろうか。上の人にひたすら従順で、余暇も他の子どもたちと遊ぶ時間もとれずに試験のため、学校で教わったことを全て記憶しようと勉強にいそしんでいては、子どもが自己決定や責任をとったりする力を身につけるのは、なかなか難しいかもしれない。

また、このような初期経験があまりなくとも、歳を重ねてからでも遅いということはない。とにかく幅広い経験を積むこと。それが知識、家族や隣人、自国や世界の一般的な状況とも重なり合うことで、人は大きな力を得る。自己評価や決定力が低い人であるならば、どうしたら自分と周囲との相互作用を理解することができるか、世の中の動きを捉える経験を積むことができるか、その方法を獲得することが重要であろう。人は、自分の他者や状況に対する反応に気づくことで、自己理解をさらに深化することができる。意識していようがいまいが、自分の心の奥底にある願いは何かがわかったその時、私たちは真に満足できる決定や選択ができるのではないだろうか。

日本人の他者に対する、深い気づきと敏感さは類を見ない。口にはしなくとも、相互に共有する意識というものが存在する。この他者の気持ちを感じ取る非言語感覚、察することが、日本人の関係性には潜在しているのである。しかしながら、昨今の若者たちの問題を見るにつけ聞くにつけ、察するスキルの危機を感じざるを得ない。確かに欧米の心理学は、自分の感情や考えを言語化することの重要性を提起してきたが、それにも増して重要なのは「共感」(empathy)なのである。「その人がどう感じているか」関心をもつところから全てが始まると言っても過言ではない。本音はどこにあるのか、その行動と真の意味とは何か、より深い理解を得ようと非言語のサインにも注目し、向かい合うのである。同意や同情はできなくても、理解はできる。その理解、すなわち「共感」は、問題解決や真の関係性を作り上げる共通基盤となるだろうし、もっと近しくなる可能性だって秘めている。日本人の持ち味であるスキル、「察すること」——言葉を介さず気持ちに気づくこと——こそが、他者を理解するための糸口なのだ。

専門的援助をフル活用して損はない

従来、育児や集団における課題や、家庭内の葛藤への対処といったことに最も大きな責任を負ってきたのは、家族だった。だが個人主義化が進む社会になり、これらの課題の大部分は家族の守備範囲ではなくなった。仮に家族からのアドバイスなどはあったとしても、その人個人に自由や責任が与えられている。そのためより多くの社会資源と、それを十分に活用できるようなサポートが必要となってくる。アメリカは個人主義と意思決定をめぐり、長年葛藤を抱えてきたことから、社会資源づくりには莫大な時間とエネルギーを費やした。日本の社会資源も、徐々に増えてきた。多くのソーシャルワーカー、サイコロジスト、精神科医といった専門職がクリニック、病院、学校において、または開業し、相談や治療にあたっている。難しい決定に際し誰もが抱える両価的な感情、それを内にとどめておくことにより物ごとが客観的に評価できなくなる。感情が心の内側でうずき、不快感を増し、孤立化し、コントロール不可能な感情の爆発を招くこともある。時々大きな声で話してみたり、友人に話してみたりするだけで、自分の考えや気持ちが明確になりはしないだろうか。書く方が、考えを明確化できる人もいるだろう。客観的に見つめ直すことで、自分の気持ちの中に潜んでいた見解を得ることができるのだ。健康を自負する人も、専門家を活用して損はない。何よりも、そうした専門的援助を求めることに対しての、偏見がなくなることを強く願う。

新たな時代へのメッセージ

不況の余波のなか、不確かさと不安定さの増す近年の日本。現代の問題は、社会的・文化的危機と言ってもよいだろう。こういった幅広く奥深い問題に、魔法のように簡単に解決できるマニュアルなんて、あるわけがない。日本には、強い個性と制度という大きな強みがある。雇用状況の改善と、公的な専門的サポートが継続していけば、効果のあるものは残り、新しく創造的なものはさらに発展するだろう。一方、肥大した慣習や行動の社会的枠組みは淘汰され、消えていくかもしれない。

本著では、私が喜びも悲しみも分ち合ってきた、日本人女性たちを描いた。「良妻賢母」の専業主婦の理念について理解しようと取り組み始めたのは、一九五八年のこと。そして五〇年以上が経ち、ようやく確信をもって言えるのは、その役割に体現された母親としての見事な存在感は、決して消えることはないということだ。女性が厳格な形式から解き放たれた時代となっても、それは残り続ける。新しい時代に専業主婦の価値観を適応させていくのではなく、その価値観を保持したまま、新たな選択肢を探っていく。そしてそれは、日本人の得意とするところなのである。

参考文献

Araki, T. (2002). *Labor and employment law in Japan*, The Japan Institute of Labor.

阿部輝夫（二〇〇四）『セックスレスの精神医学』筑摩書房。

Backnik, J. M., & Quinn, C. J. (Eds.) (1994). *Situated Meaning: Inside and Outside in Japanese Self, Society, and Language*, Princeton University Press.

Birnbaum, P. (1999). *Modern Girls, Shining Stars, the Skies of Tokyo: Five Japanese Women*, Columbia University Press.

Blair-Loy, M. (2003). *Competing Devotions: Career and Family among Women Executives*, Harvard University Press.

Blau, F. D., Brinton, M. C., & Grusky, D. B. (Eds.). (2006). *The Declining Significance of gender?*, Russell Sage Foundation.

Borovoy, A. (2005). *The Too-Good Wife: Alcohol, Codependency, and The Politics of Nurturance In Postwar Japan*, University of California Press

Borovoy, A. (2008). "Japan's Hidden Youths: Mainstreaming, Sheltering, and Rehabilitating the Emotionally Distressed in Japan", *Culture, Medicine, and Psychiatry*, vol. 32, 552–576.

Buckley, S. (Ed.). (1997). *Broken Silence: Voices of Japanese Feminism*, University of California Press.

Chambers, V. (2007). *Kickboxing Geishas: How Modern Japanese Women are Changing Their Nation*, Free Press.
土居健郎（一九七一）『「甘え」の構造』弘文堂。（Takeo Doi〔2001〕. John Bester (Tr.) *The anatomy of dependence*, Kodansha International.）
土居健郎（一九八五）『表と裏』弘文堂。（Takeo Doi〔1988〕. Mark A. Harbison (Tr.) *The Anatomy of Self: The Individual Versus Society*, Kodansha International.）
土居健郎（二〇〇一）『続「甘え」の構造』弘文堂。（Takeo Doi〔2005〕. *Understanding Amae: The Japanese Concept Of Need- Love*, Global Oriental.）
遠藤織枝（一九九八）『気になります、この「ことば」』小学館。
Fackler, M. (January 30, 2007.). "Japan: Fury Over Minister's Comment on Women", *The New York Times*, A4.
Faiola, A. (August 31, 2004.). "Japanese Women Live, and Like it, On Their Own: Gender Roles Shift as Many Stay Single", *The Washington Post*, A01, A17.
Freed, A. O. (1993). *The Changing Worlds of Older Women in Japan*, Knowledge, Ideas & Trends.
Genda, Y. "Jobless Youths in Japan", paper presented at Harvard University Program on US-Japan Relations, March 13, 2007.
早川和子（二〇〇〇）『総合学習・問題解決能力をひきだす―フレンドシップ・サポート・プログラム』築地書館。
藤原千紗（二〇〇三）「児童扶養手当の改革と就業支援策の課題」『女性労働研究』Vol. 44, 53-64、青木書店。
Imamura, A. E. (1987). *Urban Japanese housewives: At home and in the community*, University of Hawaii Press.
Imamura, A. E. (Ed.). (1996). *Re-Imaging Japanese women*, University of California Press.
Iwao, S. (1993). *The Japanese woman: Traditional Image & Changing Reality*, Free Press.
岩男寿美子・北村節子編（一九八〇）『現代日本の主婦――国際女性学会編』日本放送出版協会。

Jones, M. (January 15, 2006.). "Shutting Themselves", *The New York Times Magazine*, 46–51.

Jones, R.S. (2007). "Income Inequality, Poverty and Social Spending in Japan", *OECD Economics Department Working Papers*, No. 556, OECD Publishing.

Kawanishi, Y. (2009). *Mental Health Challenges Facing Contemporary Japanese Society: The 'Lonely People'*, Global Oriental.

河野貴代美（一九九〇）『性幻想――ベッドの中の戦場へ』学陽書房。

河野貴代美（一九九二）『ビジネスマンの夫へ――妻たち一〇〇人のメッセージ』経済調査会。

Kelly, W. W., & White, M. I. (2006). "Students, Slackers, Singles, Seniors, and strangers", Katzenstein, P. J. & Shiraishi, T. (Eds.), *Beyond Japan: The Dynamics of East Asian Regionalism*, Cornell University Press, pp. 63–82.

Kitayama, L. (July 26, 2009.). Love in 2-D, *The New York Times Magazine*, 19–21.

Kondo, D. K. (1990). *Crafting Selves: Power, Gender, and Discourses of Identity in a Japanese Workplace*, University of Chicago Press.

Kotani, S. (2004). "Why are Japanese youth today so passive", Matthews, G., & White, B. (Eds.), *Japan's changing generations: Are young people creating a new society?*, Routledge pp. 31–45.

Leblanc, R. M. (1999). *Bicycle Citizens: The Political World of the Japanese Housewife*, University of California Press.

Lebra, J., Paulson, J. & Powers, E. (Eds.). (1976). *Women in Changing Japan*, Westview Press.

Lebra, T. S. (1984). *Japanese Women: Constraint and Fulfillment*, University of Hawaii Press.

Liddle, J., & Nakajima, S. (2000). *Rising Suns, Rising Daughters: Gender, Class, and Power in Japan*, Zed Books.

Mackie, V. (2003). *Feminism in Modern Japan.:Citizenship, Embodiment, and Sexuality*, Cambridge University Press.

Marr, M. D. (2005). "Relationships Between Self-Sufficiency Support System Users and Staff as Social Capital: A View from Former Self-Sufficiency Support System Users in Tokyo", *Shelter-Less*, 26, 51–81.

Marr, M. D. (2007). "Better Must Come: Exiting Homelessness in Two Global Cities, Los Angeles And Tokyo", Doctoral Dissertation, University of California at Los Angeles. (Unpublished doctoral dissertation).

Matthews, G. & White, B. (Eds.). (2004). *Japan's Changing Generations: Are Young People Creating a New Society?*, Routledge Curzon.

Miller, J.B. (Ed.). (1973). *Psychoanalysis and Women*, Penguin Books.

Miller, J.B. (1986). *Toward a New Psychology of Women* (2nd ed.), Beacon Press.

Miller, R.L. (2003). "The Quiet Revolution: Japanese Women Working Around the Law", Harvard *Women's Law Journal*, Vol. 26, 163–215.

村本邦子（一九九七）『「しあわせ家族」という嘘——娘が父を語るとき』創元社。

中根千枝（一九六七）『タテ社会の人間関係——単一社会の理論』講談社現代新書。（Chie Nakane〔1973〕. *Japanese Society*, Tuttle publishing.

中村伸一・生島浩編（二〇〇一）『暴力と思春期』岩崎学術出版社。

Nakamura, S. (2008). "Gender-Sensitive Family Therapy in Japan", *World Cultural Psychiatry Research Review*, 3(4), 216–218.

Nakayama, Y. (n. d.). "The violence of shushoku katudo", Retrieved November 11, 2009. (http://themargins.net/fps/student/nakayama.html)

Ochiai, E. (1997). *The Japanese Family System in Transition: A Sociological Analysis of Family Change in Postwar Japan*, LTCB International Library Foundation.

落合恵美子（二〇〇四）『21世紀家族へ――家族の戦後体制の見かた・超えかた（第三版）』有斐閣。

大平健（一九九〇）『豊かさの精神病理』岩波書店。

Peng, I. (2002). "Social Care in Crisis: Gender, Demography, and Welfare State Restructuring in Japan", *Social Politics*, 9(3), 411-443.

Philip, L. (1992). *Hidden Dialogue: A Discussion Between Women in Japan and the U. S.*, The Japan Society.

Real, T. (1998). *I Don't Want To Talk About It: Overcoming the Secret Legacy of Male Depression*, Fireside.（T・リアル〔二〇〇〇〕吉田まりえ訳『男はプライドの生きものだから』講談社。

Real, T. (2002). *How Can I Get Through to You?: Reconnecting Men and Women*, Scribner.

Rindfuss,R. R., Guzzo,K.B.,& Morgan, S.P. (2003). "The Changing Institutional Context of Low Fertility", *Population Research and Policy Review*, Vol. 22, No. 5-6 411-438.

Rosenberger, N.R. (Ed.). (1992). *Japanese Sense of Self*, Cambridge University Press.

斎藤茂男（一九八二）『妻たちの思秋期――ルポタージュ　日本の幸福』共同通信社。

斎藤学（一九九七）『「家族」はこわい――母性化時代の父の役割』日本経済新聞社。

Sasagawa, A. (2007). *Changing Middle-Class Mothers in Changing Japanese Society*, Retrieved Novenber 28, 2011. (http://www.aasianst.org/absts/2007abst/japan/j-118.htm)

Sasagawa, A. (2004). "Centered Selves and life choices", Matthews, G., & White, B. (Eds.), *Japan's changing generations: Are young people creating a new society?*, Routledge, pp. 171-187.

Sato, B. (2003). *The New Japanese Women: Modernity, Media, and Women in Interwar Japan*, Duke University

Press.
Schoppa, L.J. (2006). *Race for the Exits: The Unraveling of Japan's System of Social Protection*, Cornell University.
Schwartz, B. (2004). *The Paradox of Choice: Why More Is less*, HarperCollins.（B・シュワルツ〔二〇〇四〕瑞穂のりこ訳『『なぜ選ぶたびに後悔するのか』――「選択の自由」の落とし穴』武田ランダムハウスジャパン。
Singer, K. (1973). *Mirror, Sword and Jewel: The Geometry of Japanese Life*, Kodansha International.（K・シンガー〔一九九四〕鯖田豊之訳『三種の神器――西洋人の日本文化史観』講談社。
Slater, D. "Social Class and Youth Work in Recessionary Japan", Reischauer Institute Japan Forum, March 16, 2007.
袖井孝子（一九八五）『家族・第三の転換期』亜紀書房。
Tamamoto, M. (March 2, 2009,). Japan's Crisis of the Mind, *The New York Times*, OP-ED.
Tamura,T. (2010). "Hikikomori: Social Withdrawal Among Japanese Youth and Their Families", *Family Therapy Magazine*, 9(3), 30-33.
Tabuchi, H. (January 2, 2010). "For Some of Japan‐s Jobless, New Homes just 5 feet wide", *The New York Times*, A1, A3.
上野千鶴子（二〇〇七）『おひとりさまの老後』法研。
上野千鶴子（一九九四）『近代家族の成立と終焉』岩波書店。（Chizuko Ueno〔2009〕. *The Modern Family in Japan-Its Rise and Fall*, Trans Pacific Press.）
Vogel, E.F. (1963). *Japan's New Middle Class* (2nd ed.). University of California Press.（エズラ・ヴォーゲル〔一九六八、一九七九〕佐々木徹郎訳『日本の新中間階級――サラリーマンとその家族』誠信書房。

Vogel, S. H. (1978). The Professional Housewife; The Career of Urban Middle Class Japanese Women. *Japan Interpreter*, 12(1), 16–43.

Vogel, S. H. (1989). Some Reflections on Changing Strains in the Housewife/Mother Role,『心と社会』Vol. 57、日本精神衛生会。

Vogel, S. K. (2006). *Japan Remodeled: How Government and Industry are Reforming Japanese Capitalism*, Cornell University Press.（スティーブ・ヴォーゲル〔二〇〇六〕平尾光司訳『新・日本の時代――結実した穏やかな経済革命』日本経済新聞社。

White, M. I. (1988). *The Japanese Educational Challenge: A Commitment to Children*, Free Press.

White, M. I. (2002). *Perfectly Japanese: Making Families in an Era of Upheaval*, University of California Press.

Yamada, K. (2009). Past and Present Constraints on Labor Movements for Gender Equality in Japan, *Social Science Japan Journal*, Vol. 12, No. 2, 195–209.

山田和代（二〇一一）「労働運動にみる男女雇用平等実現への課題――均等法制定前後の総評婦人局の諸相から」『大原社会問題研究所雑誌』法政大学出版局 No. 635・636、二〇一一年九・一〇月、四二～五八頁。

訳者あとがき

著者のスーザン・ヴォーゲル先生は、クリニカル・ソーシャルワークを専門とする臨床家である。とりわけメンタルヘルス諸問題を日米比較の視点から研究・考察され、実績を重ねてこられた。元夫のエズラ・ヴォーゲル氏とフィールドワークのなかで日本の専業主婦たちと過ごす機会を得たことが、その後の先生の臨床・研究における方向性を決め、今回の執筆の直接的な契機となったことは本書の冒頭にあるとおりである。

ご存じの方も多いかもしれないが、エズラ氏は『ジャパン・アズ・ナンバーワン』の著者として知られるアジア研究の第一人者であり、著書のなかではご自身の研究にスーザン先生が果たした役割の大きさを重ねて指摘している。文化人類学者のウィリアム・ケリー氏（イエール大学）も、「*Japan's New Middle Class* をはじめとするエズラ・ヴォーゲルのフィールドワークの成功は、社会学やソーシャルワークのトレーニングを受け、家族面接の経験の豊富だったスーザン・ヴォーゲルに依るところが大きかった」（*Revisiting Ezra Vogel's Japan's New Middle Class* 2008）と述べている。

このように、お二人がよき研究パートナーであったことは紛れもない事実であるが、スーザン先生はそうした功績を仄めかすことはせずご自分の道を進んでこられた。そんな「日本の専業主婦」にも通じる謙虚な姿は、ご本人には不本意に違いないが、「内助の功」という言葉を彷彿させる。ちなみに別々の道を歩むことになったものの、お二人とも今でも同じケンブリッジに住まわれ、互いに訪問される機会もあり、三人のお子さんとそのご家族も含め強い絆で結ばれている。

真摯に人間と向き合う姿勢とオープンで明るい人柄に惹かれ、スーザン先生の周りにはいつも人が溢れている。また八一歳になられた今でもそうなのだが、眼差しはいつもあたたかくも鋭い。目の前にいる人間だけでなく、世界のあらゆることについて「知りたい」という気持ちが溢れんばかりで、執念さえも感じるほどだ。こんな方だからこそ、戦争直後の日本という保守的かつ混沌とした時代において日本の人々の心を粘り強く開き、深い関係性を構築していくことができたのだろう。そしてその結果、この三人の日本人女性たちとの、五〇年以上にわたる仔細な物語を織りなすことが可能になったのである。

私が先生と出会ったのは、一一年前になる。ボストンの大学院在学中に日本人セラピストが集まる勉強会で「日本の精神医療のことなら先生に伺うといい」と勧められ、是非お会いしたいとメールを書いたところ快く迎えてくださった。

そしてクリニカルなことからプライベートなことまで、時々食事をしながら話すようになっていった。その後私は帰国し長谷川病院に勤務することになり、毎年来日される先生のスーパーヴィジョンを受ける機会に恵まれた。先生は分析のトレーニングを積まれた臨床家だが、何よりも「クライアントとの関係性」と「共感」が大切だということ、そのためには「クライアントのことを本当に理解する」こと、この職にある限り学び続けるということを、厳しい指導を通して教えてくださった。当たり前のことのように思えても混乱の渦中にある現場では見失いやすいその原点に、いつも私を立ち返らせてくれたのである。

本書の一読者として、私はいつの間にか淡々とした描写だからこその迫力に引き込まれ、登場する女性たちに私自身を重ね合わせていた。物語のコンテクストは人それぞれにせよ、家族や子どもに全てをかける芯の強い「日本の母」の姿に、私もきっと同じ想いで育ててもらったのだろうと胸が熱くなった。専業主婦役割の世代間伝達の描写も、私には現実そのものだった。私の祖母は今年八四歳で、まさに同じ時代をミドルクラスの専業主婦として生きてきた。母は娘が言うのもどうかと思うが過ぎるほどの「良妻賢母」で、自己表現法である仕事との両立に葛藤を抱えつつ乗り越えてきた女性だ。そして私は、専業主婦という概念もろくに知らないアメリカ人男性と結婚し、日米往復の生活をしている。パートナーシップや体型維持（これも社会的な要求だが）は求められても、家のことを完璧にこなすことは無言のうちにも求められない。これに言いようのない気楽さを感じた時初めて、実は私も母と同じく「良妻賢母」の理念にとらわれてきたことに気づいた。もちろん今でも良き妻になるという野望は捨てていないのだが、それに対して夫からも社会からも全くプレッシャーがないというのは、精神的な負荷が全く違うことは実感している。

また本書は、これからの日本の人々に心身ともに健康に生きていってほしいという、強いメッセージを発しているように思う。昨年の東日本大震災の際、日本人のモラルの高さと忍耐力、人に対する思いやりに世界中が驚嘆した。その時ボストンにいた私は、メディアから繰り返し流れるその姿に、改めて自分が日本で生まれ育ったことを誇りに思った。本書でも指摘されているように今の時代、「男らしく侍のように生きること」や「良妻賢母であること」が、かえって生きづらさを招く可能性もあるだろう。そういう理念を掲げる人々が消えつつあるというのが、現実なのかもしれない。それでも、半世紀前の専業主婦ばかりでなく日本人に息づいてきた強さや美徳は、今でも確かに存在しているし、決して失いたくはない。そして日本人女性のひとりとしてこれらを受け継ぎながらも、第六章・終章でも提言されているような、これからの不確かな時代を生き抜いていく力もじっくりと育んでいきたい。時代や住む国が異なろうと専業主婦ではなかろうと、のびやかに力強く生きるヒントは共通している。

スーザン先生が本書の執筆に入ってから、一四年が経つ。土居健郎先生はまるでご遺言のように、こういう本をかならず世に出してほしいと、後の解説をお書きになって旅立たれた。アメリカでまだ出版されていない原稿を日本でかたちにするというプロセスは、予想以上に時間と労力を要したが、ようやくそれが実現できたことに安堵で胸が一杯である。私が翻訳作業に入ってから二年、本当に多くの方々に支えていただいた。本企画に最初から携わり、土居先生のご遺志に報いるため最後まで並走してくださったPHP研究所代表取締役専務の永久寿夫先生、クリニカルな視点からがっちりとサポートしてくださった日本家族研究・家族療法学会会長で精神科医の中村伸一先生、ミネルヴァ書房への橋渡しを含め私を全面的に支えてくださった諸先生方なくしては、この長い道のりを乗り越えることはできなかった。また、今回もジェノグラムのパソコン技術面を助けてくれた中谷淳一君ら友人、夫や両親、九二歳の祖父も様々な面から助けてくれた。そんな私たちの想いをかたちにしてくださったミネルヴァ書房の皆さまに深謝する。そして、私のような若輩に集大成ともいえる作品を任せてくださったスーザン先生に誰よりも大きな感謝の気持ちを贈るとともに、先生のご健康を心から祈る毎日である。

二〇一二年二月

西島実里

解説　ヴォーゲルさんと私、そして家族

土居健郎

　ヴォーゲル一家と私どもの家族とは、彼らが初めて来日した一九五八年以来の長い友だち付き合いになります。私たちは共通の友人である故ウィリアム・コーデル氏（戦後すぐに日米の精神医学の比較研究に着手した人類学者）により紹介されました。ヴォーゲル一家がフィールドワークのために郊外に引っ越すまでの一年間、私たちは大都市東京の片隅で隣人同士でもありました。エズラとスーザンは日本語学校に通っていましたが、日々生活のなかで彼らに日本語を教えることを、私は心から楽しみました。一九五〇年代前半に初めて渡米した際、そういった手をアメリカ人から差し伸べられなかった私は、彼らの姿に当時の自分を見出し、彼らを手助けすることに心から喜びを感じたものです。

　スーザン・ヴォーゲル氏が日本人家庭の研究に従事した時は、第二次大戦の終結から現在へと移行する時期と重なっております。戦後の混乱が落ち着くにつれ、伝統的な生活様式は維持しながらも、日本全体がアメリカの生活様式をあこがれの眼差しで見るようになったこともあり、ヴォーゲル一家は地元の校長先生が推薦した日本人ご家族の皆さんから、熱烈な歓迎を受けることとなりました。も

ちろんそれは、彼らの極めて愛すべき人柄も大いに手伝っていたのでしょう。スーザンが伝統的な日本の主婦を容易に認識できたことはまことに幸運なことでしたが、日本の女性たちは移行過程だったのかもしれません。それでもここに述べられている伝統的な日本の主婦像は、正真正銘の日本の主婦であります。

スーザンが日本の主婦たちに特に興味をもつようになったのは、ごく自然なことだったのでしょう。彼女は初対面の時から主婦たちとよい関係をつくり、なかには一生涯の親友となる女性たちもいました。そして日本人の主婦の、夫や子どもに対するふるまいが、同じ状況におけるアメリカ人女性のものと全く違うことに興味をもち、日本の主婦の在り方に敬意を払い、"the professional housewife"と呼んだのです。これ以上のネーミングはないと言ってもよいでしょう。

一九七八年、東京で開催された第一回国際女性学会で、彼女がそうした日本の主婦に対する見解を発表した時、日本人フェミニスト・グループから鋭くきりこまれました。スーザンに対して、日本の主婦のようになりたいかという質問さえ出たそうです。このような失礼な質問にスーザンがどう対処したのかわかりませんが、私は彼女がお返しに、あなたたちはアメリカの主婦になりたいのかと、聞いてやるべきだったと思います。彼女たちが肯定的な返答をしたならば、もちろんアメリカ人女性の抱える問題はあるにせよ、スーザンはアメリカ人の妻である喜びを感じたかもしれません。

こうした質問を投げかけられたことは、スーザンがアメリカの家庭生活における彼女自身の役割について、より深く考えるきっかけとなったに違いありません。のちに彼女自身、本書でも率直に述べているように、離婚という悲劇に遭うことになります。これには、スーザンが日本人専業主婦の研究を続けてきたことや、先に述べた日本人フェミニスト・グループの発言の影響も、少なからずあるのではないでしょうか。もし全く関係ないとしたら、ここでそれについて触れてはいないようにも思うのです。もちろんこれは、単に私の憶測に過ぎず、この質問をしてみたこともありません。

「仕事の分担」という話題に関してだけ、補足をしたいと思います。私が特に強調したいのは、夫と妻はそれぞれに自分たちの役割を尊重しあっているということです。相互に尊重し合っていることは言葉に出されるものでなく当然のことと考えられ、第三者にはこういうものだと説明されないので、彼女の鋭い目にも映らないものもあったかもしれません。あるいは、彼女が研究観察していた頃にはもうすでに衰微していく過程にあったかもしれません。もっとはっきり言えば、今日では伝統的な日本の主婦や主人はどこにも見いだすことはできないでしょう。つまり、夫婦の関係は今や変わってしまい、変わったのでなければもっと競合し合うようになってきたと言えます。妻が自分の職業を持つのが普通のこととなり、昼間面倒をみる人が誰もいないので、子どもの数はだんだんと一人か二人にまで減少しました。伝統的な日本の家庭が、過去のものとなったのは不思議なことではありません。家庭がしばしば悲劇や恐ろしい犯罪の場にすらなったことは考えられ得ることです。

本書のおかげで、昔ながらの伝統的な日本の主婦が再び脚光を浴びることができて、本当に嬉しく思います。この本は私に古き良き時代を思い出させてくれるばかりか、日米問わず家族関係の繊細な絡み合いを考察させてくれる啓蒙書でもあります。言い換えれば、この本に記述されているご家族たちは、人は皆、人間性における共通点をもって生きているということを教えてくれるのです。ですからこの本はアメリカ人の読者ばかりでなく、現代の日本人の興味をもひくであろうと確信しています。

この重要な本をみなさまに紹介する栄誉を与えられて、私は大変有り難く思いますと同時に、この小さな本が多くの価値ある読者に迎えられますようにと祈念致しております！（二〇〇七年八月十一日記）

《著者紹介》

スーザン・ヴォーゲル（Suzanne H. Vogel）

1931年米国テキサス生まれ。1952年ノースウエスタン大学大学院で社会学（MA）・1954年シモンズ大学大学院でソーシャルワーク修士課程修了（MSW，L.I.C.S.W.)。1958年元夫である社会学者エズラ・ヴォーゲル（著書『ジャパン・アズ・ナンバーワン』等）と共に初来日。以降50年以上にわたり聖路加国際病院や碧水会長谷川病院といった日本の精神科医療の臨床現場を指導しながら，日本の社会問題とメンタルヘルスに関する研究（1988〜89年フルブライト奨学生）を継続，大学等での講演も行う。米国では長年ハーバード大学メンタルヘルスセンター主任スーパーバイザーを務め，個人開業でも多くのクライアントの精神療法にあたる。全米ソーシャルワーカー協会・米国集団精神療法学会・米国精神療法協会等に所属。Who's Who in American Women（1972〜73年）に掲載。"Culture Shock and Cross-Cultural Therapy with a Japanese Student"（1999）をはじめ，多数の論文を刊行。2012年に逝去。

《訳者紹介》

西 島 実 里（にしじま・みさと）

1977年静岡県生まれ。筑波大学卒業後，米国シモンズ大学大学院ソーシャルワーク修士課程修了（MSW，精神保健福祉士）。ブルックライン・メンタルヘルスセンター及びノースサフォーク・メンタルヘルスセンターにて２年間の臨床研修修了。長谷川病院医療社会事業部勤務を経て，国際結婚に伴い日米半々の生活に移行。横浜市立総合高校，東京都墨田区教育委員会指導室勤務。日本集団精神療法学会，日本家族研究・家族療法学会（国際交流委員）所属。訳書『家族・夫婦面接のための４ステップ』（ミニューチン著／監訳 中村伸一・中釜洋子，金剛出版）他に関わる。

《解説者紹介》

土 居 健 郎（どい・たけお）

1920年東京都生まれ。精神科医。1942年東京大学医学部卒業後，米国メニンガー精神医学校・サンフランシスコ精神分析協会へ留学。聖路加国際病院精神科医長，東京大学医学部教授，国際基督教大学教授，国立精神衛生研究所所長，聖路加国際病院顧問を歴任。2004年土居健郎記念賞設置。著書には『「甘え」の構造』他多数。2009年に逝去。

変わりゆく日本の家族
――〈ザ・プロフェッショナル・ハウスワイフ〉から見た五〇年――

2012年７月15日　初版第１刷発行　〈検印省略〉
2012年11月15日　初版第２刷発行

定価はカバーに
表示しています

訳　者　西　島　実　里
発行者　杉　田　啓　三
印刷者　坂　本　喜　杏

発行所　株式会社　ミネルヴァ書房
607-8494　京都市山科区日ノ岡堤谷町１
電話（075）581-5191（代表）
振替口座　01020-0-8076番

冨山房インターナショナル・新生製本

ISBN 978-4-623-06379-6
Printed in Japan